“高等法律职业教育系列教材”审定委员会

主　任：张文彪

副主任：万安中

委　员：（按姓氏笔画排列）

王　亮　刘晓辉　李　岚　李雪峰　陈晓明

周静茹　项　琼　曹秀谦　盛永彬　鲁新安

高等法律职业教育系列教材
GAODENGFALUZHIYEJIAOYUXILIEJIAOCAI

刑事侦查实务

XINGSHI ZHENCHA SHIWU

主　编◎ 陈汉彬　项　琼
副主编◎ 朱巧红

暨南大學出版社
JINAN UNIVERSITY PRESS
中国·广州

图书在版编目（CIP）数据

刑事侦查实务/陈汉彬，项琼主编；朱巧红副主编．—广州：暨南大学出版社，2013.3（2019.9 重印）
（高等法律职业教育系列教材）
ISBN 978－7－5668－0434－1

Ⅰ.①刑…　Ⅱ.①陈…②项…③朱…　Ⅲ.①刑事侦查学—高等学校—教材
Ⅳ.①D918

中国版本图书馆 CIP 数据核字（2012）第 297778 号

刑事侦查实务
XINGSHI ZHENCHA SHIWU
主　编：陈汉彬　项　琼　副主编：朱巧红

出 版 人：徐义雄
责任编辑：张仲玲　秦　妙
责任校对：黄　球　黄　颖
责任印制：汤慧君　周一丹

出版发行：暨南大学出版社（510630）
电　　话：总编室（8620）85221601
　　　　　营销部（8620）85225284　85228291　85228292（邮购）
传　　真：（8620）85221583（办公室）　85223774（营销部）
网　　址：http://www.jnupress.com
排　　版：广州市天河星辰文化发展部照排中心
印　　刷：佛山市浩文彩色印刷有限公司
开　　本：787mm×1092mm　1/16
印　　张：14.5
字　　数：354 千
版　　次：2013 年 3 月第 1 版
印　　次：2019 年 9 月第 6 次
定　　价：29.00 元

目　录
CONTENTS

总　序 ………………………………………………… 001

前　言 ………………………………………………… 001

单元一　刑事侦查概述

项目一　刑事侦查的概念与特征 …………………… 001
项目二　刑事侦查工作的任务、方针和原则 ……… 004
项目三　侦查模式与侦查工作现代化 ……………… 009
项目四　技能训练 ………………………………… 013

单元二　刑事侦查的基本步骤和方法

项目一　立　案 …………………………………… 017
项目二　查　案 …………………………………… 021
项目三　破　案 …………………………………… 031
项目四　办　案 …………………………………… 034
项目五　结　案 …………………………………… 036
项目六　技能训练 ………………………………… 041

单元三　基础性侦查措施

项目一　刑事情报 ………………………………… 043
项目二　刑嫌调控 ………………………………… 046
项目三　阵地控制 ………………………………… 049
项目四　技能训练 ………………………………… 050

单元四　常规性侦查措施

项目一　现场勘查 ………………………………… 055
项目二　摸底排队 ………………………………… 063

项目三　调查询问 …… 067
项目四　侦查讯问 …… 072
项目五　公开搜查 …… 077
项目六　查封、扣押 …… 080
项目七　查询、冻结 …… 082
项目八　侦查实验 …… 085
项目九　鉴　定 …… 088
项目十　公开辨认 …… 092
项目十一　技能训练 …… 095

单元五　紧急性侦查措施

项目一　通缉通报 …… 104
项目二　追缉堵截 …… 110
项目三　控制销赃 …… 113
项目四　技能训练 …… 115

单元六　强制性侦查措施

项目一　拘　传 …… 118
项目二　取保候审 …… 120
项目三　监视居住 …… 123
项目四　拘　留 …… 125
项目五　逮　捕 …… 127
项目六　技能训练 …… 130

单元七　技术侦查措施

项目一　技术侦查措施的含义与特征 …… 133
项目二　技术侦查措施的适用 …… 134
项目三　技术侦查措施的类型及其内容 …… 137
项目四　技能训练 …… 141

单元八　综合性侦查措施

项目一　专案侦查 …… 144
项目二　并案侦查 …… 148
项目三　破案战役 …… 152
项目四　侦查协作 …… 156
项目五　技能训练 …… 161

单元九 刑事科学技术在侦查中的运用

项目一 痕迹检验技术在侦查中的运用 …… 162
项目二 文件检验技术在侦查中的运用 …… 167
项目三 刑事化验技术在侦查中的运用 …… 173
项目四 刑事图像技术在侦查中的运用 …… 177
项目五 法医检验技术在侦查中的运用 …… 180
项目六 技能训练 …… 185

单元十 几类常见刑事案件的侦查

项目一 杀人案件的侦查 …… 189
项目二 爆炸案件的侦查 …… 195
项目三 盗窃案件的侦查 …… 201
项目四 抢劫案件的侦查 …… 205
项目五 绑架案件的侦查 …… 207
项目六 黑社会性质组织犯罪案件的侦查 …… 211
项目七 网络犯罪案件的侦查 …… 216
项目八 技能训练 …… 221

参考文献 …… 222

总　序

高等法律教育职业化已成为社会的广泛共识。2008 年，由中央政法委等 15 部委联合启动的全国政法干警招录体制改革试点工作，更成为中国法律职业化教育发展的里程碑。这也必将带来高等法律职业教育人才培养机制的深层次变革。顺应时代法治发展需要，培养高素质、技能型的法律职业人才，是高等法律职业教育亟待破解的重大实践课题。

目前，受高等职业教育大趋势的牵引、拉动，我国高等法律职业教育开始了教育观念和人才培养模式的重塑。改革传统的理论灌输型学科教学模式，吸收、内化“校企合作、工学结合”的高等职业教育办学理念，从办学“基因”——专业建设、课程设置上“颠覆”教学模式：“校警合作”办专业，以“工作过程导向”为基点，设计开发课程，探索出了富有成效的法律职业化教学之路。为积累教学经验、深化教学改革、凝塑教育成果，我们着手推出“基于工作过程导向系统化”的法律职业系列教材。

《国家中长期教育改革和发展规划纲要（2010—2020 年）》明确指出，高等教育要注重知行统一，坚持教育教学与生产劳动、社会实践相结合。该系列教材的一个重要出发点就是尝试为高等法律职业教育在“知”与“行”之间搭建平台，努力对法律教育如何职业化这一教育课题进行研究、破解。在编排形式上，打破了传统篇、章、节的体例，以司法行政工作的法律应用过程为学习单元设计体例，以职业岗位的真实任务为基础，突出职业核心技能的培养；在内容设计上，改变传统历史、原则、概念的理论型解读，采取“教、学、练、训”一体化的编写模式。以案例等导出问题，根据内容设计相应的情境训练，将相关原理与实操训练有机地结合，围绕关键知识点引入相关实例，归纳总结理论、分析判断解决问题的途径，充分展现法律职业活动的演进过程和应用法律的流程。

法律的生命不在于逻辑，而在于实践。法律职业化教育之舟只有融入法律实践的海洋当中，才能激发出勃勃生机。在以高等职业教育实践性教学改革为平台进行法律职业化教育改革的路径探索过程中，有一个不容忽视的现实问题，高等职业教育人才培养模式主要适用于机械工程制造等以“物”作为工作对象的职业领域，而法律职业教育主要针对的是司法机关、行政机关等以“人”作为工作对象的职业领域，这就要求在法律职业教育中对高等职业教育人才培养模式进行“辩证”地吸纳与深化，而不是简单、盲目地照搬照抄。我们所培养的人才不应是“无生命”的执法机器，而是有法律智慧、正义良知、训练有素的有生命的法律职业人员。但愿这套系列教材能为我国高等法律职业化教育改革作出有益的探索，为法律职业人才的培养提供宝贵的经验、借鉴。

2010 年 11 月 15 日

前言

《刑事侦查实务》是一部坚持以马克思列宁主义、毛泽东思想、邓小平理论和“三个代表”重要思想为指导，坚持科学发展观和与时俱进的原则，以2012年修正后的《中华人民共和国刑事诉讼法》以及公安机关侦查工作的一系列规范性文件为依据，结合教学实践、职业技能需求和我国的侦查工作实践，围绕刑事犯罪活动的预防、控制和打击等内容，为培养学生的刑事侦查技能而编写的实用性教材。

作为高等职业院校教材，在尊重教学规律的前提下，根据现代职业教育的理论和学院对自编教材的要求，本教材对专业知识从结构到内容进行了较大幅度的调整和整合，注重实践技能的学习、培养和运用，力争更贴近职业实际，力求突出四个特点。一是基本理论简练化。教材在编写过程中要求基本理论精确、简练，以够用为度，追求通俗易懂。二是技能培养丰富化。教材在编写过程中注重对引导案例的选编，使其更贴近基础知识，真正起到引导的作用，然后通过教学互动和技能训练，加以强化和巩固，培养学生分析问题和解决问题的能力。三是知识学习的传承性。教材在编写过程中注重学科内容的横向、纵向联系，做到相互联系、相互引导，使所学知识融会贯通。同时，通过拓展阅读，激发学生对知识的探索和深化。四是教材结构的创新性。教材应用“学习目标、学习提示、内容结构图、案例导入、工作导向、学习领域、拓展阅读、技能训练”的体系，做到结构合理、知识精简、技能实用，体现教材“工学结合”的可操作性理念和“任务+训练+能力”的特色。通过对本教材的学习，学生能掌握刑事侦查的相关基本知识，了解刑事侦查工作的基本方法与技能，并能在侦查实践中灵活运用。

陈汉彬、项琼任本教材的主编，朱巧红任副主编，参编者分工如下：陈汉彬（广东司法警官职业学院）负责单元一、单元二、单元四、单元五、单元九的编写工作，朱巧红（广东司法警官职业学院）负责单元三、单元六的编写工作，李鑫（广东省公安厅刑侦局）负责单元七的编写工作，向锐（广东省公安厅内保局）负责单元八的编写工作，李亚可（广东司法警官职业学院）负责单元十的编写工作。陈汉彬对全书进行了修改、统稿和整理。项琼（广东司法警官职业学院）对全书的编写进行了指导和审定。

教材的成稿要感谢广东司法警官职业学院的大力支持！感谢学院陈国庆老师的帮助和支持！同样感谢为教材提供相关研究成果的同行和朋友们！通过拜读他们的成果和作品，我们对刑事侦查有了更深的理解。

鉴于编者的水平和实践经验有限，教材存在不足之处在所难免，敬请读者批评指正。

编　者

2012年12月

单元一

刑事侦查概述

【学习目标】

知识目标：明确刑事侦查的含义及特征，理解刑事侦查工作的任务、方针、原则及其发展。

能力目标：掌握刑事侦查基本理论，并培养刑事侦查具体内容的学习能力。

【学习提示】

本单元教学主要采用案例演示与讨论相结合的方式，结合《中华人民共和国刑事诉讼法》（以下简称《刑事诉讼法》）等已学习过的相关知识，做到学科间知识的链接与贯通。

【内容结构图】

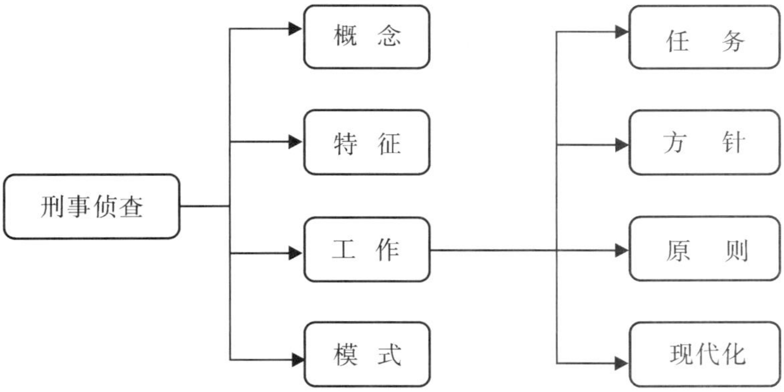

项目一　刑事侦查的概念与特征

【案例导入】

【引例 1－1】某年 9 月 23 日，某省博物馆文物被盗，经清点，被盗一级文物 5 件、二级文物 9 件、三级文物 13 件，价值无法估量。现场勘查中发现犯罪分子在房顶掀开一个洞进入展览大厅，文物柜的玻璃被打破，现场足迹混乱，但可分辨出四种不同尺码、不同花纹的球鞋印，在现场外围发现轿车的轮胎印痕。案件发生后，公安机关高度重视，迅速组成专案组采取措施查访文物去向，并通过海关、边防控制文物出境。公安人员通过走访博物馆附近居民获悉，博物馆被盗的深夜，有一辆白牌黑色捷达车在博物馆西侧胡同里停靠；案发后有一过路行人看见四个人行迹匆匆地钻进西侧胡同，中间两个人提着箱子，最后面的那人边走边回头看。侦查人员判断这四个人具有作案嫌疑，这辆白牌黑色的轿车即作案用的交通工具。专案组决定以调查这辆轿车的来源为突破口开展侦查，考虑到白牌车只有部队和公安使用，于是以这两部门为重点寻查案发当夜黑色捷达车的去向。经调查，侦查人员了解到驻军某部军需供应处的一辆黑色捷达轿车当夜去向不明，侦查人员找到开车司机，司机说那晚轿车借给朋友李某使用。而李某早已不知去向。经请示上级，公安机关决定向全国发出通缉令，捉拿李某。李某后在边境某小镇落网，经审讯，李某供认了伙同其他三人盗窃文物的犯罪事实。文物最终完璧归赵，无一所失。

【工作导向】

一、案例导读

透过上述案例，体现出以下信息：

（1）侦查主体：本案中具体指公安机关；

（2）侦查客体：本案中具体指盗窃文物的犯罪行为；

（3）侦查措施：本案中具体采用了现场勘查、调查访问、赃物控制、边控等措施；

（4）侦查目的：本案中公安机关查获了犯罪嫌疑人李某等四人，查明了其盗窃文物的犯罪事实，并追回了被盗文物。

二、问题思考

什么是刑事侦查？其行为具有哪些特征体现？

【学习领域】

一、刑事侦查的概念

依据《刑事诉讼法》的规定，侦查是指公安机关、人民检察院在办理案件过程中，依照法律进行的专门调查工作和有关的强制性措施。所以，侦查是特定的法律概念，也是刑事诉讼活动的起始阶段。

由于违反《中华人民共和国刑法》（以下简称《刑法》）规定的犯罪行为都称为刑事犯罪，因此，犯罪与刑事犯罪的概念并无本质区别，侦查与刑事侦查的概念也不存在根本差异。

二、刑事侦查的特征

（一）侦查主体的法定性

侦查主体是指具体行使侦查权的机关，而侦查主体的法定性是指侦查作为国家的一项重要职能只能由专门的侦查机关行使。国家通过立法的形式将侦查权赋予特定的机关，而未经国家赋权的任何机关、团体、组织和个人都不得行使侦查权。

根据《刑事诉讼法》的规定，国家安全机关、公安机关、检察机关是侦查机关，分别行使各自职能范围内的侦查权，对各自管辖的刑事案件立案侦查；军队保卫部门对军队内部发生的刑事案件行使侦查权；罪犯在监狱内犯罪的案件由监狱进行侦查。其中，公安机关是最重要的侦查主体，承担着绝大多数刑事案件的侦查任务。

另外，我国铁路、交通、民航、林业部门专门公安机关设有与其职权相应的侦查机构，在海关部门设有走私犯罪侦查机构，它们负责本系统范围内的案件侦查和指导工作，接受本系统上级侦查部门和所在地上级侦查部门的双重业务指导，同时与所在地侦查部门相互协作。

（二）侦查客体的明确性

侦查客体即侦查活动的对象是刑事案件，即根据《刑法》规定构成犯罪的事件。刑事侦查始终围绕刑事案件这个客体，依照法定的程序发现、收集与刑事案件有关的各种证据，证实犯罪人的犯罪事实。

在侦查实践中，侦查机关通常先观测到的是案件的结果，这一结果能否成为侦查客体即刑事案件，必须经过法定的审批程序，只有依法履行了审批程序确立为刑事案件的，才是侦查客体。

（三）侦查活动的依法性

侦查活动的内容是侦查机关所采取的各种专门调查工作和有关的强制性措施。专门调查工作是指《刑事诉讼法》规定的讯问、询问、勘验、检查、搜查、扣押书证物证、鉴定、通缉、侦查实验等工作以及其他法律法规规定的特殊调查工作。有关的强制性措施是指《刑事诉讼法》所规定的为收集犯罪证据、查获犯罪嫌疑人而采取的限制或剥夺犯罪嫌疑人人身自由或对其人身、财物进行强制性的各种措施，即拘传、取保候审、监视居住、拘留和逮捕五种。

综上所述，专门调查工作和有关的强制性措施具有法律的规范性和强制性，而侦查活动必须客观、公正，尊重事物发展规律，实事求是地进行，因此，法律规定侦查活动必须由法定机关依照法律规定的方式、条件、程序进行。

（四）侦查工作的社会性

侦查工作在打击犯罪、维护社会稳定、保护公民生命财产安全等方面与广大人民群众的利益密切相关，得到广大社会民众的支持与拥护，具有广泛的社会基础。广大社会民众在发现犯罪、预防犯罪等方面的信息掌握程度以及施加影响的广度和深度是侦查机关有时难以做到的，民众的觉悟越高，发动得越充分，识别犯罪嫌疑人的能力就越强，侦查工作的路子就越宽，也就更有利于侦查工作的开展。

当前社会条件下，社会治安的情势、公民的道德观念和社会环境等都发生了变化，刑事侦查工作也面临着一些新问题，如侦查工作中出现“找线索难，查证难”的实际状况，而群众提供线索则出现“秘密性、报酬性、被动性”等一些不利于侦查工作开展的情况。对此，要做好刑事侦查的社会性工作，必须依靠群众的侦查工作新思路，创立适合当前社会条件下的依靠群众的新方法、新路子，推进刑事侦查工作的开展，如设立保密的公民举报犯罪联系渠道并施以经济奖赏，广泛发动群众并建立“见义勇为”的社会安全保障和奖励机制等，激励广大社会民众敢于与犯罪行为作斗争，积极举报犯罪、提供线索。

（五）侦查阶段的独立性

侦查阶段的独立性可从两方面来理解：一是侦查权力行使的独立性。法律对侦查主体有着严格的规定，国家通过立法的形式将侦查权赋予法定的侦查机关，法定侦查机关行使侦查权时，具有绝对独立性，不受任何非法力量和因素的阻碍、干扰。同时，侦查权对于没有被法律许可的其他机关、团体、组织和个人而言，是不得行使的。二是侦查过程的独立性。侦查是刑事诉讼活动中一个基本的、独立的阶段，法律对侦查的启动、侦查活动的行为方式等都有着严格的程序规定，侦查活动受刑事诉讼法律规范的调整，是刑事诉讼的起始阶段，凡公诉案件只有先经过侦查，查明案件事实和查获犯罪嫌疑人后，才能提起公诉和审判。

项目二　刑事侦查工作的任务、方针和原则

【案例导入】

【引例1－2】在黑龙江省大兴安岭一个偏僻的小山村里住着一户只有母（54岁）、女（24岁）两人的人家。时值“小秋收”季节，母、女两人每天清晨都在家门前等待同伴们的到来，一同上山采山菜、野果。这一天，同伴们到来时却未见母、女二人在门前等候，呼叫也不见回应，扒窗一看，发现母、女二人躺在床上一动不动，周围血迹斑斑。人们进屋后见母、女二人早已死亡，于是报警。

民警在现场勘查中发现一支0.5米长的带血的木棍，粗的一端边缘整齐，细的一端有新裂开的茬口。母、女二人为锐器所杀，侦查员对带血的木棍百思不得其解，如果它是凶器，则与伤痕不符，如果不是凶器，为什么上面又带血迹？为了解决这一疑难问题，侦查员向当地村民请教。一位年长的村民看过木棍，说这是根镰刀把。村民的这句话让侦查员茅塞顿开，镰刀是锐器，与母、女俩伤痕吻合。村民中有一位木匠，他指出这根镰刀把是黄干榆木，此材质的树木本村只有6棵，树干已伐掉，只剩树桩子，这根镰刀把是从树桩旁生发出的树杈上截下来的，是本村特有的。根据这一情况，侦查员将侦查范围限定在本村，侦查的重点是查找谁有这样的镰刀。根据村民提供的线索，使用这样木质把镰刀的只有两户，侦查人员迅速追查，发现其中一把完整的镰刀，上面无血迹，而另一把没找到，同时该镰刀的主人也不见踪影，初步判断是暴露性逃跑。于是民警迅速部署力量追踪、堵截，很快抓获了犯罪嫌疑人。

【工作导向】

一、案例导读

（1）本案中，侦查人员通过现场勘查，获取了一个重要物证——带血的木棍，并通过现场访问得知此木棍实为镰刀把，侦查人员迅速决定以物找人，通过对镰刀主人的追寻最终抓获了犯罪嫌疑人。

（2）本案中，侦查人员起初对现场带血的木棍不得其解，但没有放弃对木棍的追查，并及时发动群众提供线索，正是在群众的帮助下，查明了木棍与案件的关系，使

案件得以及时侦破。

二、问题思考

如何理解刑事侦查工作的任务、方针和原则？

【学习领域】

一、刑事侦查工作的任务

刑事侦查工作的任务是指侦查主体在刑事诉讼活动中所承担的职责和需要完成的工作。在我国，刑事侦查工作是刑事诉讼过程中承前立案、后续起诉和审判的重要阶段，由此决定了我国刑事侦查工作的基本任务是依法行使侦查权，发现、控制、揭露和证实犯罪，并移送国家司法机关处置。具体是：

（一）侦查破案，打击各种刑事犯罪活动

侦查破案，打击刑事犯罪活动是当前侦查机关的基本职能和核心任务。各类、各级侦查机关对所管辖的刑事案件要依法采取积极有效的侦查措施和手段，收集证据，揭露并证实犯罪，查获犯罪嫌疑人。

侦查破案，一要做好刑事犯罪活动情况的调查研究工作、搞好刑事侦查各项基础业务的建设工作、提高刑事侦查的技术手段，力争主动。二要健全刑侦体制，全面提升侦查队伍的各项素质，严格执法，科技强警，增强打击刑事犯罪的力度，提高办案质量和破案效率。三要严打现行刑事犯罪活动，特别是严重的暴力犯罪案件，对大案、要案、多发性案件和系列性案件等性质严重、社会危害性大、群众极为关注的案件，做到专案专办，及时侦破；针对突出的犯罪问题要适时开展专项斗争，进行集中打击和整治，以维护社会稳定。

（二）预防犯罪，制止和减少刑事案件的发生

打击犯罪和预防犯罪是同刑事犯罪作斗争的两项基本对策，是一个问题的两个方面，既有区别，又有联系，二者是相辅相成、互相影响的。

侦查机关在打击犯罪的过程中，要积极参与社会治安综合治理，注重打防结合，组织、发动社会各界和广大群众，齐抓共管，做好犯罪预防工作，以消除导致犯罪的因素，堵塞导致犯罪的漏洞和隐患，鼓舞和增强广大群众同刑事犯罪作斗争的信心与勇气，争取在打击刑事犯罪活动中的更大主动，震慑潜在的犯罪人，防止和减少刑事案件的发生。只有将打击犯罪与预防犯罪紧密地结合起来，才能做到标本兼治，维护社会的长治久安。

二、刑事侦查工作的方针

刑事侦查工作应当贯彻“依靠群众，抓住战机，积极侦查，及时破案”的基本方针。这一方针是我国刑事侦查工作实践经验的科学总结，反映了同刑事犯罪作斗争的根本规律，体现了刑事侦查工作服从于社会治安综合治理系统工程全局的战略思想。

（一）依靠群众

依靠群众是指刑事侦查部门必须在党委领导下，坚持群众路线，充分相信群众、依靠群众、发动群众，使刑事侦查工作建立在广泛的群众基础之上。

刑事侦查工作与群众路线相结合，是我国侦查实践的优良传统。依靠群众是侦查工作的基础和开展侦查工作的力量源泉。刑事犯罪在社会生活中具有特定的时间、空间和作案过程，犯罪行为的蛛丝马迹也必然存在于社会各个领域和各类人群中，只有做好群众的思想工作，依靠群众，才能广泛开辟线索来源，为侦查破案服务。在侦查实践中，任何一项侦查措施的运用和开展都离不开广大人民群众，他们的支持和配合是侦查工作取得胜利的保障。因此，必须牢固树立群众观点，坚持群众路线，做好群众工作，尤其在当今社会转型的情况下，刑事侦查机关及其工作人员要积极探索发动和依靠群众的新途径、新方法，建立广泛、牢固的群众基础。

（二）抓住战机

抓住战机是指刑事侦查工作要善于掌握和运用有利时机，快速出击，快查快办，争取速战速决。

抓住战机是刑事侦查工作争取主动权的关键。时间性强是刑事侦查的重要特点，犯罪分子在作案中一般都具有作案快、逃跑快、销赃快等特点，因此，侦查工作必须分秒必争，以快取胜。在侦查中，要抓住案发初期的有利时机，做到赶赴现场快、查证线索快、组织力量快、采取措施快、调查取证快、抓获犯罪嫌疑人快等，不给犯罪分子任何逃跑、销赃、毁证、藏匿、自杀或继续犯罪的机会。

抓住战机的指导思想必须贯穿侦查工作的全过程。强调抓住战机，既不能急于求成，也不能消极等待，必须从案件的实际情况出发，以深入调查和科学分析为前提，实事求是。不能盲目求快，否则易陷入“欲速则不达”的被动局面。

（三）积极侦查

积极侦查是指侦查人员必须以对国家和人民高度负责的责任感和勇于献身的精神对待侦查工作。

积极侦查是刑事侦查工作的基本要求和规范。侦查人员要有求真务实的精神，积极组织、不畏艰难地参与侦破工作。在刑事案件尤其是大案、要案发生后，要积极进行科学分析，在侦查设计指导上坚持主动进攻、先发制敌的指导思想，积极运用各种侦查措施和手段尽快查明案情，获取罪证，捕获犯罪嫌疑人。在平时，要积极研究刑事犯罪活动的规律特点，分析犯罪原因，组建公开和秘密的侦查力量，控制犯罪分子活动的各种场所，积极开辟线索来源，采取主动进攻，力争把一些危害严重的犯罪活动消灭在预谋阶段，以减少国家、集体和人民群众的损失。

（四）及时破案

及时破案是指经过侦查，侦查人员在已经查清主要犯罪事实和主要犯罪成员，并且取得确实证据的情况下，将犯罪嫌疑人及时缉捕归案。

及时破案是刑事侦查工作所要达到的基本目标。刑事犯罪具有现实的社会危害性，会对国家、社会和公民的人身、财产安全造成威胁或损失，特别是暴力犯罪、流窜犯罪和有组织的犯罪。因此，在侦查中，只要时机成熟，就应当机立断，迅速破案，以防止、减轻刑事犯罪造成的危害，维持社会稳定。

对于暴力犯罪案件，刑事侦查工作应贯彻“先发制敌，速战速决”的指导思想，力争将暴力犯罪制止在预谋阶段，以减少或避免给国家和人民造成更大的损失。这一指导思想是对我国刑事侦查工作方针的补充和发展，是当前新形势对侦查工作提出的更高要求。

“依靠群众，抓住战机，积极侦查，及时破案”的刑事侦查工作方针，是一个相互联系、辩证统一的整体，它的基本精神是坚持刑事侦查工作必须把依靠群众与专门工作相结合。

三、刑事侦查工作的原则

刑事侦查工作原则是指在侦查工作中应遵循的基本行为准则。刑事侦查工作原则是对侦查人员的侦查思想和侦查行为的规范，是刑事侦查工作顺利开展的重要保证。我国刑事侦查工作必须严格遵守《刑事诉讼法》所规定的基本原则。此外，结合侦查工作实践，还必须遵守下列几项原则：

（一）专门工作与群众路线相结合的原则

专门工作与群众路线相结合的原则是指在刑事侦查工作中既要突出侦查机关的主导地位，又要坚持群众路线，密切地联系和依靠群众的原则。

坚持专门工作与群众路线相结合是党的群众路线在刑事侦查工作中的具体体现，是我国刑事侦查工作的优良传统和根本特色。在侦查工作中，必须有强有力的专门工作，并使之建立在密切依靠群众的基础之上，才能充分发挥其作用。因为群众中不仅蕴藏着同犯罪活动作斗争的强大力量，而且由于犯罪分子混迹于群众之中，其进行任何的犯罪活动，总难免暴露出某些形迹和破绽。因此，把专门工作与群众路线紧密地结合起来，专门工作将如虎添翼，能够发挥其更大的威力。

在侦查工作中，既不能只强调专门工作，也不能只讲群众路线，二者是相辅相成、不可分割的辩证统一关系。侦查机关要正确认识和处理好二者之间的关系，一方面要牢固树立相信群众、依靠群众的观念，不断探索和创新新时期下开展群众工作的方式方法，积极创造条件，充分调动广大人民群众参与破案和同刑事犯罪作斗争的积极性。另一方面又要大力加强侦查专门工作，强化侦查机关的职能作用。只有把二者有机地结合起来，才能提高破案效率和保证办案质量。

（二）迅速、及时原则

刑事侦查中的迅速、及时原则是指侦查机关接到报案后，迅速行动，及时部署，不给犯罪分子逃跑、隐匿、毁证和继续犯罪的时机与条件，以尽快查明案情，获取证据，及时破案的行为准则。其基本内涵就是抓住战机，积极侦查，及时破案。

刑事侦查工作坚持迅速、及时原则是刑事案件侦查的基本要求，是由刑事案件的基本特点决定的。首先，刑事案件发生后，犯罪分子迅速逃跑隐匿，这就要求侦查工作必须迅速行动，以快制快，才能有效地揭露和证实犯罪事实，确保及时将犯罪分子缉拿归案；其次，刑事犯罪具有社会危害性，尤其是暴力性犯罪，社会危害性尤为严重，这就要求侦查工作必须做到迅速、及时，力争主动，以有效地制止和打击犯罪，避免和减少犯罪的危害性后果；再次，刑事案件发生后，现场勘查和相关证据的收集也要求侦查工作必须迅速、及时，避免犯罪现场和有关证据因时间的拖延而遭到破坏，甚至灭失。

刑事侦查工作要贯彻执行迅速、及时的原则，须建立健全侦查快速反应机制，切实提高侦查机关的紧急处置及应变能力。一方面要建立精干、高效的侦查队伍，培养侦查人员高度的政治责任感和雷厉风行的战斗作风，加强侦查人员的业务培训和岗位练习，提高业务技能，以确保能够应付各种紧急情况。另一方面要注重物质保障，加强侦查技术的现代化装备，如配置先进的交通、通信工具和武器等装备，以确保迅速、及时原则的贯彻落实。

（三）实事求是原则

刑事侦查工作坚持实事求是原则是指一切从实际情况出发，尊重客观事实，准确揭露与证实犯罪事实，真实反映案件真相的行为准则。

实事求是原则是刑事诉讼活动的核心，也是刑事侦查工作的根本要求。刑事侦查工作是一项政策性、法律性很强的工作，担负着揭露犯罪，保护人民，保障社会主义经济建设的重要任务，关系到维持社会稳定及维护法律尊严、政府声誉和人民群众的人身权利与民主权利。因此，开展刑事侦查工作必须坚持实事求是原则，正确办案，防止冤、假、错案的发生。必须做到：①尊重客观事实，重证据，重调查研究，反对主观臆断、偏听偏信、先入为主等不良作风；②坚持真理，勇于改正错误，在刑事侦查工作的各个环节、各个阶段和各个方面都要做到实事求是；③在侦查工作中既要发扬民主，听取不同的意见和主张，又要不畏权势、刚正不阿，敢于同一切不正之风和犯罪行为作斗争，维护法律尊严。

（四）遵守法制原则

遵守法制原则是指侦查人员在刑事侦查工作中要自觉遵守和正确运用我国现行法律法规，严格依法办案的行为准则。

遵守法制原则是刑事诉讼的一项基本原则，旨在将刑事诉讼活动纳入法制的轨道，以防止国家专门机关滥用职权、恣意妄为，保证刑事诉讼的民主性、公开性，从而顺利实现刑事诉讼的目的和任务。侦查是一项严肃的执法活动，侦查机关和侦查人员进行侦查活动必须严格遵守法定的程序。侦查机关所适用的各种专门侦查手段和采取的强制性措施，稍有不慎，就会侵犯公民的人身权利、民主权利或者其他诉讼权利。因此，在侦查工作中，侦查人员必须增强法制观念，提高执法水平，严格依法办事。首先，侦查人员要学法懂法。通过学习相关法律知识，领会法律的基本内容和精神实质，懂得如何运用法律来指导和规范自己的侦查行为，掌握办案程序，正确区分罪与非罪、此罪与彼罪等。其次，侦查人员要严格贯彻、执行法律。在刑事侦查工作中，侦查人员要严格依法做好各项工作，从立案到侦查终结，侦查中的各个阶段、各个环节以及各种侦查行为都必须符合法律规范。再次，侦查人员要公正执法。法律面前人人平等，对于触犯刑律的犯罪分子，不管是什么身份都应依法追究其刑事责任，严禁不依法办事、徇私舞弊、贪赃枉法、打击报复等行为的发生，对违法侦查人员要严肃查处，决不姑息迁就。

（五）保守秘密原则

刑事侦查工作中的保守秘密原则是指侦查工作的各项部署和实施情况以及获得线索的情况等在一定时间、一定范围内不得外传与泄露的原则。

保守秘密既是侦查工作的特点，也是侦查工作的一项原则，贯穿于侦查活动的始终。刑事侦查是同各种犯罪活动进行的复杂的斗争，侦查与反侦查的矛盾存在于整个侦查的过程。侦查工作的这一性质和特点，决定了在侦查工作中侦查人员要注意保守秘密，增强保密意识，严禁将有关案情、证据、当事人及诉讼参与人的情况向无关人员泄露，以保证侦查活动的顺利进行。

另外，侦查工作中的保守秘密有一定的范围和限度，在侦查中发现重要犯罪情况需要向有关部门通报时，应当及时通报；当侦查中遇有重大事项需向上级机关请示时，要及时请示，以便从全局上把握侦查工作。

（六）协同作战原则

刑事侦查工作中的协同作战原则是指在案件侦查过程中，各侦查主体间相互协作、支持和配合，共同打击犯罪活动的行为准则。

在刑事侦查工作中加强协同作战，是优化侦查资源、增强侦查机关整体作战能力、提高破案率，以适应当前刑事犯罪动态化和国际化的客观需要，确保侦查任务全面顺利地完成。其形式和内容主要有：互通犯罪情报、信息，实现资源共享；通缉、追捕犯罪嫌疑人或在逃犯；协查调查事项，促进相互配合；组织联合侦查，“会诊”疑难案件，如联合并案侦查或组织区域性的联合行动；促进国际协作，如情报信息交流、调查取证、证据的移交及犯罪嫌疑人的引渡等。

刑事犯罪动态化和国际化的特征要求侦查机关要有高度的责任感和使命感，努力克服本位主义和地方保护主义的观念，加强区际、国际交流与合作，树立全局观念和全国一盘棋的思想，建立健全侦查协同作战的各项工作机制，经常开展侦查协同作战的演习和训练，提高协同作战的整体能力。另外，要重视和加强国际合作，共同打击跨国犯罪。

项目三　侦查模式与侦查工作现代化

【案例导入】

【引例1－3】2011年初，黑龙江省哈尔滨市刑侦支队二大队对全市涉车犯罪信息进行研判时发现，自2010年11月至2011年1月，本市道里区、道外区、南岗区、香坊区等地连续发生汽车被盗案件，且被盗车型集中在比亚迪F0、哈飞民意、哈飞赛马、夏利、奇瑞QQ等工薪族代步车。适逢“两会”及春节期间，短时间内如此高的盗窃汽车犯罪案件，极易造成车主不满情绪的非正常发泄，而且被盗车辆均为工薪族百姓自用车，涉及面广，影响恶劣。对此，支队迅速向市局汇报，市局领导对此高度重视，组织刑侦支队、刑事技术支队、行动技术支队、网监支队四单位同步上案，抽调警力组成专案组。

此类案件目击证人少、作案跨度大且作案后犯罪嫌疑人快速逃离，案件侦破具有一定的难度。专案组各职能部门对案发现场逐步走访，收集物证。信息人员利用《全国被盗抢汽车信息系统》查询哈市市区及周边地区同类或同档次汽车被盗案件信息并开展串并，很快发现松北、呼兰、阿城等地发生的夏利、奇瑞QQ轿车被盗案件也为同一伙犯罪人所为，成功实现并案。

专案组分析认为，该案发案频率如此之高，被盗车型如此集中，众多被盗车辆一定有较为固定顺畅的销赃渠道，于是决定从以车找人和搜集卖车信息两方面开展工作。专案组通过开展特情耳目、互联网信息监控等工作，密切关注贩卖涉案车型的汽车信息，在网侦部门的大力配合下，专案组将近期所有卖车信息进行搜集整理，很快发现，一段时间内，有人在互联网某网站上多次发布信息，称有多台无手续比亚迪F0轿车以每台 1 万元的价格销售。于是侦查人员对这一信息的发帖人进行调查，确定为阿城区人宋磊新（男，21 岁），通过对宋磊新进行外围信息比对和查询，发现宋磊新在发布卖车信息时段内，与一个叫吴文滨（男，45 岁，南岗区人）的联系频繁，调查得知吴文滨为二手车交易中介人员，两人接触关系复杂。专案组进一步调查吴文滨的关联信息，发现其一段时间来与南岗区人王丛力（男，38 岁）频繁联系，通过对王丛力的前科信息查询发现此人曾有过盗窃汽车犯罪前科。根据上述联系，专案组决定从宋磊新及其网上贩卖的汽车入手突破案件。

案件取得重大突破后，专案组及时对宋磊新、吴文滨、王丛力等人实施抓捕，经审讯，王丛力等人交代了自 2010 年 10 月至 2011 年初，先后窜至道里、道外、南岗、香坊、呼兰等地盗窃汽车 42 起，并在网上贩卖的犯罪事实。

【工作导向】

一、案例导读

上述案例除了反映已发案件的侦查模式外，主要突出了现代化的一些侦查方式方法，如多警联动、密切合作；通过通信、网络监控获取内外部信息，拓展侦查途径等。在当前的信息社会，利用信息引导侦查是今后侦查工作的主流和发展方向。

二、问题思考

怎样理解体现现代化内涵的侦查方式和方法对今后侦查工作的影响?

【学习领域】

一、侦查模式

模式是指某种事物的标准式样，即某种事物可供人参考并照做的样式。侦查模式是指可供案件侦查参考和依照的标准式样。侦查模式是对不同类型刑事案件侦查实践的概括和总结，代表案件侦查的一般规律和特点，可供侦查主体进行具体侦查实践活动时参照采用，具有概括性、过去性、代表性和参照性等特点。按照犯罪的发展阶段和刑事案件的表现形式，侦查模式一般可分为预谋案件的侦查模式、已发案件的侦查模式和突发性案件的侦查模式。

（一）预谋案件的侦查模式

预谋案件是指行为人决意犯罪后，为了达到犯罪目的而处于创造犯罪条件阶段的犯罪案件。预谋案件具有侦查对象比较明确，有进行犯罪的各种准备活动，但预谋活动和犯罪意图比较隐蔽的特点。根据预谋案件的特点，在侦查中通常采用的侦查模式是：以发现的线索为侦查起点，从人到事开展侦查，立足防患于未然。

1. 以发现的线索为侦查起点

预谋案件是侦查机关通过一定途径收集到有关预谋犯罪的线索，因此类案件只处于一种预谋状态，并没有形成犯罪后果，也没有犯罪现场以供勘验，所以，案件的侦查只能以发现的预谋犯罪线索为起点。

对预谋案件应本着防患于未然的目标，积极主动地开展侦查，而不能被动消极地等待线索上门。因此，应建立一个以侦查机关为主体，以广大群众为基础，以社会各界为纽带，多层次、多渠道的社会情报信息网络，以更多地发现和收集预谋案件线索，及时侦破预谋案件。在侦查实践中，由于预谋案件活动比较隐蔽，往往影响所获线索的真实性，为了防止盲目立案，对发现的预谋犯罪线索应及时、准确地进行查证。对确有事实根据，说明行为人正在谋划、准备犯罪活动的，应及时立案，组织专案侦查。

2. 从人到事开展侦查

在预谋案件中，从预谋犯罪线索中首先提出预谋犯罪的行为人，即首先找出案件的嫌疑人。所以在侦查中，必须以嫌疑人为对象，以预谋犯罪的事实为根据开展侦查工作，应先从行为人入手，多通过秘密手段侦查，掌握其犯罪意图，查明其预谋犯罪事实并获取犯罪证据，在其实施侵害犯罪行为前破案，体现“从人到事，先发制敌”的特点。

3. 立足防患于未然

预谋案件的犯罪人虽然没有实施犯罪行为，但具有极大的潜在危险性。因此，在侦查此类案件时，必须注意对预谋侵害目标的保护，采取切实可行的措施，有效地防止危害的发生。在侦查实践中，如果查明了犯罪人预谋犯罪活动的事实，在证据确实的情况下，应及时破案，不能坐等犯罪后果的发生。如果尚未取得确实证据而又确有实施侵害的情报时，应在确保被害目标安全的前提下，创造条件或等待时机破案。

（二）已发案件的侦查模式

已发案件是指犯罪人已经实施犯罪行为，具有犯罪后果的案件。已发案件具备有犯罪后果，有犯罪现场，给人们留下一定的印象等特点。根据已发案件的特点，在侦查中通常采用的侦查模式是：以现场为侦查基础，从事到人开展侦查，力求及时侦破案件。

1. 以现场为侦查基础

由于犯罪人已实施犯罪，在犯罪中必然要与一定的时间、空间、人、物等发生联系，所有这一切都可能在犯罪现场得到反映，通过对现场的勘查，以查明与犯罪有关的情况。犯罪现场是这类案件侦查的基础，而现场勘查则是侦查的起点和首要环节。所以，凡有现场可供勘查的刑事案件，须先进行现场勘查，然后在此基础上展开各项侦查活动。需要注意的是，在对现场勘查的时候，不能局限于传统的认识，应突破现场物证去获取更多的信息，如有视频监控的区域，应该加强对视频信息的提取和利用。

2. 从事到人开展侦查

已发案件在侦查中主要是根据已发生的犯罪事实来查明实施犯罪的人，以存在的犯罪事实为出发点，以事立案，从犯罪时间、地点、工具、手段、犯罪人特征、犯罪人与被害人关系等信息中发现犯罪线索，进而查明犯罪人，体现“从事到人，后发制敌”的特点。需要注意的是，在从事到人的总体侦查过程中，在采取具体侦查措施时，则要根据案件的具体情况来决定，有的要从人到事开展侦查，有的要从物到人开展侦查，有的要从信息到人开展侦查等。

3. 力求及时侦破案件

对于已发案件应积极查证，及时获取犯罪证据，尽快发现犯罪嫌疑人，达到及时破案的目的。对于一时未能侦破的案件，要坚持开展调查研究，总结经验教训，修正侦查方案，坚持一抓到底。在侦查中，一旦查清犯罪嫌疑人和主要犯罪事实，取得犯罪证据就应及时破案，避免时间拖得太长。

（三）突发性案件的侦查模式

突发性案件是指在极短时间内发生的危害严重或构成重大威胁的犯罪案件，主要表现为严重的暴力犯罪案件。这类案件具有犯罪人作案手段凶残（常使用暴力或恐怖手段）、案件发生突然、危害严重等特点。据此，此类案件的侦查模式是：以避免新的危害为目标，从人、从事同步开展侦查，统一指挥、联合作战。

1. 以避免新的危害为目标

突发性案件一般都有预谋过程，且十分隐蔽，这类案件一旦发生就会造成严重的危害后果，因此，对突发性案件的侦查必须以保护人民群众的人身财产安全为出发点，以避免造成新的、更大的危害为目标，把犯罪的危害程度和现实威胁减少到最低程度。

2. 从人、从事同步开展侦查

对突发性案件的侦查要坚持“主动出击、先发制敌”的指导思想，在作出紧急处置的同时，应按原定预案迅速调集侦查力量，采取边勘查现场、边分析案情、边紧急部署的方法，力求尽快判明目标，迅速组织追缉堵截，及时擒获犯罪嫌疑人。在侦查中突出一个“快”字，为了避免新的危害，将查人、查事的工作同步进行，以达到及时抓获犯罪嫌疑人的目的，体现“从人、从事同步开展侦查，速战速决”的特点。

3. 统一指挥，联合作战

突发性案件危害性大，涉及面广，影响恶劣，对犯罪嫌疑人追缉堵截要全方位设计，多方配合，严密布网。必须建立统一指挥、多警种联合作战的战斗体系，发挥整体作战能力，集中优势兵力打歼灭战。在不知道犯罪嫌疑人的情况时，应按照已发案件的侦查模式，“从事到人”地开展侦查工作，以尽快发现犯罪嫌疑人。

二、侦查工作现代化

侦查工作现代化是在建设社会主义法治国家的大背景下逐步发展的，是指由传统型侦查工作体制向现代型侦查工作体制转型和进化的过程。侦查体制作为法律制度的重要组成部分，在现代化的大潮下，无可避免地经历着现代化的洗礼。现代化的诱因和动力是科学的快速增长和普遍运用，因此，侦查现代化的重要特征表现为侦查科学化。侦查工作包括行为和制度两个方面，从行为意义上讲，侦查科学化是指大量的科学知识和科技手段诸如生物技术、数字技术、信息技术等被运用到侦查工作中来，有力地提高了侦查机关的侦查效率；从制度意义上看，侦查科学化是指侦查管理的各项制度的设计和运用越来越合理，侦查人员破案的能力不断提高。

（一）侦查理念的科学化

科学的侦查理念包含了丰富的内容，主要体现在三个方面：一是指依法侦查。侦查是依法开展的一项活动，依法性是科学侦查理念的前提，依法侦查具体要做到：侦查程序和侦查行为合乎法律规定、树立正确的证据意识、侦查的客观公正等。二是指和谐侦查。和谐是当前社会和时代发展的主题，也是科学侦查理念的重要内容，侦查工作的直接目的是揭露事实，打击犯罪行为，但其最终目的是保护人民。因此，侦查既要体现打击犯罪严厉性的一面，也要体现人文关怀、保障人权、保护人民亲和性的一面，促进两者的和谐关系，实现社会的和谐发展。三是指效益侦查。侦查工作中讲究的效益既包括社会效益也包括经济效益，在侦查中要多考虑资源的有效利用，在实践中设立科学的考核和评估标准，既考核和评估侦查效率，也考核和评估侦查投入，避免侦查工作的不计成本。

（二）侦查制度的科学化

侦查制度的内容较为广泛，其科学化的内容主要体现在三个方面：一是指侦查程序制度的科学化。从诉讼的角度来看，侦查是法律程序的范畴，法律程序的设计是否合理，直接关系到侦查工作的效益和效率。在法制现代化建设的背景下，我国诉讼程序和诉讼法律也在不断地修正和完善，变得更符合我国的国情和实践，体现了我国侦查程序的科学化。二是指侦查机制的科学化。侦查机制是制约侦查力的重要力量，实践中要加强侦查情报机制、快速反应机制、多警种合作联动机制、侦查协作机制等机制的建设和完善，以适应打击犯罪的需要。三是指侦查管理的科学化。侦查管理主要是指对侦查主体的管理，侦查主体是侦查水平和侦查能力的决定性因素。具体要做到强化侦查队伍的组织领导、加强侦查队伍的专业化建设、加强侦查人才的培养等，以实现侦查管理规范化、专业化、法制化的目标。

（三）侦查行为的科学化

侦查行为的科学化是指科学知识和科技手段在侦查工作中的运用。在侦查实践中，主要是更新侦查工具，改变侦查环境。随着科学技术的不断发展和进步，犯罪分子选择了更加隐蔽的作案方式和更加赋有科技含量的作案手段从事犯罪活动。作为侦查主体应及时全面地了解并学习当代最新、最先进的科学技术如通信技术、计算机网络技术、智能模拟技术、生物技术等，让其转化为为侦查服务的侦查技术，革新侦查工具，改善工作环境，做到科技强侦、信息导侦，提高侦查能力。

项目四　技能训练

一、实训项目

刑事侦查基础知识能力训练。

二、实训目的与要求

理解和掌握刑事侦查工作的基础理论，并能在实际工作中坚持、遵守和贯彻执行。

三、实训说明

认真阅读下面给出的实训案例，并结合案例分析刑事侦查工作的特征、任务、方针和原则，巩固所学内容，以此理解刑事侦查的具体内容。

四、实训案例

【开封“9·18”馆藏文物被盗案侦破纪实】1992年9月18日上午8：30，河南省开封博物馆两位年轻的讲解员打开明清宫廷用品展厅大门，发现展柜的展品杂乱无章，许多展品被盗。10分钟后，开封市公安局刑侦技术人员赶到现场。

8个展厅内一片狼藉。仅有的罪证是一把玻璃刀和几把黑色铁夹，现场没有指纹。

经公安人员现场勘察得知，犯罪分子共盗走明清宫廷珍品69件，其中国家一级文物7件、二级文物52件、三级文物3件、未定级文物7件。

这是新中国成立以来最大的一起馆藏文物被盗案。

当天，开封市公安局以刑警支队为主，与从市区各公安分局、局直有关科室以及交警队、治安大队等调集的200余名精干警官，组成了“9·18”专案指挥部。开封市委常委、政法委书记徐福润和市人大副主任、公安局党委书记吴国强担任指挥长，公安局长武和平、副局长胡安泰、崔保连等几位担任副指挥长。

“9·18”指挥部就设立在案发现场——开封博物馆。

为协助破案，河南省公安厅还成立了“9·18”案件协调小组，省公安厅副厅长王济晟担任组长。

在排查工作进行到十几天时，侦察员们找到了一位每天凌晨都要经过博物馆去附近的包公湖巡查的渔场工人。据工人讲：案发当天凌晨两点多，包公湖南岸停有一辆白色桑塔纳轿车，他用手电向汽车照去，看车上挂着“K”字头军用牌照，还有数字1和8。

一位环卫工人也反映：案发当天凌晨3点多，有一辆白色小汽车出现在博物馆被盗现场附近。后经调查，附近几个部队当天没有汽车到过此处。

10月26日，前往武汉调查的公安人员返回开封报告调查结果：9月1日至7日，住在开封博物馆对面东京大饭店里的武汉铁路职工唐国强、陈纳德、李军等人的身份证号是假号，而且武汉铁路分局职工中也没有这几个人。

担任记录的“9·18”专案指挥部材料内勤王星飞听到唐国强、陈纳德、李军等人的名字时，突然愣了一下：这么耳熟！他翻开近几个月的案卷和报案材料，发现8月5日开封市机电公司在郑州市金桥宾馆举办汽车展销会时，曾被盗过一辆白色桑塔纳轿车。重点怀疑对象就是唐国强、李军等4人。当时他们驾驶着一辆挂有军队牌照的轿车。

“8·5”汽车被盗案中的唐国强、李军是不是“9·18”案发之前在开封东京大饭店住宿的唐国强、李军？案发时博物馆外停放的白色桑塔纳会不会是“8·5”汽车被盗案中的赃车？更引起王星飞注意的是：两处都出现过军车牌照。

王星飞当晚写出一个书面报告，指挥部连夜派出侦查人员赶往郑州调查“8·5”盗车案中涉嫌的唐国强、李军等4人。经调查得知：唐国强、李军等4人在汽车被盗前一天住在金桥宾馆，他们4人在金桥宾馆停车登记的车牌号为“K43—1008”。指挥部经请示省公安厅批准：将开封“9·18”文物案和郑州“8·5”盗车案并案侦查。公安人员很快查清“K43—1008”是空军某部队的车牌，早已丢失。线索到这里又断了。

侦破工作陷入了困境，但公安人员另辟蹊径。他们从各种线索中调查出，罪犯踪迹经常出现在武汉一个不到一平方公里的地段内。搜索网再次拉开。

12月1日上午，28岁的王伟和同是侦查人员的妻子李静萍正在街头注意着有无罪犯的踪影，一辆白色桑塔纳从他们身旁急速驶过，车牌号码正是“K43—1008”。

夫妻俩跟踪车辆至武汉海关门前时，王伟举起事先备好的照相机将车上乘坐的4人拍下。经辨认，照片上的司机就是化名为唐国强的人。

武汉市公安局当即调集干警，控制住了武汉三镇所有的路口。12月2日上午，武汉市小东门岗的交通民警拦截下这辆轿车，狡猾的案犯当即逃之夭夭。经与“8·5”

盗车案失主核对，交通民警扣下的白色桑塔纳轿车发动机号与被盗车相吻合。

3天后，公安人员了解到一个名叫杨长明的本地人多次打听公安局扣车的情况。“9·18”指挥部得到信息后，立即命令武汉工作组传唤此人。同时，在武汉市公安局的支持协助下，公安人员以涉嫌盗车为由，依法对杨长明的住处进行搜查，结果“9·18”案件被盗的其中5件文物被查获。

经审讯，杨长明交代了开封“9·18”文物被盗案系刘农军（化名陈纳德）、刘进（化名唐国强）、文西山（化名林彬）和李军4人所为。1月20日4名主犯全部落入法网，全案告破。

单元二

刑事侦查的基本步骤和方法

【学习目标】

知识目标：了解侦查工作的常规流程，掌握公安机关办理刑事案件的一般程序。

能力目标：培养程序意识，强化侦查程序观念。

【学习提示】

本单元教学采用课堂讲授、案例演示与讨论相结合的教学方法，结合学习过的其他课程知识，特别是“刑事诉讼法”、“公安应用文书写作”等课程，做好学科间知识的融会贯通。

【内容结构图】

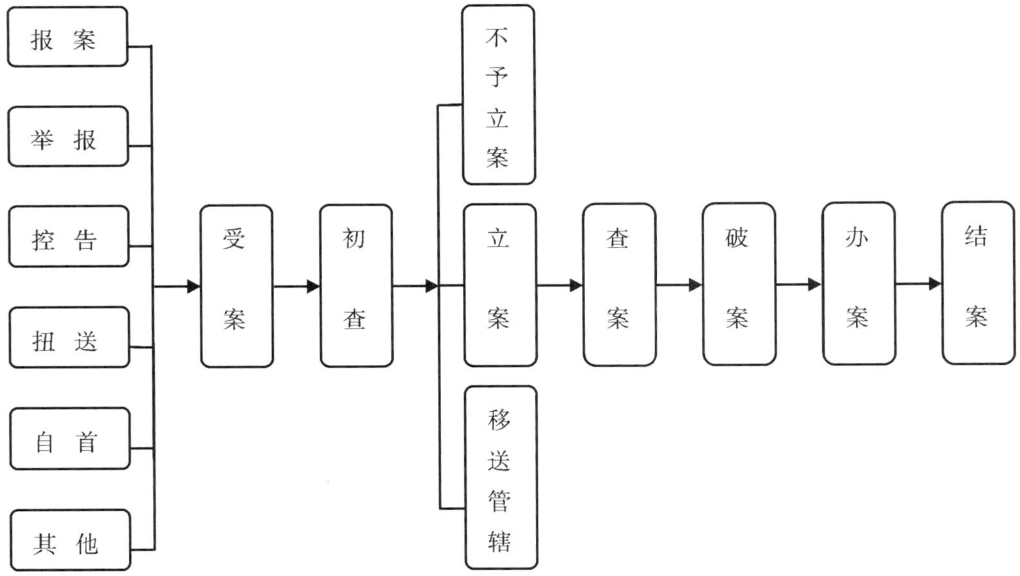

项目一　立　案

【案例导入】

【引例 2－1】2001 年 12 月 18 日 16:36，扬州市公安局 110 接报：位于扬州市市中心的广陵区通泗街 12 幢 303 室前走廊上有一具女性尸体，地上有血。接报后，市区两级公安机关侦查技术人员迅速赶赴现场开展侦查工作。

侦查人员经现场实地勘验得知：现场位于扬州市广陵区通泗街 12 幢 303 室前走廊；死者名叫姜秋燕，女，39 岁，扬州中保人寿保险公司职员。经法医检验认定，死者系被直径约 3.2 厘米的圆锤类钝器击打脑右顶枕部导致脑挫伤、中枢衰竭而死亡。现场未见其他痕迹物证。

经现场访问得知：①被害人家属反映，被害人于当天下午 4:00 左右与其姐姜秋云从市区大麒麟阁分手后，骑自行车到通泗街 12 幢 402 室其父亲姜松林处，随身携带一只黑色双肩带背包，包内有深墨绿色摩托罗拉手机（LF 2000）一部、红色钱夹一个、现金 200 余元及部分化妆品，而这些东西未在案发现场发现；②现场走访没发现本案的目击者；③以现场同幢楼居住户为中心，向周围延伸进行调查访问获悉，12 月 18 日下午 4:30 左右，死者被害地点街对面的毓贤街商业区汇友物业公司的三位职员曾在公司附近一个巷子角落处看见一个男子翻动一个女式黑皮包，从包中取出一些物品放进口袋后扔掉黑包，沿巷子步行离开。经查，该黑色背包正是姜秋燕家人反映丢失的皮包。三人反映该男子特征：30 岁左右，身高 1.78 米左右，皮肤偏黑，瘦长脸，体态中等偏瘦，上身穿黑色皮夹克（普通翻领），下身穿深色裤子。

【工作导向】

一、案例导读

公安机关针对这起报案，做好如下工作：

（一）认真仔细做好案件受理和接待工作

扬州市公安局 110 中心应当认真接听报案，详细询问报案人、案件、被害人、犯罪嫌疑人的有关情况，制成笔录并录音。

鉴于此案情况，市局 110 中心应当迅速赶赴现场，以便及时做好现场保护和勘查工作。

（二）对受理的案件对照立案的标准和条件进行仔细审查

根据报案内容和现场勘查的情况，该案件的要素主要有：

（1）接警：扬州市公安局 110 中心；

（2）接警时间：2001 年 12 月 18 日 16：36；

（3）案件现场：扬州市广陵区通泗街 12 幢 303 室前走廊；

（4）被害对象：姜秋燕；

（5）行为后果：姜秋燕死亡，有法医检验报告。

结合现场勘查情况和法医检验报告，对该案件的要素进行分析，本案已符合杀人犯罪案件的立案条件。

（三）决定立案侦查

侦查人员认为此案件要立案侦查。经报市局主管领导批准，决定立案侦查。

二、问题思考

相关法律法规对刑事案件的立案条件及程序作了哪些规定？实践中如何把握和操作？

【学习领域】

立案是指公安机关在管辖范围内，对报案、举报、控告、扭送、自首以及自行发现的材料和线索进行审查，以判明有无犯罪事实和应否追究刑事责任，并决定是否作为刑事案件进行侦查的一种诉讼活动。

一、立案的条件

（1）有犯罪事实存在。按我国《刑法》规定已构成犯罪的行为客观上已经存在，这种行为既包括已经或正在实施的犯罪行为，也包括犯罪预备行为。

（2）有追究刑事责任的必要。并不是有犯罪事实都要立案，只有有犯罪事实而且依照法律规定应当追究行为人的刑事责任时，才应当立案。我国《刑事诉讼法》第15条规定了不追究刑事责任的几种情形。

（3）属于受案公安机关的管辖范围。我国《刑事诉讼法》第107条规定："公安机关或者人民检察院发现犯罪事实或者犯罪嫌疑人，应当按照管辖范围，立案侦查。"按照这一规定，在进行立案时，如果确认有犯罪事实需要追究刑事责任，还要查明是否属于公安机关和本级、本部门的管辖范围。

为了正确掌握和执行立案条件，公安部根据《刑事诉讼法》及其他有关法律的规定，对所管辖的刑事案件制定了立案标准。这些立案标准与《刑事诉讼法》规定的立案条件既有联系也有区别，立案条件是制定各类刑事案件立案标准的依据，立案标准则是立案条件在各类刑事案件中的具体化，两者是辩证统一的关系，实践中应注意对二者的把握。

二、立案的程序

（一）受案

1. 含义

受案是受理案件或接受案件的简称，是指侦查机关对于公民扭送、报案、控告、举报和自首人员的接待处理工作。

2. 受案线索来源

在实践工作中，受案线索的来源十分广泛，主要有：群众或有关单位报案或者举报，被害人的控告，犯罪嫌疑人自首，群众扭送，刑事、治安等秘密力量发现和提供，在押罪犯或犯罪嫌疑人的检举和揭发，司法机关通过日常业务工作发现等。

随着侦查信息化的推进，受案方式方法也在发展变化，一些地方公安机关开辟了网上受案、网上接警等犯罪信息来源渠道，在一定程度上实现了报案、受案、警情传输和报警处置工作的信息化，提高了公安机关快速反应能力。

3. 受案的步骤

（1）认真接待，积极受理。公安机关对报案、控告、举报、群众扭送或者犯罪嫌疑人自首的，或者有关行政机关移送的案件，不论是否符合立案条件，是否属于自己管辖，均应无条件立即接受，不得以任何理由和形式推诿。

（2）讲明法律责任。公安机关接受举报和控告时，应当向举报人和控告人说明必须实事求是地提供有关情况，不得故意提供虚假情况，否则要承担相应的法律责任。

（3）询问（或讯问）有关情况。受理案件时，侦查人员应当向扭送人、报案人、举报人、控告人或自首者详细询问（或讯问）案件的基本情况、犯罪嫌疑人与被害人的有关情况。如果是犯罪嫌疑人自首的，还应当把其作案的时间、地点、目的、动机、手段、过程、后果等详细问清楚。如果扭送人、报案人、举报人、控告人或自首者能够提供有关的物证、人证等证据的，应当按照法定程序和要求，依法办理必要手续，及时接收物证、人证等。

（4）依法制作笔录或录音。在询问或讯问扭送人、报案人、举报人、控告人或自首者的同时，要认真制作笔录，有条件的可以录音。

（5）填写《受理刑事案件登记表》。接受案件后，应当在 24 小时内填写《受理刑事案件登记表》，连同受案材料报领导审批。

4. 受案时应注意的问题

（1）受案时，如遇有犯罪现场的，应当立即派人赶赴现场，及时采取相应措施加以保护。

（2）遇有紧急情况时应先采取初步处置措施。初步处置措施是指刚刚接到报案时或者立案之初，遇有非常情况时，为了排除险情或者控制损失、发现和收取犯罪痕迹物证、控制赃物和捕获犯罪嫌疑人而采取的具有强制性的措施。

（3）公安机关应当保证报案人、举报人、控告人及其近亲属的安全，报案人、举报人、控告人不愿公开自己的姓名和报案、举报、控告行为的，应当为其保守秘密。

（4）要慎重对待经常收到的举报信或匿名电话，不能将其作为立案的材料，只能作为进一步获得立案材料的线索。

（5）接受报案后，侦查人员应当将接受报案的案情及时向有关领导汇报，便于及时处理。

（二）初查

1. 含义

初查即立案前审查，是指侦查机关对所接受的案件材料的初步审查，以确定是否符合立案条件。

《公安机关办理刑事案件程序规定》第 171 条规定："对于接受的案件，或者发现的犯罪线索，公安机关应当迅速进行审查。"其目的在于确定是否应当立案。

2. 初查的方法

初查的方法通常采用现场勘查、调查访问、审阅材料、现场实验、技术检验等，认真对受理的案件进行审查，收集证明案件事实的证据，以判明犯罪是否存在，是否需要立案侦查。

3. 初查的内容

(1) 从实体上审查犯罪事实是否存在;

(2) 从法律上判断是否需要追究犯罪人的刑事责任;

(3) 从程序上判断该案是否属于受案机关的管辖范围。

(三) 对受理案件的处理

对受理的案件经过初查后,应根据不同情况分别进行不同的处理:

1. 立案

公安机关受理案件后,经过审查,认为有犯罪事实发生,需要追究刑事责任,且属于自己管辖的,由接受单位制作《刑事案件立案报告表》,重、特大案件要制作《刑事案件立案报告书》,经县级以上公安机关负责人批准,予以立案。决定立案的,应当告知报案人。

对于共同犯罪的案件,应当立为一案;共同犯罪案件中,有的犯罪嫌疑人需作另案处理的,应当单独立案。

2. 不立案

公安机关受理案件后,经过审查,认为没有犯罪事实,或者虽有犯罪事实但法律规定不追究刑事责任的,接受单位应当制作《呈请不予立案报告书》,连同受案材料,经县级以上公安机关负责人批准,不予立案。

对于有控告人的案件,决定不予立案的,公安机关应当制作《不予立案通知书》,在7日内送达控告人。

对于不够立案标准和不需要追究刑事责任的,可以依法作其他处理。

3. 移送管辖

公安机关受理案件后,经过审查,认为有犯罪事实发生,需要追究刑事责任,但不属于自己管辖的,接受单位应当在24小时内制作《呈请移送案件报告书》,经县级以上公安机关负责人批准,制作《移送案件通知书》,连同案件材料,移送有管辖权的机关,同时通知报案人。

对于不属于自己管辖又必须采取紧急措施的,应当先采取紧急措施,以防止犯罪嫌疑人逃跑、行凶、毁灭罪证等情况发生,然后再办理手续,移送有管辖权的机关。

三、立案的法律意义

在我国,立案被视为刑事诉讼的开始阶段,是一个独立、必经的诉讼程序。没有立案程序,便没有刑事诉讼的整个过程,只有这一法定程序完成后,公安机关的侦查活动才有了合法的依据,才能行使侦查的权力,进行侦查活动。具体而言,立案的法律效力表现为:

(1) 立案是国家侦查机关对存在需要追究刑事责任的犯罪事实的初步确认;

(2) 立案标志着侦查程序的开始,案件进入一个正式追究犯罪人刑事责任的阶段;

(3) 立案标志着侦查人员使用法律规定的侦查措施取得了法律的依据。

【拓展阅读】

一、立案标准

关于刑事案件立案追诉标准的内容,目前可参阅下列文件的规定:

（1）《中华人民共和国刑法》；

（2）《最高人民检察院、公安部关于公安机关管辖的刑事案件立案追诉标准的规定（一）》；

（3）《最高人民检察院、公安部关于公安机关管辖的刑事案件立案追诉标准的规定（二）》；

（4）《最高人民检察院、公安部关于公安机关管辖的刑事案件立案追诉标准的规定（二）的补充规定》；

（5）《关于公安机关办理醉酒驾驶机动车犯罪案件的指导意见》（公交管〔2011〕190号）。

关于刑事案件的立案标准，除全国统一外，各省、自治区、直辖市的公安厅、局可根据各地的具体情况、经济条件的不同制定补充一些新的标准。

二、立案管辖

关于刑事案件管辖分工的规定，目前可参阅下列文件之规定：

（1）《中华人民共和国刑事诉讼法》；

（2）《公安部刑事案件管辖分工规定》；

（3）《公安部刑事案件管辖分工补充规定》；

（4）《公安机关办理刑事案件程序规定》第14条至第23条；

（5）《国务院关于缉私警察队伍设置方案的批复》（国函〔1998〕53号）和《国务院办公厅关于组建缉私警察队伍实施方案的批复》（国办函〔1998〕52号）。

项目二　查　案

【案例导入】

【引例2－2】接引例2－1内容，深入查案。

现场勘查后，专案指挥部立即组织侦查人员、技术人员，结合现场勘查结果深入分析和研究，初步判定：

（1）作案时间：18日下午4:05至4:25间。

（2）作案地点：案发现场即为犯罪行为实施的第一现场，被害人下午4:00左右准备到通泗街12幢402室看望其父亲姜松林，当行至12幢303室门前时遇害。

（3）案件性质：本案为一起有预谋的杀人抢劫案。

（4）作案过程：犯罪行为人携预先准备好的作案工具（约0.7公斤重的奶头铁锤）在案发现场附近游荡，选择目标伺机作案，当将被害人确定为侵害目标后对其尾随盯梢，尾随跟进通泗街12幢楼并逐渐接近，当被害人上楼梯行至303室门前时，从后面用铁锤猛击被害人头顶枕部，将被害人击倒在地后，迅速拿走被害人随身携带的黑色双肩带背包逃离现场。

（5）作案人特征：①作案人数为一人，可能为青壮年男性；②动作快速熟练、手段凶狠残暴，有可能有违法犯罪前科；③犯罪行为人可能经济拮据，生活水平较低；

④犯罪行为人很可能是流窜作案，但也不排除本地人劫财杀人的可能性；⑤作案人极有可能在临近城市活动，并再次作案；⑥汇友物业公司员工发现的男子应为该案重大犯罪嫌疑人，其体貌特征为：身高1.75～1.82米，体形偏瘦，长脸，肤色偏黑，上身穿黑色皮夹克（普通翻领），下身穿深色长裤。

根据案件具体情况和以上分析，专案指挥部立即制定相应工作措施：

（1）及时将案件信息上报，积极落实“侦破系列杀人案件新机制”，在全省乃至全国范围内进行案件的串并工作。

（2）由扬州市公安局刑警支队牵头，组织城区四分局、治安、交巡警等部门，整体作战，对市区旅馆、私房出租户、外来人口聚集地及往来人员进行大范围的排查工作，注意发现有无具有上述特征突然无故离开的人员，并对市区旅馆信息全部采集，通过碰撞比对力争从中发现犯罪嫌疑人。

（3）围绕死者生前的业务往来关系、家庭关系开展专线调查。

（4）对本地刑嫌对象、重点人口管理工作对象中有盗、抢、赌前科，经济拮据人员进行逐一见面的排查。

（5）加强与特情耳目的交联，对被抢手机、作案工具等进行专线布控。

（6）对市区五金商店以及卖铁锤摊主进行巡查，注意发现有无具有上述特征的人员购买过铁锤。

（7）提请省厅向全省及华东刑侦协作区发放协查通报，了解掌握周边地区类似案件情况。

（8）根据目击证人提供的体貌特征，由技术人员模拟画像，通过发放《警方告示》和模拟画像发动群众，广辟线索来源。

专案指挥部通过部署上述侦查工作，采取下列具体侦查措施和手段确定犯罪嫌疑人：

（一）摸底排队

（1）普遍排查。对市区内大范围的普遍排查全面开展，围绕着一切与案件现场有关的人和事，重点排查作案者的落脚点、逗留点、联系点、观察点和作案点。对185家旅馆招待所、96家休闲中心、3 070户私房出租户、73个手机市场、112家铁锤销售店进行了逐个反复的访查，共排查外来人口17 747人，排查见底刑嫌人员、重点人口和工作对象总计1 030人。同时，张贴《警方告示》及作案分子的模拟画像3 000余份。与此同时，商请周边地区公安机关协助收集案发期间旅客住宿人员信息，及时输入微机，与“12·18”发案期间扬州旅馆住宿人员信息进行交叉比对，力争从中发现相关嫌疑对象，最终从12 113名住宿人员信息中比对出132名重点人头，对每个人逐一查证见底。

12月19日，广陵分局南门派出所民警在对“城南旅社”进行排查时发现，一个名叫宋世慧的辽宁人于12月14日晚投宿该旅社，14、15日晚均住在旅社，但16、17日两晚未住店，18日下午4：50左右突然到店结账离开。店主反映：其体貌特征与公安机关的模拟画像很相似；18日中午催要房租时，宋世慧回答暂时没钱，但几小时后就结账离开。

（2）重点排查。该所迅速将宋世慧的情况上报专案指挥部，指挥部立即安排专人围绕宋世慧开展侦查：①经侦查实验，从案发地步行到犯罪嫌疑人弃包地再到宋世慧住宿地所用时间仅为十分钟，宋完全有作案时间和逃跑时间。②经与辽宁省东港市向阳派出所电话联系，得知其辖区确有宋世慧此人，基本情况同其在旅社的登记一样。该人于1993年因抢劫被判刑6年，1999年8月刑满释放，已3年没有回家。③2001年初山东省烟台市芝罘区公安局刑警队曾向广陵分局南门派出所发过协查函，称2001年2月22日至5月2日间，芝罘区连续发生10余起尾随单身妇女，持钝器打击头部抢劫财物的案件。经与烟台警方联系，发现宋世慧在案发期间曾在烟台的旅社登记住宿。

（二）案件串并

省厅刑侦局严格按照公安部“侦破系列杀人案件新机制”的要求，在全省范围内通报案情，梳理旧案，汇集线索。同时专案指挥部派出技术人员赴无锡、上海等地开展相关串并案工作，与泰州市“3·19”杀人案件侦破组交流案件信息，探讨并案的可能性，对江都市12月15日发生的持铁锤敲头抢劫案件进行分析串并。12月23日、25日，与扬州一江之隔的镇江市又接连发生两起同类型案件，引起了镇江、扬州警方的高度重视。经对作案对象、作案地点、作案时间和作案手段分析，警方认定应为同一犯罪嫌疑人作案。

12月26日，省厅刑侦局在镇江市召开了并案侦查工作协调会，经过逐案分析研究，认定省内6起案件系同一名犯罪分子所为，犯罪分子有小区域跳跃、连续作案的特点，其极有可能仍在江苏境内继续作案。专案组研究迅速制订周密的侦查方案，明确由扬州市局主侦该系列并案，涉案地区全力配合。同时省厅又专门派出工作组来扬州直接指导案件侦破工作。12月29日，江苏省丹阳市再次发生同类型杀人抢劫案。2001年3月至12月期间，江苏省内发现同类案件情况简要介绍如下：

江苏省泰州市“3·19”杀人抢劫案：泰州市迎春西路制球厂商住楼2层楼梯拐角处，被害人李××，女，39岁，被钝器击打后脑及头顶部而死亡，随身携带挎包、手机等物品及400元现金被劫。

江苏省苏州市“3·26”抢劫案：苏州市劳动路49号2栋楼的1楼楼梯口处，被害人汪××，女，64岁，被钝器击打头顶部受伤晕倒在地，随身携带手提袋及现金被劫。

江苏省江都市“12·15”抢劫案：江都市某居民住宅楼2楼至3楼楼梯拐角处，被害人赵×，女，28岁，被钝器击打头枕部、顶部而身负重伤，随身携带的背包及包内手机、随身听、1 200余元现金被劫。现场提取断把的铁锤一把。

江苏省镇江市“12·23”抢劫案：镇江市中山西路57号2栋2层至3层楼梯拐角处，被害人王××，女，46岁，被钝器击打头枕顶部，受伤倒地后，随身携带手提包及600余元现金被劫。

江苏省镇江市“12·25”抢劫案：镇江市解放路22号京城大厦2层楼上3楼过道处，被害人王××，女，32岁，被钝器击打头枕顶部受重伤，随身携带背包、黄金手链及300余元现金被劫。

江苏省丹阳市“12·29”杀人抢劫案：丹阳市云阳镇不夜城A座1单元楼道处，被害人孙××，女，35岁，被钝器击打后脑及头顶部而死亡，随身携带挎包、手机、黄金耳环及700余元现金被劫。

（三）控制销赃

在省厅的统一指挥下，大规模的手机布控、面上访查工作在扬州、镇江两市同时展开。12 月 25 日下午，手机布控组获悉：镇江市“南京手机调剂维修中心”的王金龙向当地公安机关反映，12 月 21 日 15：00 左右，一个操东北口音的男子到其店内以 450 元的价格出卖了一只深墨绿色的 LF 2000 手机，留下姓名为高林（吉林市天长路里二胡同 361 号，经查吉林市没有该地址）。此人 30 多岁，平头，中等体态，长方形脸，无胡须，上穿淡灰色暗格子（格子一寸见方）西装，白衬衫，黑色鸡心领毛衣，未扎领带，脚穿黑色皮鞋，像个城市人，讲话、神态镇定。经对该手机的电子串号进行比对，查明该手机就是“12・18”抢劫杀人案中死者姜秋艳被劫的手机。当日夜，镇江警方发现宋世慧于 2001 年 12 月 18 日投宿于镇江万福来旅社，25 日 10：00 左右许结账离开。同时请目击证人对模拟画像辨认，确认“很像”。

几方面的信息汇聚在一起，结合宋世慧的体貌特征，专案指挥部果断分析判定宋世慧即为“12・18”大案的重大嫌疑对象。至此，“12・18”大案的重点嫌疑人已浮出水面。

【工作导向】

一、案例导读

公安机关根据案件情况，针对性地开展侦查工作，使案件侦查获得重大突破：

（一）认真做好案情分析工作

案件发生后，扬州市公安局及时组成专案指挥部，并对本案的作案时间、地点、性质、过程以及作案人特征等进行初步的分析和判断，使案件侦查工作有了较为明确的方向和范围，为具体侦查工作的开展打下了坚实的基础。

（二）做好侦查部署工作，及时收集案件信息，推进侦查工作有效开展

专案指挥部根据案情分析的情况，及时制定相应的侦查工作措施，有效部署和开展各项侦查工作，收集、查获各类案件信息，推进侦查工作。

（三）采取有效侦查措施，确定犯罪嫌疑人

专案指挥部在上述侦查工作的基础上，通过采取摸底排队、并案侦查、控制销赃等侦查措施和手段，及时发现并确定了本案的犯罪嫌疑人。

二、问题思考

案件进入侦查阶段后，在常规情况下，如何具体开展刑事侦查工作？

【学习领域】

批准立案后，就要有计划、有步骤地开展侦查工作，通过运用各种侦查措施和各项刑事技术手段，为破案服务。

一、分析、判断案情

刑事案件的侦查过程是侦查人员查明案件事实的过程，这一过程自始至终贯穿着侦查人员的认识活动，即分析判断案情。整个侦查过程，从一定意义上讲就是侦查人员对案情的认识由浅入深、由片面到全面、由模糊到清晰，并逐步获取证据证明这种认识正确性的过程。

立案后的案情分析判断是通过对犯罪结果的研究从认识上（而不是从实际上）恢复犯罪实施过程的原状，从而判明案件性质和实施犯罪的有关情况以及犯罪人应具备的条件，为侦查工作的开展提供依据。

（一）对案件性质的分析判断

刑事侦查学上讲的案件性质并不是依《刑法》所列相应罪名而确定的犯罪行为性质，而是从有利于揭露和证实犯罪的特定角度对立案侦查的刑事案件具体属性的界定。在侦查工作中分析判断案件性质，是立足于有效地组织侦查活动、及时地揭露与证实犯罪。因为案件的具体性质反映了侦查工作的基本方向和范围，如果案件性质不明确或有错误，侦查工作方向和范围亦会不明确或发生错误，侦查工作便难于开展或会走弯路。

确定案件性质的客观依据是多方面的。主要是根据犯罪人实施犯罪的动机目的，犯罪人与事主、被害人事前有无固有的矛盾，犯罪人的行为方式以及犯罪人是什么样的人等方面加以确定，不同类型的案件性质各异，某些同一类型的案件也可分若干种具体性质，例如，杀人案件的性质有仇杀、情杀、财杀等，盗窃案件有内盗、外盗、内外勾结盗窃等。

（二）对犯罪实施情况的分析判断

犯罪活动的实施情况主要包括犯罪时间、地点、工具、手段和现场活动过程等。任何犯罪行为必然具备这些基本情况，对这些基本情况的认识是开展侦查工作的出发点。

1. 对犯罪时间的分析判断

犯罪时间是指实施犯罪行为自始至终的时间，主要指从犯罪嫌疑人进入现场开始直至犯罪行为实施完毕逃离现场为止的时间段。

犯罪活动离不开一定的时间。判明犯罪时间能够为审查嫌疑对象是否有实施犯罪的可能性提供最基本的依据。此外，在有些案件中，判明犯罪时间还能为侦查机关及时采取紧急措施，缩小侦查范围，审查证人证言和犯罪嫌疑人的供述与辩解等提供依据。

分析判断犯罪时间的依据有：依据事主、被害人、知情人的陈述推断，依据现场的痕迹、各种物品的状态推断，依据尸体现象及胃内容物推断，依据被害人平时的生活习惯、规律推断，依据现场的地理环境和来往人员的情况推断等。

2. 对犯罪地点的分析判断

对犯罪地点的分析判断主要是确定发现案件的地点是不是主体现场或者第一现场。在实践中，发现案件的地点多是主体现场或是第一现场，但有时则不是，如碎尸案中，通常发现碎尸块的地点并非实施杀人碎尸行为的现场。

对犯罪地点的分析判断有两方面的作用，一是判明所勘查的地点是否为主体现场或是第一现场；二是研究犯罪地点与构成犯罪其他诸因素的关系，如可以分析犯罪嫌疑人对犯罪地点和侵犯目标的各方面情况的了解、掌握程度，以进一步推断其与事主或被害人的关系，为查找作案人、确定侦查方向和范围提供资料。

分析判断发现案件的现场是否为主体现场或是第一现场，通常根据现场的反常现象、痕迹物证、微量附着物、其他移尸迹象以及被害人的回忆等进行推断；而分析判断犯罪地点与构成犯罪的其他诸因素的关系，主要依据作案时机是否得当，作案目标是否明确、集中，作案手段是否简捷、高效等进行判断。

3. 对犯罪工具和手段的分析判断

犯罪嫌疑人实施犯罪往往使用一定的工具（包括凶器），犯罪工具的使用与犯罪手段的选择往往是一致的，分析判断犯罪工具和手段有助于侦查人员发现、获取犯罪物证。同时，侦查人员可以从犯罪工具和手段所反映出的犯罪嫌疑人的职业特点、业余爱好、居住范围、行为习惯和技术专长入手，寻找、发现嫌疑对象。

分析判断犯罪工具和手段，通常根据现场所遗留的犯罪工具痕迹与其他有关痕迹、物品的特征以及事主、被害人及证人对犯罪嫌疑人使用的犯罪工具和采取的手段的陈述等进行推断。

4. 对犯罪过程的分析判断

分析判断犯罪过程主要分析判断犯罪嫌疑人是如何进入现场的，在现场进行了哪些活动及其先后顺序，以及犯罪后如何逃离现场等一系列活动过程。犯罪过程可在一定程度上反映出犯罪的动机、目的以及犯罪嫌疑人对现场、被害人是否熟悉等问题，研究这些问题有助于分析判断案件的性质，确定侦查方向、范围，鉴别犯罪嫌疑人供述的真伪等。

分析判断犯罪过程主要依据现场的痕迹物证，现场物质的增减变化、物品的位移及动乱迹象，以及事主、被害人、知情人陈述的情况等。

（三）对犯罪嫌疑人的分析判断

对犯罪嫌疑人的分析判断，实践中称为“对犯罪嫌疑人的刻画”或“给犯罪嫌疑人画像”。这种分析判断主要包括犯罪嫌疑人的外表形象、犯罪嫌疑人人数、犯罪嫌疑人应具备的犯罪条件、犯罪嫌疑人的心理特征等内容。分析判明这些问题，可为确定侦查方向和范围、明确犯罪嫌疑人的条件、采取措施发现犯罪嫌疑对象提供重要依据。

1. 对犯罪嫌疑人外表形象的分析判断

犯罪嫌疑人的外表形象主要是指犯罪嫌疑人的性别、年龄、身高、体态、相貌、发型、文身、衣着、疤痣以及生理上的缺陷等。分析判断的依据主要是遗留在现场的手印、足迹等相关痕迹、物证或遗留物，以及事主、被害人、知情人的陈述等。

2. 对犯罪嫌疑人人数的分析判断

对犯罪嫌疑人人数的分析判断主要是判明是一人或几人犯罪。分析判断的依据主要是现场遗留的痕迹物品，犯罪嫌疑人从现场带走的物品数量、重量、体积，伤痕的种类，被害人、目击者的陈述等。

3. 对犯罪嫌疑人应具备的犯罪条件的分析判断

犯罪嫌疑人为了实施某一犯罪行为，必须具备一定的犯罪条件，表现为：是否熟悉现场环境及内部情况；与事主、被害人是否熟悉，有无某种因果关系；是否具有取得相应的犯罪工具、物品的条件；是否掌握某方面的专业知识或技能；是惯犯还是偶犯；是何地区、民族，何种职业、文化程度的人等等。对于这些问题，要根据现场获取的相关信息与事主、被害人及知情人提供的情况，如指纹、足迹，犯罪嫌疑人的口音、说话内容、行为习惯、笔迹等，并结合现场情势进行综合分析判断。

4. 对犯罪嫌疑人心理特征的分析判断

对犯罪嫌疑人心理特征的分析就是分析犯罪嫌疑人的人格类型与实施犯罪行为时的心理状态，通常要根据犯罪心理痕迹进行分析。

（四）对并案侦查条件的分析判断

并案侦查是指侦查机关对两个或以上在作案方式、过程、目标、人数和犯罪嫌疑人体貌特征、现场遗留的痕迹物品相同或相似的案件，拟推断为同一犯罪主体所为时，实行合并侦查的一种侦查方式。通过对并案侦查条件的分析判断，有利于发现同一犯罪主体所实施的系列犯罪案件，为扩展侦查线索、提高侦破效率提供条件。

在这一阶段，要通过本案与以往侦而未破的案件或者与其他侦查机关传来的案情或案件线索通报中的各个方面情况的比对，发现并案的依据和条件。

（五）对犯罪嫌疑人案后活动趋向的分析判断

分析判断犯罪嫌疑人作案后的活动趋向，能够使侦查人员对犯罪嫌疑人犯罪活动的发展趋势作出预测，以制定预案，采取措施，防止危害蔓延，并且将其缉拿归案。分析判断主要依据犯罪嫌疑人的犯罪目的、动机和该类犯罪活动的基本特点及一般规律，犯罪嫌疑人通过语言、文字表露的意图以及事主、被害人、知情人的反映等。

随着现代科学技术的发展和侦查信息化进程的推进，对案情的分析判断已不再局限于传统的惯常的方式方法，而是扩展到了利用以计算机网络为支撑、以刑事犯罪情报信息数据库为核心的网上分析判断。通过网络传输犯罪信息实现信息共享，侦查人员突破时空限制，拓宽侦查视野，发挥集体智慧，在较大范围甚至全国范围内高效地检索、比对和发现有关案件的信息，充分运用情报信息中蕴含的案件信息，深化对案情的认识，这对于打击跨区域犯罪作用尤为明显。

二、确定侦查方向和范围

侦查工作的开展不能毫无目的、漫无边际，要根据对案情分析判断的情况将侦查工作限定在一定的界限范围之内，这样侦查工作才能富有成效，因此，确定侦查方向和范围是开展侦查工作应解决的重要问题。

侦查方向是指侦查工作应在哪些人员中发现犯罪嫌疑人，而侦查范围是指在对犯罪嫌疑人的居住范围、职业、单位等分析判断的基础上确定开展侦查工作的地区范围或行业范围，实际上是解决在什么地区、何种行业或单位中去查找犯罪嫌疑人的问题。从概念中可以看出，侦查方向和侦查范围既有区别，又有紧密联系，犯罪嫌疑人隐藏在一定的范围内，开展侦查工作必须立足于一定的地区范围或行业范围，也就是说侦查方向是在一定的地区范围或行业方位内去寻找犯罪嫌疑人。

（一）确定侦查方向和范围的依据

侦查方向确定的依据：根据案件性质确定，案件性质不同，侦查方向也各不相同；根据犯罪时间和地点确定，应将具备犯罪时间和在犯罪时间内到过犯罪地点的人列入侦查方向；根据现场遗留痕迹和物品确定，应该将持有现场遗留物品或者有条件取得现场遗留物品和能够形成这种现场痕迹的人列入侦查方向；根据犯罪嫌疑人应具备的条件及其个人特征确定，每个案件的犯罪嫌疑人都应具备相应的犯罪条件和个人特征，这些犯罪条件和个人特征往往通过现场情况和被害人、知情人的陈述反映出来，将这些犯罪条件和个人特征综合起来，可大致判明犯罪嫌疑人是什么样的人，从而明确侦查方向。

侦查范围确定的依据：根据事主、被害人、知情人提供的关于犯罪嫌疑人的口音、穿着等情况确定；根据犯罪嫌疑人对现场情况是否知情来确定，犯罪嫌疑人对作案时间和现场出入口的选择、作案目标是否准确、现场翻动等情况往往能反映出犯罪嫌疑人是否熟悉现场和知晓内情，据此确定侦查范围；根据犯罪嫌疑人在现场遗留的物品（质）确定，通过查明这些物品（质）的产地、销售范围、使用地区、行业特征、制作工艺、外部形象特征及内部物质结构特征等来确定侦查范围；根据现场痕迹确定，有些案件现场的足迹、血迹、车辆痕迹等在一定程度上能反映出侦查范围；根据犯罪手段、方法确定，有些犯罪方法、手段可以反映出犯罪嫌疑人的职业特点、特殊技能等，从而可以确定在哪些行业、单位中开展侦查等。

（二）确定侦查方向和范围的方法

在侦查方向和范围的确定中，必须将两者结合在一起考虑，总的要求是“不宜过大，也不宜过小”。侦查方向和范围的确定过大，常会浪费人力，拖长时间，贻误战机；侦查方向和范围的确定过小，常会漏掉犯罪嫌疑人。因此，侦查方向和范围的确定，要充分考虑案件本身的已知条件，结合案情分析判断的情况，要求确定得尽量适中，尽量符合案件的实际情况。

（三）侦查方向和范围的调整与修正

尽管确定侦查方向和范围要求尽量适合于案件实际情况，但事实上想确定得正好适中是比较困难的，因为刚开展侦查工作时所占有的材料是不充分或存在瑕疵的。只要在分析判断案情中出现一点漏洞，就有可能导致侦查方向和范围确定的失误。为了不浪费时间和人力，又不漏掉犯罪嫌疑人，在侦查实践中，一般采取“宁大勿小，不断调整”的方法，即开始侦查时，宁可把侦查方向和范围确定得大些，通过侦查工作的不断深入，案件材料的不断增多，侦查人员认识的不断加深，及时调整、修正侦查方向和范围，使之不断由大变小，这样既不会漏掉犯罪嫌疑人，也不会过多地浪费侦查力量。因此，侦查方向和范围并不是固定不变的，而是要随着侦查工作的进展及时地进行调整和修正。

三、开展侦查，排查犯罪嫌疑人

开展侦查是在分析案情的基础上，依据侦查方案，综合采取必要的侦查措施，寻找、发现犯罪线索和嫌疑对象的工作过程。

在案件侦查过程中，一般都有多条可供选择的侦查途径，侦查人员应当紧密结合具体案件的实际情况，审慎思考，选择一条或几条最易获取犯罪证据、最易使侦查工作有所突破的途径，作为展开侦查工作的方向。

侦查途径是指查明犯罪事实，收集犯罪证据，查找犯罪嫌疑人的工作路径。由于案件各不相同，各个案件的侦查途径也不尽相同，在开展侦查之初，可供选择的侦查途径主要有：

（一）从作案时间入手开展侦查

这是以作案时间为依据发现犯罪嫌疑人的一种侦查途径。这一侦查途径主要应用于案件作案时间已经确定的情况下，在侦查中可以从确定的作案时间入手，深入调查，通过正面询问、查证各种记录等方法发现犯罪嫌疑人。

（二）从人身形象特征及其他个人特点入手开展侦查

犯罪分子的人身形象特征是指其体态、相貌特征，犯罪分子的其他个人特点是指其社会职业、文化程度、生活习惯和嗜好及其犯罪思想基础和反常表现等。从这些情况入手进行侦查，采用通缉、追堵、辨认、巡查、网络检索信息资料等侦查措施，从中获得侦查线索，寻找、发现犯罪嫌疑人。

（三）从遗留物品入手开展侦查

这是以犯罪分子在现场遗留的痕迹物品为依据寻找、发现犯罪嫌疑人的一种侦查途径。犯罪分子在作案过程中往往会在现场留下指纹、足迹等痕迹，或犯罪工具、凶具、随身物品等，这些痕迹物品与犯罪分子之间有着直接或间接的联系，对这类案件，可从痕迹物品入手开展侦查，以发现线索和犯罪嫌疑人。

（四）从赃款赃物入手开展侦查

这是以赃款赃物的特征为依据开展侦查，以物找人发现线索的侦查途径。对于盗窃、抢劫、诈骗等有赃款赃物可查的案件，通过采取措施查控赃款赃物是发现线索的重要途径。

（五）从作案方法手段入手开展侦查

这是以作案方法手段的特殊性为依据寻找、发现犯罪嫌疑人的侦查途径。任何人的行为动作习惯都具有特殊性和稳定性，犯罪分子也不例外。各类刑事惯犯常常使用其驾轻就熟的方法手段实施犯罪，同时，为顺利地达到其犯罪目的，还会在犯罪过程中使用其所掌握的特殊技能。这些特征给侦查人员寻找、发现犯罪嫌疑人提供了条件。

（六）从因果关系入手开展侦查

这是以案件发生的因果关系为依据发现犯罪嫌疑人的侦查途径。某些案件的发生可能事出有因，如杀人、伤害、投毒、爆炸等类刑事案件，即犯罪人和被害人之间在案发前存在一定的矛盾，这些矛盾是导致案件发生的主要因素，因而对这些有因果关系可查的案件，应从因果关系入手开展侦查，通过分析犯罪嫌疑人与被害人之间的因果关联，进而发现嫌疑对象。

（七）从活动规律入手开展侦查

这是以犯罪人在连续作案的过程中反映出来的犯罪活动规律为依据发现线索的侦查途径。有些系列性案件，因犯罪行为人的连续作案，其在作案时间、地点、手段、侵害对象、使用工具等方面显示出一定的规律性，通过分析研究这些活动规律，从中发现存在的共性，从而实现对系列案件的串并侦查，提高破案的效率。

（八）从查明被害人的身份入手开展侦查

这是通过查明被害人身份进而发现线索的侦查途径。对于存在未知名尸体的杀人、爆炸等类刑事案件，从查明被害人身份入手开展侦查是必须选择的侦查途径。

（九）从查对犯罪情报资料入手开展侦查

这是以犯罪情报资料为依据发现犯罪嫌疑人的侦查途径。有些案件能反映出犯罪分子有前科劣迹或是惯常犯，通过查对已掌握的相关犯罪嫌疑人的情报资料，从中发现嫌疑线索和嫌疑对象。

（十）从审查在押犯入手开展侦查

这是以审查在押犯、惯犯、流窜犯等对象，从中获取线索甚至是发现犯罪嫌疑人的侦查途径。主要应用于流窜犯、惯犯、逃犯作案的案件和久侦不破的疑难案件，通过对在押犯的教育和感召，让其揭发检举、深挖犯罪，从而获取犯罪线索，发现犯罪嫌疑人。

总之，案件侦查途径是多样性的，每一起案件都可能存在若干条可供选择的侦查途径，在侦查实践中，应当从案件的具体情况和特点出发，正确开辟和选择侦查途径，并采用相应的侦查措施和方法，力争尽快发现嫌疑线索。随着侦查工作的深入，会出现很多新情况、新问题和新线索，甚至会出现原来选择的侦查途径不适应案件侦查工作的情况，此时，应根据侦查工作的实际需要对已选择的侦查途径进行适当的调整或转换，确保侦查工作的顺利进行。

随着科学技术和信息化技术的发展及其在侦查工作中的应用，在侦查实践中，应根据犯罪出现的新情况、新变化，打破传统的、常规的侦查措施，积极开阔思路，拓宽视野，不断创新侦查的方式方法，如通过计算机信息技术、网络技术、现代通信技术、视频监控技术等，拓展犯罪线索的来源渠道，创造获取犯罪线索的新方法，提高侦查效率。

四、确定与审查嫌疑对象

嫌疑对象是指有某种迹象被怀疑为实施犯罪行为的人。

侦查活动全面展开后，各种线索会源源不断地反映上来，对这些线索及时进行审查，一是排除与案件无关的人员，二是把那些有作案可能的人员确定为嫌疑对象。在侦查实践中，确定案件嫌疑对象的依据主要有以下三个方面：

（一）有无作案时间

审查有无作案时间是确定嫌疑对象首先要解决的问题。审查有无作案时间，主要采用定时、定人、定位的方法，即查实在发案时间内嫌疑对象所在的具体位置及其活动情况。因为实施犯罪行为必须具备一定的时间，而时间是不能停留和逆转的，所以犯罪分子不可能脱离一定的时间去实施犯罪行为，也不可能在同一时间内身处两个空间。侦查实践中，如果通过细致查证，对作案时间有了准确的判断，就可以证实或者否定嫌疑对象。但在具体案件中对那些可能是犯罪行为的策划、组织者而未到犯罪现场，或者有可能是雇人作案的嫌疑对象，不能因其没有作案时间而否定其嫌疑。

（二）有无作案因素

作案因素主要是指作案的动机、目的或作案的思想基础。作案因素是构成犯罪的主观要件，对确定嫌疑对象有重要意义。审查嫌疑对象有无作案因素，主要通过分析嫌疑对象有无作案动机、目的来判明，而有些还可以结合嫌疑对象平时的政治思想、道德品质、生活作风、经济状况、工作表现、人际关系等情况来分析和判断。

（三）有无犯罪证据

实施犯罪总会留下一定的证据。确定嫌疑对象应重视审查其有无犯罪的证据。例如，犯罪分子在现场遗留的某种物品是否属于嫌疑对象所有，嫌疑对象是否持有赃款赃物等等。

作案时间、作案因素和犯罪证据是确定嫌疑对象的基本依据。这三个要素在案件侦查中并不是孤立存在的，而是相互关联的，在具体确定嫌疑对象时，要将这三个要素有机地联系起来进行全面分析。确定嫌疑对象之后，还应根据每个嫌疑对象疑点的数量多少、嫌疑程度和核实肯定、排除嫌疑的难易程度，依次分别、逐个地进行侦查、调查核实工作，以筛选出重点嫌疑对象。

五、对重点嫌疑对象的侦查

重点嫌疑对象是指经过查证，嫌疑程度上升，疑点多而突出、很有可能是案件犯罪嫌疑对象的人。

被确定为重点嫌疑对象的人，在犯罪时间、动机等问题上已得到了一般性的证实，但还缺乏证明其实施犯罪的证据。因此，对重点嫌疑对象的侦查，除了进一步查证其犯罪时间、犯罪动机等方面的问题外，主要任务是围绕获取犯罪证据开展工作。这时收集证据是以为破案提供依据为标准的。

重点嫌疑对象在一起案件中数量并不多，这一阶段侦查工作的特点是目标比较集中、任务比较明确具体、斗争比较尖锐复杂。因此，在工作方式上，要注重侦查方法的策略性和艺术性，除非重点嫌疑对象有逃跑、自杀、毁证或继续作案的可能，需对其采取必要的控制措施外，在通常情况下，不要轻易正面接触，以采取秘密方式为宜，如跟踪守候、密搜密取、秘密辨认、电讯侦控、秘密力量侦查等多种侦查手段和技术手段，以便开展侦查工作并获取证据。

通过上述工作，通常可能产生两种结果：一是获得了能够证明重点嫌疑对象实施了犯罪行为的确实、充分的证据，因而肯定其是该案的犯罪嫌疑人；二是不仅没有获得能够证明重点嫌疑对象实施了犯罪行为的证据，反而获得了其没有实施犯罪行为的证据，因而否定其是该案的犯罪嫌疑人。对于第二种结果，就是我们所说的侦查僵局，致使案件侦查工作陷入僵局的原因是多种多样的，如现场勘查工作不细致、案情分析失误、审查嫌疑对象出现漏洞等。面对侦查僵局，侦查人员应当重新审视案件侦查工作所做的每一步，找出形成侦查僵局的原因，设法补救，从而突破侦查僵局。

【拓展阅读】

侦查回避

关于侦查回避的内容，目前可参阅下列文件的规定：

（1）《中华人民共和国刑事诉讼法》第 28 条至第 30 条；

（2）《公安机关办理刑事案件程序规定》第 30 条至第 39 条。

项目三　破　案

【案例导入】

【引例 2－3】接引例 2－2 内容，采取措施，抓获犯罪嫌疑人。

专案指挥部将排查出的重点嫌疑对象宋世慧的资料提供给相关地区的警方，请求各相关地区对该人加大查控力度，同时要重点展开对东北地区的比对工作。

重大作案嫌疑人被锁定后，江苏省公安厅刑侦局立即向全省及华东刑侦协作区发出缉查宋世慧的紧急协查。专案指挥部同时紧急部署查控工作：

（1）立即派出侦查小分队赶赴辽宁省东港市宋世慧原籍开展相关缉捕工作；

（2）派出侦查小组赴苏、锡、常开展相关查控工作；

（3）对扬州加大查控力度，严防犯罪分子回窜扬州再次作案；

（4）与镇江大案工作组联手开展侦查、缉捕工作。

根据宋世慧的活动规律，12 月 28 日，江苏省公安厅发出《关于开展搜捕犯罪嫌疑人宋世慧的统一行动的紧急通知》，决定自12月29日0:00至12月30日8:00在苏南、苏中地区组织开展搜捕犯罪嫌疑人宋世慧的统一行动。12月29日晚11:00左右，肆无忌惮跨省流窜作案的抢劫杀人犯罪嫌疑人宋世慧终于在常州市新丰派出所辖区常宏旅社被常州警方抓获归案。

【工作导向】

一、案例导读

案件犯罪嫌疑人确定后，接下来的工作就是破案，即抓获犯罪嫌疑人。对此，扬州市公安局专案指挥部通过此前有效的侦查工作，确定了本案的犯罪嫌疑人，并就如何查获该犯罪嫌疑人作了严密的部署，最终及时抓获了犯罪嫌疑人宋世慧。

二、问题思考

结合案例，谈谈如何把握破案的条件和时机。

【学习领域】

破案是指侦查机关对立案侦查的案件在侦查已经成熟的情况下将已查明的犯罪嫌疑人依法抓获归案的行动过程。

一、破案的条件

破案应当同时具备下列条件：

（一）犯罪事实已有证据证明

这是指经过侦查获得了确定的证据，证明确已发生了应当追究行为人刑事责任的刑事案件。这不是对立案条件的简单重复，而是在证明程度上有更高的程度和标准，证据条件也应当进一步完善。

（二）有证据证明犯罪事实是犯罪嫌疑人实施的

通过侦查，查明了案件的犯罪嫌疑人是谁，并且获得了确切可靠的证据。如果是通过秘密侦查手段获取的证据材料，还应当事先公开，以确保证据在诉讼中的有效使用。

（三）犯罪嫌疑人或者主要犯罪嫌疑人已经归案

具体讲，一人作案的，犯罪嫌疑人必须抓捕归案；二人以上共同作案的，主要犯罪嫌疑人必须抓捕归案；犯罪集团作案的，首要分子和主要实施犯罪的嫌疑人必须抓捕归案。另外，犯罪嫌疑人或者主要犯罪嫌疑人死亡或者在追捕中被击毙的，也可以视为被抓获。

二、破案时机的选择

选择破案的时机是侦查活动的一个重要问题。破案一定要适时，如果过早破案，尚未获取确实的证据材料，可能影响办案质量；如果破案过迟，会给作案人留下充分的时间毁证灭迹，甚至逃跑，从而给诉讼活动带来不可弥补的损失。

（一）破案时机的选择因素

在选择破案时机时，应考虑以下三个因素：

（1）条件因素，即经过侦查，案件已经具备了破案条件，这是破案的前提，也是选择破案时机的基础；

（2）工作因素，即破案后，不会妨碍侦查工作的继续进行；

（3）社会因素，即破案后可以有效地防止犯罪嫌疑人继续危害社会，有利于广大公民积极检举、揭发犯罪行为，提供犯罪线索。

（二）破案的表现形式

1. 及时破案

由于犯罪分子的存在具有现实的危险性，一般来说，只要具备了破案条件的就应当及时破案。

2. 提前破案

有下列情形之一的可以提前破案：

（1）案件的主要事实已基本查清，需要进一步侦查，但犯罪嫌疑人有可能逃跑、自杀、毁灭证据或继续犯罪的。

（2）不拘捕犯罪嫌疑人，知情人不敢提供证词和证据的。有的案件，如黑社会性质犯罪，如果不抓捕犯罪嫌疑人，群众不敢提供证词或证据，在这种情况下，可先抓捕犯罪嫌疑人，然后再去收集证明犯罪嫌疑人实施犯罪的确实证据。

（3）对重大预谋案件，特别是暴力性案件，确认犯罪嫌疑人有犯罪预谋行为的。

对提前破案要有充分的根据，不能以拘代侦、以审代侦。

3. 延缓破案

侦查实践中，有时破案条件虽然已具备，但从侦查工作的全局考虑，如果破获案件会引起本案其他犯罪嫌疑人逃跑、毁证或影响其他案件的侦查，只要侦查部门能够控制犯罪嫌疑人的活动，可以延缓破案。

4. 留根破案

在侦查实践中，为了侦破重大贩毒、走私、犯罪集团等案件时，根据需要并经领导批准可以采取留根破案的方法，但必须把握好法律界限、做好保守机密的工作。

三、破案的方式

破案是指侦查部门对所立案件的犯罪事实基本查清，案件证据收集可靠而依法将犯罪嫌疑人予以揭露的一种侦查活动，它的突出特征是把犯罪嫌疑人抓捕归案。采取何种方式抓捕犯罪嫌疑人应根据犯罪嫌疑人的犯罪事实、证据和有关法律规定来确定：

（1）对证明案件事实的证据需要犯罪嫌疑人口供印证，又不具备采取拘留或逮捕条件的，可以采用拘传的方式。

（2）对现行犯或重大犯罪嫌疑分子，符合拘留情形之一的，可以采用刑事拘留的方式。

（3）符合逮捕条件的，提请逮捕。

（4）犯罪嫌疑人逃跑的，采取通缉的方式抓捕。不宜通缉的，可采取跟踪、守候的办法抓捕。

（5）犯罪嫌疑人要逆用（破案留根）的，可暂缓抓捕。

四、破案的程序

（一）制作破案报告文书

对于符合破案条件的一般案件，应当制作《破案报告表》。对重特大、复杂疑难、有影响的案件还应当制作《破案报告书》。《破案报告书》的内容有：案件侦查的结果，破案的理由和根据，破案的组织分工和步骤，其他破案措施和下一步工作意见。对于延缓破案的案件，应当制作《呈请延缓破案报告书》。

（二）报批

破案报告文书制作完成后，应连同案件材料一起及时报县级以上公安机关负责人批准后方可实施。

（三）办理相关法律手续

破案时，应根据案件性质和具体情况，对决定在破案中要采用的各种强制措施，按照法律法规的规定，办理好相关的法律手续。

（四）实施破案

做好上述工作后，就可以实施破案行动，在具体破案行动中，要充分考虑案件的性质，犯罪嫌疑人的数量、特点及反抗程度，防止拒捕、毁证等行为的发生，确保破案质量。

项目四　办　案

【案例导入】

【引例2－4】接引例2－3内容，抓获犯罪嫌疑人宋世慧后，专案组对宋世慧进行讯问，收集、固定、完善证据。

（1）科学审讯，及时固定证据。2001年12月30日下午，宋世慧被押解回扬州后，专案指挥部将专案组民警分为审讯、查证、技术、材料和看押五个小分队，制订缜密的审讯方案，多方位同时开展工作。在审讯突破上，正确把握方向，在立足本省的基础上逐步深挖其他省市案件。同步运用录音、录像等手段，及时固定证据。

（2）网上追踪，寻找串并依据。通过侦查和审讯，专案组发现犯罪嫌疑人宋世慧有在互联网上玩网络互动游戏的爱好。根据宋世慧本人交代，其登录的网站为联众游戏网站01服务器，用户名为“mlw－ln01”和“mlw－lnll”。2002年1月5日，专案指挥部派人员专程赴北京联众游戏公司，通过用户名反查，发现“mlw－lnll”的注册IP地址为210.76.59.99，系黑龙江省哈尔滨市用户地址，注册时间是2000年9月；最后登录IP为61.147.64.36，系江苏省扬州市用户地址，登录时间为2001年12月15日。同时还发现宋世慧注册曾使用的电子邮箱“mle－ln－dd@sina.com”，注册时间为2001年11月7日，注册时IP地址为61.182.30.83，系河北省保定市用户地址。根据用户登录的时间和地址，明确了宋世慧自2001年以来曾流窜于山东、江苏、河南、河北等地，并于12月15日前窜至扬州市，这些信息为进一步串并案件指明了方向。

（3）主动串并，不断扩大战果。2002年1月15日，公安部五局专门召集华东刑侦协作区，河北、辽宁等地公安机关在扬州召开宋世慧系列杀人抢劫案侦审协调会，通报案件情况，对案件的审讯、串并、查证工作进行协调和部署。根据会议要求，扬州市公安局充分利用技术手段，携带资料，主动上门，与外省、外市串并案件。各涉案地公安机关也根据要求对本地案件一查到底，主动提供有关资料，配合“12·18”专案组开展好查证工作。经认真核实，最终查明犯罪嫌疑人宋世慧自2001年2月以来流窜于江苏、山东、河南、河北、辽宁、吉林等省作案38起，其中河北4起、辽宁8起、山东15起、吉林2起、河南1起、江苏8起。抢得人民币33 640元、手机18部、金项链等首饰227克，致8人死亡，24人重伤，4人轻伤，2人轻微伤。其中包括辽宁省辽阳市“5·31”杀人抢劫案、辽宁省大连市“7·21”杀人抢劫案、山东省青岛市“8·1”杀人抢劫案、河北省保定市“11·7”杀人抢劫案、山东省滨海市“11·12”杀人抢劫案等。

【工作导向】

一、案例导读

扬州市公安局专案指挥部针对已归案的犯罪嫌疑人宋世慧，主要做好如下工作：

（1）及时开展案件讯审工作，做好案件证据的收集、固定和完善。

（2）本案中，犯罪嫌疑人宋世慧涉及的案件较多，在讯问中要注意深入案情和扩大讯问战果，以查明宋世慧涉及的全部案件。

二、问题思考

结合《刑事诉讼法》等相关法律法规的规定和侦查实践，应如何做好案件证据的收集工作并建立案件证据体系？

【学习领域】

办案又称预审办案，是指破案之后，围绕犯罪嫌疑人开展侦查活动，通过讯问和查证，收集、补充、完善证据并建立证据体系，查清和认定案件事实的诉讼活动。

将犯罪嫌疑人拘捕归案后，要及时对其进行讯问，进一步收集、核实证据材料，以彻底查清案件事实，为结案创造条件。

一、查清案件事实

查清案件事实包括下面四个层次的内容：

（1）查清犯罪嫌疑人本次犯罪的事实，即提请批准逮捕的犯罪事实，这是最起码的要求；

（2）查清犯罪嫌疑人的全部犯罪事实，即提请批准逮捕书中所列犯罪事实以外的其他犯罪事实，要做到人不漏罪，这是基本要求；

（3）查清案件中其他犯罪嫌疑人的犯罪事实，追查同案人，做到案不漏人，这是高要求；

（4）查清犯罪嫌疑人所了解的其他犯罪事实和犯罪线索，扩大战果，这是最高要求。

二、收集、补充、完善证据

（1）收集证据。有的案件在破案时，能够收集的证据很少，而要证明犯罪嫌疑人的犯罪事实，需要收集大量证据，对这样的案件，在这一环节，应把工作重点放在收集证据上，使认定案件事实的证据达到确实、充分的程度。

（2）补充证据。有的案件基本的证据已经收集了，但认定案件事实还不充分。对于这样的案件，在这一环节，主要是补充证据，补充证据的不足之处，使证据能有力地证明犯罪者的犯罪事实。

（3）完善证据。有的案件证据比较齐全，基本上可以证明案件事实。但是有的证据还不是很确定，或者说在程序上、手续上还不够完善，对于这样的案件，在这一环节，要对每个证据进行审查，根据证据的要求，作一些补充、完善，使证明案件事实的证据确实可靠。

三、建立证据体系

收集、补充、完善证据和建立证据体系，在实际工作中是同步进行的，为了方便叙述，这里把它作为两个问题来说明。建立证据体系就是根据案件的具体情况组织证据材料并建立体系。一般情况下，证明案件事实的证据，可以从以下几个方面来建立证据体系：

（1）以犯罪时间为中心建立证据体系，或者说证明犯罪时间的证据形成体系，即要有一组证据来证明犯罪嫌疑人具备作案的时间。

（2）以犯罪地点或线路为中心建立证据体系，或者说证明犯罪地点的证据形成体系，即要有一组证据证明犯罪嫌疑人在发案时间到达过犯罪地点。

（3）以案件（或犯罪）中的情节为中心建立证据体系，或者说证明犯罪嫌疑人实施犯罪行为的情节的证据要形成体系，即要有一组证据证明犯罪嫌疑人实施犯罪行为的各种情节。对案件中的每一个与犯罪有关的情节，都要形成证据体系。

【拓展阅读】

侦查阶段律师参与刑事诉讼的法律规定及内容：

（1）1996 年修正后的《中华人民共和国刑事诉讼法》第 96 条和《公安机关办理刑事案件程序规定》第 40 条至第 55 条。

（2）2012 年修正后的《中华人民共和国刑事诉讼法》第 32 条至第 47 条、第 159 条至第 160 条。

项目五　结　案

【学习领域】

结案即侦查终结，是指侦查机关立案侦查的案件经过必要的侦查活动，在已查明的事实和证据达到结案条件时，依照法定程序结束侦查并对案件作出相应处理的一种诉讼活动。

一、结案的条件

根据法律规定，结案须符合如下条件：

（一）犯罪事实清楚

犯罪事实清楚是结案的首要条件，是指经过侦查，认定确有犯罪行为发生且为本案的犯罪嫌疑人所为，犯罪嫌疑人实施犯罪行为的时间、地点、目的、动机、手段、情节、过程和后果都已查清。如果是共同犯罪案件，即每个犯罪嫌疑人在共同犯罪中所处的地位、所起的作用、具体实施的犯罪行为，以及各自应负的罪责等已经查清。

（二）证据确实、充分

证据确实、充分是结案的重要环节。证据确实是对证据从质的方面提出的要求，它要求证明案件事实的证据必须真实无误，确实可靠。证据充分包含两层含义：一是案件中认定的每一个事实、情节都要有证据予以证明；二是案件中认定的每个事实、情节，从证据上看要达到足以认定犯罪嫌疑人犯罪的程度，具有唯一性和排他性。

（三）案件性质和罪名认定准确

案件性质和罪名认定准确包含三层意思：

（1）案件是否构成刑事案件。案件到了这一步，应该说绝大多数都应当是刑事案件，但由于受到各种因素的干扰，也有一些案件可能错办，如每年法院宣判被告人无罪的也有一定的比例，说明公安机关对案件性质需要慎重认定。

（2）是否需要追究犯罪嫌疑人的刑事责任。通过对犯罪嫌疑人的主体资格、主观方面、责任年龄和责任能力、犯罪行为的表现特征及对客体的侵害程度等方面的审查，认定其行为是否具有危害性、违法性和惩罚性。

（3）犯罪嫌疑人的行为涉嫌何种罪名。罪名确定的标准表现为法律特征与行为特征的一致性，即《刑法》上规定的罪名的特征与行为人实施行为的特征的一致性。

（四）法律手续完备

法律手续完备即侦查办案中形成的各项法律文书齐备，各项侦查措施、手段依法实施，有关法律手续完备并符合法律要求。

以上四个条件是一个相互联系的有机整体，必须同时具备，缺一不可。

二、制作结案报告

侦查终结的案件应当制作结案报告。结案报告是侦查机关认为立案侦查的案件已具备了结案的条件，由办案人员制作的呈报领导批准结案的内部书面报告，它是制作《起诉意见书》或对案件进行其他处理的依据和基础。结案报告的内容包括四个部分：

（1）犯罪嫌疑人的基本情况；

（2）案件来源，是否采取了强制措施及其理由；

（3）案件事实和证据；

（4）法律依据和处理意见。

结案报告经办案单位领导同意后，连同案卷材料一并报送县级以上公安机关负责人审批。重大、复杂、疑难的案件应当经过集体讨论决定。

三、案件的处理

（一）移送审查起诉

对符合结案条件，已构成犯罪且依法应当追究刑事责任的案件，应制作《起诉意见书》，经县级以上公安机关负责人批准后，连同案卷材料和证据一并移送同级人民检察院审查起诉。

（二）撤销案件

具有下列情形之一的，应当撤销案件：没有犯罪事实的，情节显著轻微、危害不大、不认为是犯罪的，犯罪已过追诉时效期限的，经特赦令免除刑罚的，犯罪嫌疑人死亡的，其他依法不追究刑事责任的。

撤销案件的，应当制作《呈请撤销案件报告书》，经县级以上公安机关负责人批准。

决定撤销案件时，如果犯罪嫌疑人已被逮捕，应当立即释放，发给释放证明，并通知原批准逮捕的人民检察院。如果犯罪嫌疑人已被取保候审或监视居住的，应当立即撤销。对于不够刑事处罚但需要予以行政处理或移交其他部门处理的，应当依法给予相应的行政处理或移交其他部门处理。对于符合国家赔偿条件的，应当依法提出赔偿建议。

四、扣押物品的处理

（一）罪证物品的处理

（1）对用于起诉案件的确定为证据的实物，一般应随案移送同级人民检察院审查。

（2）对不宜随案移送的罪证物品，应当拍照入卷，将其清单、照片或者其他证明文件随案移送，原物由公安机关妥善保管或按照国家有关规定分别移送主管部门处理或销毁。

（3）对罪证物品是被害人的合法财产的，应当在登记、拍照或者估价后及时返还。

（4）对容易腐烂变质和其他不易保存或保管的物品，经县级以上公安机关负责人批准，在登记、拍照或者录像后委托有关部门变卖或者拍卖，变卖或者拍卖的价款暂予保存，待诉讼结束后一并处理。无法变卖、拍卖或者已经腐烂变质的，经领导批准，在登记、拍照后销毁。有关照片、清单和法律手续文书随卷移送同级人民检察院。

（5）侦查机关冻结犯罪嫌疑人在金融机构的赃款，应当随案移交该金融机构出具的证明文件，待人民法院作出生效判决后，人民法院通知该金融机构上缴国库。

（二）与案件无关物品的处理

（1）对已经查明确实与案件无关的物品，应及时发还给原物品持有单位或个人。

（2）对与案件无关的违禁品和不宜退还给原持有人的物品，经县级以上公安机关负责人批准后予以销毁。

（3）对于撤销案件后，由公安机关直接处理的案件，经县级以上公安机关负责人批准，可作出书面裁决，依法对赃款、赃物予以没收。

五、案件材料的整理与装订

结案时，侦查人员应对侦查活动中形成的各种案件材料进行加工整理，分别装订成《诉讼卷》、《侦查工作卷》和《保密卷》。

（一）整理

对所有案件材料进行分析整理，确定每一项案件材料的作用、价值，有价值的予以保留，无价值的则要舍弃。根据各种案件材料的格式、项目、内容等要求，决定对案件材料依法予以审查、完善和补充。

（二）归类

按照案件材料的性质和价值分别归类。对具有反映和证明案件事实真相、揭露和证实犯罪行为的材料，归入《诉讼卷》，移交检察机关作为诉讼的材料；对记录和反映侦查活动情况的材料，归入《侦查工作卷》，以备查询；对涉及秘密侦查手段，或案件内容涉及国家机密的文件等材料，归入《保密卷》，防止泄密。

（三）装订

《诉讼卷》也称主卷，是侦查机关在结案后移送同级人民检察院审查起诉的案卷。案件侦查中形成的各种法律文书、获取的证据及其他诉讼文书材料都订入此卷。实践中，为了方便案件承办人阅卷审查和辩护人查询、摘抄、复制，又将诉讼卷宗的材料分装成《诉讼文书、技术性鉴定材料卷》（也称程序卷）和《证据材料卷》。《诉讼文书、技术性鉴定材料卷》可参考下列次序排列：卷首部分，强制措施法律文书部分，延长侦查羁押期限法律文书部分，律师参与法律文书部分，技术性鉴定材料部分，起诉意见法律文书部分。《证据材料卷》可参考下列次序排列：卷首部分，受案、立案、破案及案件来源部分，讯问活动部分，询问与其他侦查行为部分，户籍与前科材料部分，通缉与边控材料部分，补充侦查、复议、复核及撤销案件材料部分，其他部分。

《侦查工作卷》也称为副卷，是装订侦查活动中的各种请示报告、领导批示、计划和方案等材料的卷宗。《侦查工作卷》可参考下列次序排列：卷首部分，呈请采取强制措施部分，呈请采取其他侦查行为部分，侦查工作计划、方案材料部分，结案与案件处理部分。

《保密卷》是装订侦查活动中保密材料的卷宗，由侦查机关专门保管，其他人员和单位一般不能查阅。《保密卷》可参考下列次序排列：卷宗目录，立案材料，破案报告，使用秘密和技术侦查手段的请示报告，利用秘密和技术手段获取的材料（已公开转化为证据并随诉讼卷移交的除外），涉及国家机密的文件材料，其他秘密材料。

（四）装订卷宗应注意的事项

（1）每卷以200页左右为宜，如果材料过多可分成多卷装订。

（2）卷内大小不一或易损坏的材料，要通过粘贴、裱衬，统一规格后再装订入卷。

（3）卷内不能存有金属装订物，以免锈蚀损坏材料。

（4）装订成卷后，应根据页码准确填写卷内文件目录，并按照要求正确填写卷宗封面的各项内容。

六、补充侦查、要求复议、提请复核

（一）补充侦查

1. 含义

补充侦查是指侦查机关对已经移送起诉或审判的案件，因不符合人民检察院进行诉讼的条件，而在原有侦查工作的基础上进一步查清案件事实、完备证据和法律手续的诉讼活动。

补充侦查虽非每个刑事案件的必经程序，但对实现刑事诉讼的任务，维护法律的权威具有重要意义。根据《刑事诉讼法》第171条和第198条的规定，符合下列情形之一的，应当补充侦查：

（1）人民检察院审查起诉时，认为侦查终结认定的事实不清楚，证据不足或违反法定程序的，可以退回公安机关请其补充侦查，也可以自行侦查。

（2）在法院审判过程中，检察人员发现提起公诉的案件事实或证据仍需补充或重新认定的时候，可以提请延期审理的异议，由侦查机关进行补充侦查。

2. 程序

（1）侦查结束、移送人民检察院审查起诉的案件，因某种原因被人民检察院退回公安机关补充侦查的，公安机关接到人民检察院退回补充侦查的法律文书后，应当按照补充侦查提纲的要求在一个月以内补充侦查完毕。补充侦查以两次为限。

（2）对人民检察院退回补充侦查的案件，原侦查部门应当对案件的事实、证据和定性处理意见进行认真、全面的审查，分析研究人民检察院退回补充侦查的意见，根据不同情况，报县级以上公安机关负责人批准，分别处理：原认定犯罪事实清楚，证据不够充分的，在补充证据后，制作《补充侦查报告书》，移送人民检察院审查，对有些证据无法补充的，应当作出说明；在补充侦查过程中，发现新的同案犯或新的罪行，需要追究刑事责任的，应当重新制作《起诉意见书》，移送人民检察院审查；发现原认定的犯罪事实有重大变化，不应当追究刑事责任的，应当重新提出处理意见，并将处理结果通知退查的人民检察院；原认定的犯罪事实清楚、证据确实充分、人民检察院退回补充侦查不当的，应当说明理由，移送人民检察院审查。

（3）人民检察院审查案件，可以要求公安机关提供法庭审判所必需的证据材料，公安机关应当收集和提供。

（二）要求复议与提请复核

对于人民检察院决定不起诉的案件，公安机关认为其决定确有错误的，应当在接到人民检察院不起诉决定书之日起7日内制作《要求复议决定书》，经县级以上公安机关负责人批准后，移送同级人民检察院复议。如果公安机关要求复议的意见不被接受，人民检察院维持原决定的，公安机关可以在接到人民检察院《复议决定书》之日起7日内制作《提请复核意见书》，经县级以上公安机关负责人批准，提请上一级人民检察院复核。

要求复议、提请复核的案件，如果犯罪嫌疑人在押的，在接到人民检察院《不起诉决定书》后，应立即释放，发给释放证明，并将执行情况及时通知人民检察院。对于需要继续侦查的，可视条件变更强制措施。

【拓展阅读】

侦查羁押的期限

关于侦查羁押的期限的内容，可参阅《刑事诉讼法》第147条、第154条至第158条之规定。

项目六　技能训练

技能训练一　受理案件实训

一、实训目的和要求

（一）实训目的

通过本实训，使学生清楚受理刑事案件的基本程序，掌握受理刑事案件的主要方法，并学习制作询问笔录、填写《报案登记表》和《受理案件登记表》。

（二）实训要求

（1）实训时间为2学时。

（2）参加实训的学生，应当按照教师提出的案件材料分配角色（角色可以互换），按照受案要求进行询问并制作受案材料。

（3）实训必须在教师的组织下进行，要按照要求固定证据。

（4）实训结束后应由实训指导教师根据学生在实训中的表现和实训分析报告的质量，进行讲评并按百分制打分。

二、实训器材

（1）模拟公安机关受案部门的场景。

（2）《报案登记表》、《受理案件登记表》、询问笔录格式稿纸。

三、实训方法

本实训采取操作性实训方法进行。

四、实训内容

（1）对报案人进行询问并制作询问笔录。

（2）受理案件记录：包括报案人填写《报案登记表》；侦查员制作报案询问笔录、填写《受理案件登记表》、填写报案回执给报案人以及按法律要求固定报案人提供的证据材料。

（3）书面审查报案材料，决定是否开展立案审查。

五、实训案例

某县公安局受理了一起强奸案：××工厂职工周某到公安局报案，称4月13日××农场职工金某将其妹妹周某某（有精神病）带到金某的家中强奸了，有被害人周某某裤子上的精斑作证。

技能训练二　立案实训

一、实训目的和要求

（一）实训目的

通过本实训，使学生清楚刑事案件立案的基本程序，掌握刑事案件立案审查的主要方法，帮助学生树立依法立案的意识。

（二）实训要求

（1）实训时间为2学时。

（2）参加实训的学生应当按照教师提出的案件材料分配角色，按照立案要求制作立案材料。

（3）实训必须在教师的组织下进行。

（4）实训结束后应由实训指导教师根据学生在实训中的表现和实训分析报告的质量，进行讲评并按百分制打分。

二、实训用品和场景布置

（1）参考文献：刘国祥、崔欣编《公安机关办理刑事案件程序规定释义与新版法律文书制作指南》，中国人民公安大学出版社。

（2）模拟公安机关在立案审查阶段分析研究案件的场景。

三、实训方法

本实训采取操作性实训方法进行。

四、实训内容

（1）审查报案材料。

（2）研究判断线索来源的可靠性，确定是否与犯罪有关，查明是否具备立案条件。

（3）制作《呈请立案报告书》。

五、实训案例

某年8月23日上午10:00左右，在杭州市西湖风景区灵隐寺小北高峰山脚处发现女尸一具。经勘查，收集到如下信息：

（1）作案时间：某年8月23日上午。

（2）作案地点：杭州西湖灵隐寺小北高峰山脚处。

（3）侵害对象及后果：一名妇女，20岁左右，被犯罪嫌疑人用三角刮刀在头部和胸腹部连戳11刀致死。

（4）作案工具：三角刮刀（法医认定，但现场未找到）。

（5）现场提取物品：口径10厘米白色旧搪瓷杯一只（无盖子）；印有上海“中国钟厂”的格子纸3张（纸上留有血迹）；淡灰色手帕一块（留有血迹）；在离女尸11米处的草丛中找到火车票一张，系21日从广州到上海的火车票。

单元三

基础性侦查措施

【学习目标】

知识目标：通过本单元的学习，了解侦查基础工作的内容，掌握每项基础措施所应用的标准，树立主动进攻、先发制敌的侦查意识。

能力目标：培养掌握和运用基础性侦查措施的能力。

【学习提示】

本单元教学将采用课堂讲授、案例演示与课后实训相结合的教学方法，培养实践操作能力，并要求结合学习过的其他课程知识，特别是“治安管理”、“刑事诉讼法”和“计算机基础运用”等课程，做好学科间知识的融会贯通。

【内容结构图】

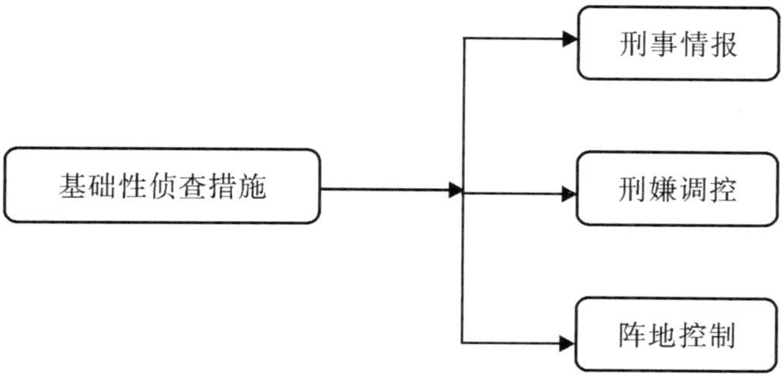

项目一　刑事情报

【案例导入】

【引例 3－1】2009 年 4 月 8 日 15：00 左右，某市居民张某（62 岁）在家被歹徒用斧头砍死，家中贵重财物被抢。

公安机关接到报案后，迅速赶赴现场，在现场勘查中，从一个搪瓷茶杯盖上提取到一枚指纹，经技术人员鉴定为右手拇指所留，侦查人员结合现场情况分析，认为系犯罪分子所遗留，把该指纹编码输入计算机进行检索比对，查出数据库中刘某（男，

30 岁）的右手拇指指纹特征与现场指纹特征相同。

刘某在2005年因盗窃罪获刑两年半，于2008年初释放后，在街道装卸队做临时工。经调查，刘某具有作案时间、作案因素等条件，公安机关决定把刘某列为本案重点犯罪嫌疑人，经审讯，刘某供认了杀人抢劫的犯罪事实。

【工作导向】

一、案例导读

本案得以快速侦破，刑事犯罪情报资料起了关键性作用，通过对现场指纹的检索比对，直接确定了犯罪嫌疑人的身份。

二、问题思考

什么是刑事犯罪情报资料？在侦查实践中，如何加强对刑事情报的收集、存储和运用？

【学习领域】

一、刑事犯罪情报的含义

刑事犯罪情报是指公安机关通过公开和秘密渠道所获得的有关刑事犯罪活动的一切情况和线索，其按统一标准集中分类、管理，利用科学方法储存，是随时可供检索、整合和应用的资料。

二、刑事犯罪情报的分类

根据标准不同，刑事犯罪情报分为以下几种类型：

（1）违法犯罪嫌疑人员信息即以违法犯罪人以及违法犯罪嫌疑人为对象建立的犯罪信息情报，主要包括其相貌特征资料、作案手段特点资料、指纹资料、语音资料等。

（2）案件信息即以已经发生的刑事案件为内容建立的犯罪信息，主要包括案件情况、痕迹物证等。

（3）物品信息即以与犯罪有关的各种痕迹、物品和可疑物品为内容建立的犯罪信息情报，主要包括现场提取的痕迹、现场遗留物、可疑物品等。

（4）线索信息即以与已经发生或可能发生的刑事犯罪活动有关的人、事、物为内容建立的犯罪信息情报。

（5）犯罪组织信息即以各种刑事组织的活动情况和成员情况为内容的信息情报。

（6）样本信息即以各种用于对犯罪痕迹和物证进行比对鉴定的物品为内容建立的犯罪信息情报，包括枪弹样品、犯罪工具样品等。

三、刑事犯罪情报的收集

刑事犯罪情报的收集是指侦查部门和侦查人员运用各种公开和秘密的途径与方法，积极主动寻找、发现和获取犯罪信息，并对这些信息进行分析研究，按照一定规则登记填卡，形成系统的刑事犯罪情报资料的过程。刑事犯罪信息是刑事情报部门获取和积累情报资料的第一个步骤，是建设这些情报资料的起点和基础，当然也是刑事侦查工作的重要手段，是侦查工作的先决条件。这就决定了作为侦查工作人员在培养情报意识的基础上还要积极主动地收集、积累信息。

（一）刑事犯罪情报的来源

刑事犯罪情报的来源多种多样，凡是能够产生、持有或透露刑事情报的任何系统都能成为情报信息的来源，其主要形式为：

（1）口头情报源：利用交谈形式获取的情报，如报案人、知情人、被害人及其亲属的陈述，犯罪分子或犯罪嫌疑人的供述等。

（2）物品情报源：通过对实物进行观察、提取等形式所获取的情报，如犯罪痕迹、作案工具、现场遗留物等。

（3）资料情报源：利用文字、绘图、摄影、摄像等手段记录的材料，如通缉、通报、刑事科学技术鉴定等。

（4）档案情报源：从侦查机关业务档案中获取的情报。

（二）刑事犯罪情报收集的方法

刑事犯罪情报的收集方法有很多，具体有：观察法、现场勘查法、调查访问法、特情收集法、审讯法、情报交流法等。

四、刑事犯罪情报的储存

刑事犯罪情报的储存是指将收集到的大量情报按照一定的分类标准进行登记、加工并按照标准化的情报信息进行规范化整理，最后储存到各种情报资料体系以备检索应用的过程。储存也是一道非常重要的工序，直接关系到所收集到的情报能否迅速使用。

刑事犯罪情报根据其依附的载体不同进行划分，具体分为：

（1）纸介质形式：将记载刑事犯罪情报内容的纸张作为存储的形式，比如记载刑事犯罪情报内容的卡片、文件等。

（2）声像形式：将记载的刑事犯罪情报以声音和图像表现出来，比如胶卷、录像带、录音带等。

（3）实物形式：将反映刑事犯罪情报资料的物体作为存储的形式，比如遗留在现场的物证等。

（4）计算机形式：将刑事犯罪情报资料内容转化为计算机能识别的数据。

（5）光盘形式：运用激光束在光盘上记录或再现刑事情报资料的形式，如优盘、光盘等。

五、刑事犯罪情报的传递

刑事犯罪情报的传递是指情报资料借助于某种载体形式以各种方式进行交流的过程。一切犯罪情报只有通过传递才能实现其为刑事侦查服务的价值。刑事犯罪情报资料的传递必须达到迅速、准确、安全、保密的要求。

刑事犯罪情报传递的基本形式有口头传递、书面传递、实物传递、视听资料传递、信号传递、电信传递等。

六、刑事犯罪情报的检索

刑事犯罪情报的检索是指在已经存储的刑事情报资料中查找符合特定条件的情报资料的过程。检索实质是把查询的情报信息与储存的情报信息二者的特征进行对比，并将相同或相似的情报信息查找出来，以供使用。

无论是手工检索还是计算机检索的方式，刑事犯罪情报资料的检索一般都包括如下步骤：

（1）明确检索意图，分析检索条件。检索首先要确定检索的目的和意图，在此基础上分析确定符合检索条件的范围及内容。

（2）确定检索途径，选择检索用词。比较稳定、可靠的检索条件都可以作为检索的途径，尤其是和检索条件相吻合的可以作为主要检索途径，并根据检索条件确定检索词。

（3）形成并实施检索方案。根据检索条件的数量和相互关系，确定所实施的检索方法，并确定取舍范围，从而形成检索方案；之后利用检索工具进行检索的具体操作过程，即根据所选择的检索途径，在相应的情报信息系统中查找出相关情报资料。

（4）评价检索结果，整理交付使用。检索结果一般有三种：一是查到了用户所需要的情报资料；二是所存储的情报资料中没有用户所需要的；三是由于送检条件不清楚，无法找到相应的内容。无论哪种结果，都要根据情况进行认真的分析研究和客观评价。

七、刑事犯罪情报的利用

根据刑事犯罪情报系统的构成以及侦查实践，利用刑事犯罪情报资料的形式主要有：

（1）从案到人模式：刑事案件发生后，通过侦查获取了很多与案件有关的信息。此时可以把这些信息作为检索的信息，运用系统中的资料排查和认定犯罪嫌疑人。

（2）从人到案模式：根据掌握的犯罪嫌疑人的情况，将其个人特征或作案特征作为查询信息，运用犯罪情报系统查询未破案件、侦破积压案件。

（3）从案到案模式：对已经发生的案件，将获取的与案件有关的情报作为查询条件进行检索，发现并案线索、串案案件，实施并案侦查。

项目二　刑嫌调控

【案例导入】

【引例 3－2】某日有人报案称在公交车上被扒窃 3 000 元现金，并向民警描述了一名疑似扒手的体貌特征，接报后，民警积极进行调查。

【工作导向】

一、案例导读

针对本案，公安机关通过采取刑嫌调控措施，以查获本案犯罪嫌疑人。具体如下：

（1）确定犯罪嫌疑人。根据报案人提供的疑似扒手的体貌特征，民警经过调查，初步锁定了该案的犯罪嫌疑人，但为了确定其是否就是实施扒窃的犯罪人，民警决定先对锁定的嫌疑人进行调查。

（2）调查犯罪嫌疑人。为了保证准确性，民警在确定嫌疑人后决定对其活动规律进行调查。通过报案人的指认，确定了其就是实施扒窃的犯罪嫌疑人。

（3）控制犯罪嫌疑人。掌握了犯罪嫌疑人的活动规律后，某日，民警通过跟车反扒，在公交车上发现了犯罪嫌疑人的踪迹，并跟踪至某公交站台时将企图扒窃作案的犯罪嫌疑人抓获。

二、问题思考

如何理解刑事犯罪嫌疑人员？侦查实践中，如何对其进行调查和控制？

【学习领域】

一、刑嫌调控的含义

刑嫌是刑事犯罪嫌疑人员的简称，指有刑事犯罪迹象或犯罪可能的、仍未取得证实的人。刑嫌调控是指刑事侦查机关运用各种侦查手段，发现嫌疑人员并掌握和收集其违法犯罪活动的线索，从而及时发现、制止和预防犯罪活动的一项基础性侦查措施。

二、刑嫌调控的对象

侦查人员要想预防、制止犯罪活动，首先要确定嫌疑对象。采取刑嫌调控这种基础措施的前提条件是一定要先确定刑嫌人员。根据不同时期刑嫌人员犯罪活动的特点和规律，其范围也不同，在当前刑嫌人员具体包括：

（1）刑满释放人员、解除劳教人员以及其他受过违法犯罪处理的并有重新犯罪迹象的人；

（2）正处于缓刑、假释、监外执行、取保候审、监视居住的人员中有可能继续犯罪迹象的；

（3）经济暴富、财产来源不清、收支明显不符，有盗窃、抢劫、诈骗、销赃、窝赃等嫌疑的人；

（4）外来人口中，无正当职业、经济来源可疑，有犯罪嫌疑的人员；

（5）社会关系复杂，多与有劣迹的违法人员接触，拉帮结派、寻衅滋事、有进行有组织犯罪嫌疑的人员；

（6）有流氓、扒窃等犯罪劣迹和走私、贩毒，制造、传播淫秽物品，容留、胁迫妇女卖淫嫌疑的人员；

（7）有盗窃、抢劫枪支意图，有私藏贩卖枪支、爆炸物品嫌疑的人员；

(8) 因各种矛盾激化，有行凶报复苗头，或可能铤而走险，制造祸端的分子；

(9) 因证据不足等原因未被打击处理，但犯罪嫌疑尚未被排除的人员。

对 16 岁以下的少年，一般不列入刑嫌人员的范围，可配合家长、学校加强对他们的帮教工作。其中有可能进行重大或连续犯罪的，可短期列入刑嫌人员的范围。

三、刑嫌调控的方法

对刑嫌调控的方法具体包括对刑嫌人员调查和控制两个方面：

（一）对刑嫌对象的调查

通过对发现和收集的线索进行分析后，首先要对刑嫌对象进行调查，具体从以前犯罪的情况和现实表现两个方面进行。对其以前犯罪的调查包括时间、地点、手段方法、案情、犯罪的原因等。对现实表现的调查包括其是否具备犯罪时间、条件，是否有犯罪的迹象，是否与已确定的嫌疑人有关系等。

（二）对刑嫌对象的控制

如果通过调查，发现了犯罪嫌疑人，则要对其进行控制。控制工作必须要侦查机关和其他机关即侦查机关、公安机关派出所与基层组织等相互配合共同完成。

(1) 与刑嫌人员住所或居所的基层组织如居委会、村委会、单位保卫组织和人员取得联系，请他们予以协助；

(2) 利用人防如特情、耳目和物防监控设施对刑嫌对象进行控制；

(3) 如有明显犯罪迹象的，侦查机关直接进行侦查或监控。

四、刑嫌调控的原则

(1) 依法原则：刑嫌调控这一措施直接影响到公民的基本权利，所以在实施的时候一定要依照法律所规定的范围、方法和方式进行，不得随意扩大刑嫌调控的范围和力度，任意剥夺其合法权利。

(2) 秘密原则：刑嫌调控是侦查机关对可能有犯罪迹象的刑嫌人员进行的调查和控制，为了预防、制止和发现犯罪，绝不能把内部确定的刑嫌人员的材料对外进行公布，防止因泄密而造成刑嫌人员的失控，从而影响整个侦查工作。

(3) 相互配合的原则：刑嫌调控仅凭侦查机关的力量是不够的，为了侦查工作的顺利进行，侦查机关必须和各种基层保卫组织进行密切配合，及时进行交流和沟通。

五、刑嫌的撤销

对被控制的刑嫌人员已经确定没有嫌疑的，应及时办理撤销手续。其条件为：

(1) 因犯罪正在监狱内服刑、劳动教养；

(2) 犯罪嫌疑人死亡的；

(3) 久控未发现有犯罪活动的；

(4) 犯罪嫌疑已查清、解除调控的。

项目三　阵地控制

【案例导入】

【引例3－3】某村居民张某报案称自己放在衣柜里的5 000元现金被盗，民警接报后进行调查。

【工作导向】

一、案例导读

针对本案，公安机关通过采取阵地控制措施，及时抓获了犯罪嫌疑人。具体情况如下：

（1）对现场进行调查。通过了解，村里不仅仅是张某家被盗，其他居民家也经常出现被盗的情况，民警推测犯罪分子的目标是整个村子里的居民。

（2）确定抓捕措施。民警分析既然犯罪分子的目标是普通农户，则对整个村子进行控制以发现犯罪嫌疑人。之后民警在村里安排了特情，并动员村里的居民如发现可疑线索就及时向民警进行汇报。

（3）抓获犯罪嫌疑人。经过几天，根据特情和当地居民提供的情况，民警及时准确地抓获了犯罪嫌疑人。

二、问题思考

什么是刑事侦查阵地？实践中如何对犯罪嫌疑人进行控制？

【学习领域】

一、阵地控制的含义

阵地控制是指公安机关刑事侦查部门对易受犯罪嫌疑人侵害、利用以及犯罪嫌疑人经常涉足的行业、场所，采取公开和秘密的方法进行控制的一项经常性的重要基础工作。

二、刑事阵地的种类

（一）公共复杂场所

公共复杂场所包括以下几个：①与犯罪嫌疑人出行有关的场所如火车站、客运站、机场、公交车站、出租车等，这些是犯罪嫌疑人有可能作案、逃跑所经过的场所，也是控制的重点；②娱乐、餐饮场所如歌厅、舞厅、电影院、公园、饭店等，这是与犯罪分子吃住有关的场所，当然也是控制的重点；③繁华商业街如大型商场、购物点、珠宝商店等，很多是犯罪分子作案的场所。

（二）特种行业

特种行业如典当行、收购站、加工店、旅店等各种交易市场。这些是犯罪分子常常藏身、销赃、藏赃的场所和行业，也是侦查机关易发现犯罪分子、赃款赃物的地方。

三、阵地控制的形式

侦查机关对刑事阵地进行控制要根据具体情况的不同而进行。

（一）公开管理

公开管理即利用法律法规及有关规章制度，采用法律和行政手段进行的控制。为了有效管理这些行业，公安机关及相关部门都会制定相应的规范作为这些行业的规章制度，只有这样才能有效、公开地管理。

（二）秘密控制

除了公开控制，侦查机关可以在违法犯罪行为多发地、易发地利用人防即特情、耳目和物防技防即监控设施等进行秘密监控，在犯罪嫌疑人没有觉察的情况下进行控制，为更好地控制、发现、制止犯罪行为服务。

四、阵地控制的方法

阵地控制是一项经常性的重要的侦查基础工作，要做好此工作，侦查部门必须做到主控阵地要好、专控阵地要细、队伍建设要专业、信息网络要通畅这几个方面。具体包括：

（1）专业力量控制：专门组织人员对所要控制的地方进行专门的控制，这些人员一定要熟悉所要控制地方的人员、地貌等，只有这样才能有的放矢。

（2）秘密力量控制：为了避免犯罪嫌疑人察觉，侦查人员可以布置一些秘密力量如刑事特情、耳目等对阵地进行控制，这种方法往往对发现犯罪嫌疑人和收集犯罪信息有重要的作用。

（3）技术力量控制：除了利用人力，侦查机关还可以利用现代通信技术、安全防范技术和设备大范围地控制阵地，在节省人力的情况下这种方法更能有效地发现和控制犯罪。

（4）行业职工控制：利用行业内部职工的优势条件，在日常工作中发现周边可疑的人和事，收集犯罪信息，并及时提供给公安机关的方法。

（5）网络信息控制：利用现代信息交流快速的优势，侦查机关可以利用网络平台、信息交通工具及时发现可疑的犯罪嫌疑人和犯罪信息，更有效便捷地发现并控制犯罪。

项目四　技能训练

技能训练一　犯罪情报的收集与运用实训

一、实训目的和要求

（一）实训目的

通过本实训，使学生了解情报资料收集的主要途径，掌握情报资料运用的主要方法，并能进行初级的情报分析，树立学生的情报意识，培养学生的动手能力，提高学生分析问题、解决问题的能力。

（二）实训要求

（1）实训时间为2学时。

（2）指导教师应根据实战需要精心设计实训内容。

（3）参加实训的学生应当按照教师提出的实训科目独立操作和分析，实训结束后每人写出完整的情报分析报告。

（4）实训必须在教师的组织下进行，参加实训的学生必须爱护计算机等实训器材。

（5）实训结束后应由实训指导教师根据学生在实训中的表现和实训分析报告的质量，进行讲评并按百分制打分。

二、实训器材

（1）计算机：Windows 2000 或 Win XP 系统支持、256M 内存、40G 硬盘。

（2）校园网络支持。

（3）各类刑事犯罪情报资料登记表卡。

三、实训方法

本实训采取操作性实训方法进行。

四、实训内容

（1）犯罪情报资料收集的主要途径。

（2）规范制作刑事登记表卡以及整理、录入的方法。

（3）犯罪情报资料运用的主要途径。

（4）设计资料检索的路径、策略及资料检索的具体方法。

（5）初级的情报分析。

五、实训步骤

（一）实训的准备

由实训指导教师设计案情，下发有关案情资料；参加实训的学生熟悉案情资料。

（二）实训的展开

实训分两部分进行。

1. 犯罪情报资料的收集、整理与录入

（1）由实训指导教师发放案件的有关资料，提供犯罪嫌疑人（由事先安排的学生扮演）。

（2）参加实训的学生根据资料观察犯罪嫌疑人的特征，制作全套刑事登记表卡。

（3）参加实训的学生整理已采集的情报资料，将资料录入“刑侦综合信息系统”。

2. 犯罪情报的运用

第一项：犯罪情报资料的检索

（1）实训指导教师提供案情，提出需要进行情报资料检索的要求。

（2）参加实训的学生根据检索的要求设计检索路径，确定检索步骤和具体的检索方法，开展检索。

第二项：犯罪情报资料的分析

（1）由实训指导教师布置情报资料分析的任务。

（2）参加实训的学生按小组（5 人为宜）进行情报资料的分析。

（三）实训的总结评析

实训结束后，学生上交实训报告，指导教师批改后，就实训情况进行总结评析。

评分标准：

（1）犯罪情报资料表卡的规范制作与整理。(20 分)

（2）犯罪情报资料的准确录入。(10 分)

（3）犯罪情报信息系统的功能操作。(20 分)

（4）犯罪情报资料的高级检索。(20 分)

（5）犯罪情报资料的初级分析。(30 分)

六、实训案例

案例一　犯罪情报资料的采集、整理与录入

1. 基本案情

某年 7 月 17 日晚 8：00 左右，17 岁的少女刘 × × 独自漫步街头，一名骑着自行车的男青年连哄带拖，将其带到新余市通济河边的水泵房旁边的草地上，这时水泵房旁又窜出一名歹徒，两名歹徒轮奸了刘 × ×。之后，抢走刘 × × 的拎包消失在黑夜中。

19 日刘 × × 到公安机关报案。刘回忆说：两个案犯都是 20 来岁，脸型一宽一窄，身材一胖一瘦，其中先出现的宽脸型自称是赣西供电局的张军，在骗她时说过铁路电影院有电影看，是他们厂包场的话；瘦脸型的穿白色西装短裤。侦查人员迅速赶到现场进行勘查，在现场提取了罪犯在强奸时铺垫的一张已破的《江西日报》，报纸上用圆珠笔写着：食堂、安，报纸是 7 月 15 日的。据初步调查，刘 × × 在案发前曾和一个叫李文秀的少女在一起，李目击过案犯。侦查员找到李后，李提供了案犯的一些特征，并反映有位女友张 ×，曾私下向她透露被一自称赣西供电局张军的男青年用欺骗威胁手段，将其挟持到通济河边垫上报纸后强奸了她，由于怕报复、怕羞，她没有报案。张 × 泣诉了发生在去年 12 月 30 日晚上与刘 × × 相似的屈辱往事。

侦查员分析，两个张军年龄、体貌相同，作案手段相似，很可能是同一个人。同时根据罪犯骑自行车尾随受害人，将其骗到偏僻处强奸和轮奸，说明罪犯熟悉现场环境和地形，很可能是本地人。经查，赣西供电局根本没有张军这个人。

2. 现场勘查情况

教师通过多媒体课件展示现场照片、现场物证，提供现场访问情况。

3. 犯罪嫌疑人情况

实训前安排同学扮演犯罪嫌疑人，实训时教师安排其出现，便于学生观察其特征和了解其他情况。

4. 破案经过

由教师口头提供。

5. 操作项目

（1）请根据以上案情制作《受理案件信息表》。

（2）观察犯罪嫌疑人的特征，询问其基本情况，制作《人员信息表》和《十指纹卡》。

（3）根据教师提供情况制作《破案信息表》。

案例二　犯罪情报的检索

1. 基本案情

2002 年 11 月 22 日早上 10：00 左右，市民陈丽华在福州市晋安连江北路农行取出十三万元人民币，放入摩托车底座下，骑上车正欲前行，突然从前方直冲来一部摩托车将其撞倒，紧接着车后一人上前掀开其后座，强行抢走十三万元，而后两名歹徒骑车逃窜。专案组经过全面深入的调查，了解到犯罪分子是跟踪取款人，并使用摩托车冲撞，使取款人分散注意力后实施抢劫。由于犯罪分子均头戴头盔且作案时间较短，目击者的描述又相当模糊，现场没有留下比较有价值的线索。专案组的干警们认为：尽管侦破此案有诸多困难，但此类案件的犯罪行为具备其自身的显著特点。这一特点就是犯罪的连续性，此案的犯罪分子可能在作此案之前作过案，在作本案之后，还可能继续作案。因此，可以利用这一特点为侦查工作服务。

2. 现场勘查情况

教师展示现场勘查笔录、现场访问材料。

3. 实验项目

（1）根据本案开展情报资料的检索。

（2）根据检索结果对现有情报进行分析。

技能训练二　阵地控制技能训练

一、实训目的与要求

（一）实训目的

通过训练，使参训学生明确阵地控制的范围、任务及职责，正确掌握阵地控制的方法及步骤。

（二）实训要求

（1）训练时间为 3 学时。

（2）参加训练的同学以 5～8 人为一个单位，分成若干小组。

（3）实训场所以达到阵地控制的要求为准。

（4）训练过程中互相配合模拟练习，并进行角色互换练习，同学之间可以针对训练中的问题进行讨论、总结，也可以向老师寻求帮助。

（5）教师根据每小组训练中的表现和控制方法是否正确等方面进行考核，并按百分制给出成绩。

二、实训内容要点

对大型商场进行阵地控制。

三、实训前的准备

（1）介绍案情及犯罪嫌疑人情况。

（2）确定大型商场的环境及布局。

四、实训方法与步骤

（一）实训方法

采取实地操作性训练方法进行。

（二）实训步骤

1. 实训准备

（1）根据指导教师设计的案情，模拟阵地控制的地点。

（2）安排参加训练的同学分组、分工，明确各自的职责任务和工作内容。

（3）确定阵地控制的方案。

2. 实训的展开

各组根据保护对象按照以下内容进行：

（1）了解大型商场的进出口及周边交通情况。

（2）组建专门力量对大型商场进行控制。

（3）调看大型商场的进出口的电子监控视频。

（4）对大型商场进行控制。

3. 实训总结评析

各小组训练结束后，请教师进行考核，根据操作情况给出操作成绩，就训练情况进行总结评析。最后，参训学生写出实训报告，提交实训的总结报告，指导教师批改后给出总成绩。

考核标准：

（1）准备程度。（10分）

（2）方案设计与实施。（20分）

（3）具体操作灵活程度（如紧急情况的处置）。（30分）

（4）实训报告。（20分）

（5）组织纪律。（20分）

单元四

常规性侦查措施

【学习目标】

知识目标：通过本单元的学习，了解开展侦查工作的一些常规性侦查措施，掌握这些常规性侦查措施的适用条件、程序及其内容。

能力目标：通过学习和训练，掌握各项常规性侦查措施相关工作的操作能力及相关法律文书的制作能力。

【学习提示】

本单元教学将采用课堂讲授、案例演示与课后实训相结合的教学方法，培养实训实践能力，并要求结合学习过的其他课程知识，特别是“刑事诉讼法”、“公安应用文书写作”等课程，做好学科间知识的融会贯通。

【内容结构图】

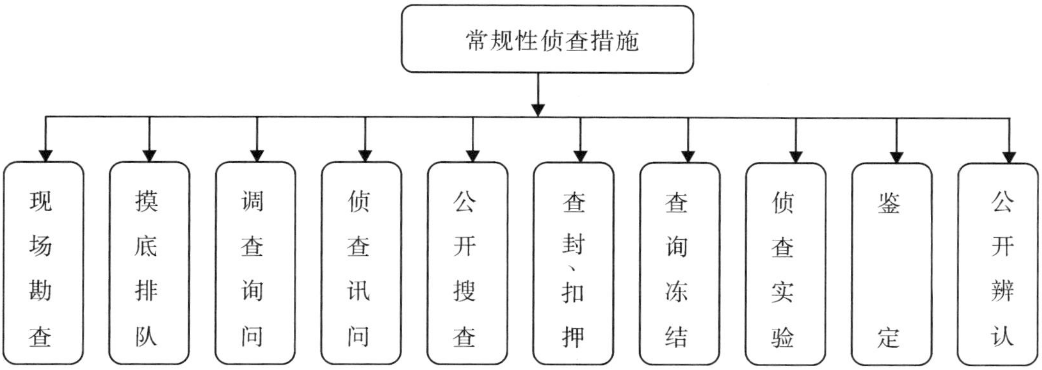

项目一　现场勘查

【案例导入】

【引例4－1】某年9月27日下午6：50，武汉市江岸分局刑警队值班员接到西马派出所电话报称：今日下午6：00，江汉北路162号居民胡道庭报案，其母朱春梅（73

岁）被人杀死在家中。公安机关在接到报案后，迅速派人赶赴现场进行勘查。现场勘查于下午7：40开始。

现场勘验情况：江汉北路162号是一砖木结构的两楼一底单元式居民宿舍楼房。坐北朝南。前临大街，西、北靠居民住宅，东侧与武汉市果品公司相临。现场位于底楼，底楼共住三户人家，共用南门进出，同向街面进南门是公共客厅，客厅西墙有一扇门与公共厨房相通。由客厅沿厨房的东北墙有一过道，通往胡道庭家，胡家有一个套间（胡道庭与妻子居住），门锁完好无损，室内无翻动迹象，物品也没有缺少。过道终端是偏房，房门虚掩，门上暗锁未发现任何痕迹，室内面积为3.3m×2.7m，顺南墙边放有一架长2米、宽1米的木梯，死者朱春梅头南脚北仰卧在床上，身上覆盖有绿色棉毯。死者的脸上有血，上身外穿一件蓝色的长大对襟衣，内穿一件花布衬衣，均被血迹浸染，上衣的右胸部位有一破口，死者下身外穿黑色长裤，脚穿黑色长袜。枕头及上身部位的床单上有60cm×50cm的血泊。

经法医检验，死者的尸斑出现在腰部、背部未受压迫处，尸僵不明显，眼角膜透明，瞳孔直径为0.5cm。死者的口、鼻腔有血红色体液，皮肤与指甲苍白。死者右胸乳头以上2cm处，有3.7cm×0.5cm的创口，创缘整齐，创口周围无表皮脱落及皮下出血，创角一钝一锐，创腔中无组织间桥。右胸2、3、4肋骨断裂，右肺上叶有一个2.5cm×1.5cm的破裂口。死者胃内容物约100毫升，其中有未完全消化的青菜、肉类、米饭、花生米等食物。死者的衣着整齐，除血迹和伤痕外，其他未发现异常。经检验，其血型为O型，被害人系被刺破肺脏和主动脉，造成急性大出血而死亡。死者室内物品未见异常变动和短少，也未发现凶器。

在勘查过程中，与死者同住一单元的邻居夏顺珍发现家中刚买回不久的“松下”牌25寸彩色电视机不翼而飞。

经勘查，夏顺珍家为里外两间，外间的客厅门上装有暗锁，暗锁上方10cm处的门沿上，留有5枚新鲜指印。门锁上无撬压痕迹，客厅面积为3.2m×3.1m，室内靠西墙放有一台缝纫机，缝纫机面上有两把带血的上海牌钥匙，靠南墙放有一台电冰箱，东南墙角处有一个电视机柜，柜上无电视机。柜面上留有3枚新鲜指印，靠东墙有一张方桌，桌上有电视机罩，靠北墙安放有茶几及沙发，茶几上的玻璃杯上有2枚新鲜手印，北墙西端有一扇门通向卧室，室内面积为3.1m×2.85m，南墙边放有一张双人床，床上堆放着衣物及电视机的包装泡沫，未见翻动迹象。北墙上安装的双扇窗户关闭着，插销处于插闭状态，窗下有一张书桌，三个抽屉均未上锁，但没有发现触摸和翻动的迹象。东北墙角有一个五抽柜，柜门紧锁，未发现异常。据夏顺珍陈述：西北墙角原放有“松下”彩色电视机的包装纸箱，但纸箱不见了。西墙边有一个大衣柜，柜门上有暗锁，未发现破坏痕迹。

公共客厅东墙北端有一扇门通向居民李济群家。李济群家无人，房门上有暗锁，暗锁完好无损。

现场访问情况：据被害人的媳妇段少华说，9月27日下午4：00下班回家，发现被害人的房门虚掩着，身上盖着毛毯躺在床上，以为午睡未起（被害人平时有午睡习惯），但段少华又想这么晚了还不起床是不是病了？于是连叫了几声，未见回答，急忙用手触摸其口鼻，发现已断气。当时段少华误以为婆婆是患疾病死亡，便请邻居帮忙为其更换衣服，准备料理后事。在更衣时，发现其右胸有创口，并附有大量的血迹，这时段少华才感到不妙，待其丈夫胡道庭回家后到派出所报案。

经访问现场周围的群众，他们都说被害人朱春梅生前与儿子、媳妇和睦相处，没有自杀倾向。一家人与邻居的关系也比较好，从未发生过矛盾冲突。夏顺珍的丈夫李某在外工作，很少回家，夏顺珍经常带人在家里打麻将，交际关系比较复杂。

据夏顺珍反映：她购买彩色电视机的时间还不到1个月，家中开房门的钥匙与自行车的钥匙串在一起，一般挂在客厅的墙壁上，只有外出时才带走，没有发生过钥匙丢失情况，现场留有的两把钥匙不是她家的。

现场实验：现场勘查时，对夏顺珍的客厅大门进行了多种实验，排除了插片拨门入室和踹门入室的可能。

经检验鉴定，夏顺珍家的钥匙与现场遗留的两把附有血迹的钥匙同为开启夏家房门的钥匙，并且在夏顺珍的钥匙上发现有新鲜的锉痕，判断现场遗留的两把钥匙是用夏顺珍的房门钥匙配制的。

经鉴定，现场钥匙上的血液血型与死者的血型一致。

【工作导向】

一、案例导读

上述案例是一起杀人案件现场勘查的过程。

公安机关在接到报警后，迅速组织力量赶赴案件现场，开展现场保护工作，及时组织开展朱春梅被杀一案的现场勘验和现场访问工作，收集与案件相关的信息。

公安机关针对在现场勘查中存在的疑难问题，及时组织现场实验以解决存在的问题，确保为案情分析提供客观真实的依据。

二、问题思考

（1）什么是现场和现场勘查？现场勘查的对象有哪些？

（2）现场勘查的内容主要体现在哪些方面？

（3）现场勘查要遵循哪些规定？

【学习领域】

一、现场勘查的概念

犯罪现场是指犯罪分子实施犯罪行为的地点和其他遗留有犯罪痕迹物证的一切场所。任何犯罪活动都离不开一定的时间和空间，并与一定的人、事、物发生联系，犯罪行为的发生必然会引起周围客观事物的变化，这是形成犯罪现场的基本条件。

现场勘查是指刑事案件发生后，侦查人员为了查清案情和证实犯罪，依法运用一定的策略方法和科学技术手段，对与犯罪有关的场所、痕迹、物品、人身、尸体等进行勘验检查，并对相关的人、事、物进行调查访问的一种侦查活动。

现场勘查是侦查工作中普遍采取的一项重要的侦查措施，是侦查破案的起点和基础。犯罪现场储存着犯罪全貌信息，是犯罪证据的“宝库”，犯罪现场勘查是获取犯罪信息和犯罪证据的重要手段。因此，认真细致地做好现场勘查工作，对侦查破案具有十分重要的意义，事关侦查工作的成败。

二、现场勘查的任务和要求

（一）现场勘查的任务

1. 收集犯罪信息和证据

收集犯罪信息和证据是现场勘查的中心任务，在现场勘查过程中，侦查人员应当采取各种有效手段，及时发现、固定、提取和保全与犯罪有关的痕迹、物品和信息，为侦查破案提供线索和证据。

2. 分析判断案情

在收集犯罪信息和证据的基础上，侦查人员要对作案人作案的时间、地点、在现场的活动情况、作案动机和目的、作案手段和工具、作案人数量和特征、实施行为和后果等进行分析判断，进而判明案件性质。

3. 初步确定侦查方向和范围

初步确定侦查方向和范围是现场勘查的重要任务，是前述任务的归宿。侦查方向和范围是指侦查工作的目标指向和开展范围，即判断是什么样的人作案和在何处查找犯罪嫌疑人。侦查方向和范围的确定可明确侦查思路，使侦查人员有重点地开展侦查破案工作。

4. 存储现场信息资料

侦查人员应当将现场勘查中采集的有关案件现场、作案人和犯罪行为特征等各类客观信息资料，按照规范的要求及时录入《刑事案件现场勘验检查信息系统》、《刑侦综合信息系统》、《指纹信息管理系统》等相关信息系统，提高现场勘查工作的信息化管理水平，发挥现场信息在侦查破案中的效能，实现信息导侦和信息共享。

（二）现场勘查的要求

1. 及时

及时是刑事侦查工作抓住战机这一特点在现场勘查工作中的具体体现。对犯罪现场进行及时勘查，要强调一个“快”字，抓住案发不久、现场未遭破坏、痕迹物证明显、群众记忆犹新、犯罪人未及远逃等有利时机，掌握侦破工作的主动权，做到及时赶赴现场和及时开展现场勘查的各项工作等。

2. 全面

全面即对现场的调查、勘验和分析应全面，做到凡是与犯罪有关的场所和痕迹物证都必须勘验检查，凡是与案件有关的人、事、物都要调查了解，凡是与犯罪有关和对侦查工作有价值的证据材料都要收集，对现场勘查所获的材料都要分析研究。

3. 细致

细致是侦查人员发现犯罪痕迹、物品，特别是细微痕迹、物品的前提，要求侦查人员在现场勘查时做到认真精心、一丝不苟，切忌马虎草率、粗枝大叶，不仅要注意勘查明显、宏观的痕迹、物品，还要注意勘查潜在的、微观的痕迹、物品，即使是作案人留下的“蛛丝马迹”也不能忽略，这样才能为分析判断案情提供尽可能充分的客观依据。

4. 客观

客观即按照客观事物的本来面目去认识现场，要求侦查人员坚持实事求是的科学态度，忠于事实真相，从现场的客观实际出发，以事实为依据。无论是现场勘验、现场访问，还是现场记录、分析案情，都要求客观实际，不能先入为主、偏听偏信。

5. 合法

现场勘查是法定的侦查行为，要求侦查人员在勘查现场时，应当按照《刑事诉讼法》、《公安机关办理刑事案件程序规定》、《公安机关刑事案件现场勘验检查规则》等法律法规的规定，依法勘查，确保整个勘查活动符合法律要求。

6. 安全

勘查人员进行现场勘查时应当增强安全意识，注意自身防护，进入现场要佩带必要的安全防护设施，当现场存在危险情形时，应排除险情后再进行勘查。

三、现场勘查的组织与指挥

（一）现场勘查的权限与职责划分

1. 现场勘查的权限

按照《公安机关办理刑事案件程序规定》和《公安机关刑事案件现场勘验检查规则》的规定，现场勘查由县级以上公安机关侦查部门组织实施。

2. 现场勘查的职责划分

按照《公安机关刑事案件现场勘验检查规则》的规定，现场勘查职责的划分如下：

（1）县级公安机关负责辖区内全部刑事案件的现场勘查，对于案情重大、现场复杂的案件，上级公安机关可以直接组织领导现场勘查。

（2）上级公安机关对下级公安机关刑事案件现场勘查提供技术支援。

（3）对于涉及两个县级以上地方公安机关的刑事案件，现场勘查职责由有关地方公安机关协商，必要时，由上级公安机关指定。

（4）新疆生产建设兵团和铁路、交通、民航、森林公安机关及海关缉私部门负责其管辖的刑事案件的现场勘查。

（5）公安机关和军队、武装警察部队互涉刑事案件的现场勘查，依照公安机关和军队互涉刑事案件管辖分工的有关规定确定现场勘查职责。

（6）人民法院、人民检察院和国家安全机关、军队保卫部门、监狱等部门的自办案件，需要公安机关协助进行现场勘查，并出具委托书的，公安机关应予协助。

（二）现场勘查人员的组成与分工

1. 现场勘查人员的组成

一般情况下，现场勘查的人员由指挥员、侦查员、技术员（痕检、法医、摄录像等专业技术人员）和发案地管段民警或单位内部保卫干部组成，必要时可邀请具有专门知识的人员参加。有些特大案件的现场勘查，可根据案情邀请同级的人民检察院派员参加。为了保证现场勘查的客观性和合法性，现场勘查还必须邀请两名与案件无关、为人正派的公民到场见证。

2. 现场勘查人员的分工

为了全面、细致、及时勘查现场，现场勘查的指挥人员应根据现场具体情况，对到场的勘查人员进行适当的分工。一般案件的现场勘查可分为现场访问和实地勘验两个组进行工作，对重大、特大案件的现场勘查，一般分为现场保护组、现场调查组、实地勘验组和机动组四个组开展工作。

（三）现场勘查的指挥

犯罪现场勘查必须实行统一指挥。

1. 现场勘查指挥员的确定

现场勘查指挥员应由案件主办单位中具有现场勘查经验、熟悉侦查业务、具有一定组织指挥能力的人员担任。指挥员的确定应当具备如下要求：

（1）一般案件的勘查，由侦查部门负责人指定的人员担任指挥员。

（2）重大、特别重大案件的现场勘查由侦查部门的负责人担任指挥员。

（3）影响大的、特别重大的案件现场勘查由发案地公安机关负责人担任指挥员。

（4）必要时上级公安机关可直接组织指挥下级的现场勘查工作。

2. 现场勘查的指挥

（1）出场前的指挥工作。主要是核实接报案情并据此组织警力出警。

（2）临场指挥工作。主要是听取汇报，调整警力，明确分工，制订方案，指挥现场访问和实地勘验的各项具体工作；抓住战机，果断采取紧急措施；全面协调勘查工作，确保勘查工作顺利进行。

（3）勘查后的指挥工作。主要是组织好案情汇报及现场分析，决定对现场的处理并部署下一步的侦查工作。

四、现场勘查的程序

（一）受理案件

1. 受理报案，迅速赶赴现场

在受理报案时，不管案件是否属于自己的管辖范围，是否符合立案条件，都应当积极接待报案人，并问明报案人以下基本情况：何时、何地发生或发现什么事件及发生、发现的经过，事主、被害人的基本情况，涉案物品、工具的情况，作案人的基本情况，现场周围的情况，是否保护了现场等情况。如有明确犯罪现场的，应当立即报告主管领导，并火速赶赴现场。

2. 接报案后的处理

接到报案后应当制作《受理刑事案件登记表》，《受理刑事案件登记表》是公安机关受理案件的原始材料，要妥善保管并存档备查。接受报案后，应制作《接受案件回执单》交报案人。对于不属于本部门管辖的案件，应及时移交主管机关，并向报案人填发《移送案件通知书》。

（二）临场处置

1. 简要了解案件发生、发现和现场保护情况

现场勘查人员到达现场后，应当听取先期到达的现场保护民警的汇报，了解案件发生、发现的经过，现场的保护和变动等情况。

2. 检查现场保护情况

在实施现场勘查之前，勘查人员还应当检查前期现场保护的情况，查看现场保护范围划定是否妥当，保护措施有无问题等，如存在问题则应当及时调整保护范围和纠正不当的保护方法。

3. 视情况采取必要的紧急措施

在现场勘查过程中，如遇有紧急情况，应当立即报告现场指挥人员并果断采取措

施处置。如救治现场受伤人员、排除现场险情、追踪堵截犯罪嫌疑人、控制销赃等。

4. 邀请见证人

根据相关法律规定，现场勘查应当邀请一至两名与案件无关的公民作见证人。

（三）开展现场勘验和访问

在了解现场情况并作出初步处置的基础上，侦查人员应当按照指挥人员的分工和要求，同步开展现场勘验和访问工作，以发现、提取与犯罪有关的痕迹、物品，了解、收集有关犯罪现场的情况和线索，并做好相关的记录工作。

（四）现场分析

现场勘验和访问结束后，勘查人员应当根据案件现场情况和通过勘验、访问等工作获取的资料和信息，对案件的有关情况作出初步的分析判断，为下一步侦查工作的开展提供客观依据。

（五）现场及痕迹物品的处置

现场分析结束后，现场勘查的指挥员应当根据具体情况，对现场、尸体保留与否作出决定。对现场痕迹、物品的处理，严格按照《公安机关刑事案件现场勘验检查规则》等相关规定进行。

（六）现场信息的录入

现场勘查结束后，侦查人员有必要将采集的现场信息进行整理和分类，全面、客观、及时、准确地存储到相关的信息系统中，以便实现对现场信息的高效利用。

五、现场勘查的内容

现场勘查是一项综合性、系统性的工作，其内容包括现场组织指挥、现场保护、现场访问、现场实地勘验检查、现场搜索、现场分析、现场实验、现场处理、现场复勘等，这些内容既相对独立又密切联系、相互印证，其中现场实地勘验检查和现场访问是现场勘查的两大核心内容。

（一）现场实地勘验检查

现场实地勘验检查又称为实地勘验，是指侦查人员深入现场实地，依法对与犯罪有关的场所、痕迹、物品、人身、尸体等进行观察、测量、记录、提取和检验的一项侦查活动。实地勘验是现场勘查的重要组成部分，是收集侦查线索和犯罪证据的重要途径。

实地勘验是一项复杂而又细致的工作，其基本的任务是收集物证，具体是通过笔录、绘图、照相、录像等形式记录现场情况，发现、收集与犯罪有关的痕迹物证并分析研究其与犯罪行为的关系。

实地勘验的对象主要包括与犯罪有关的场所、痕迹、物品与物质、尸体和人身。根据勘验对象的不同，实地勘验的内容主要有：

（1）场所勘验。主要包括：现场的方位、朝向和结构，现场同周围环境的关系，行为人进出现场的路线及可疑遗留物等。

（2）痕迹勘验。主要包括对人体痕迹、物体与器械痕迹、动物痕迹的勘验，以及这些痕迹的物质成分、形成过程、遗留时间、新旧程度和其在现场中的位置、状态、大小、与周围其他痕迹物体的关系等。

（3）物品与物质勘验。主要包括：对作案人触摸、移动、破坏过的物品的勘验，对现场发现的法医物证、毒物与药物、工具、微量物质等的勘验，对与犯罪行为有关的文书、音像资料和电子数据材料的勘验等。

（4）尸体勘验。主要包括：尸体在现场的位置、姿势以及与其他痕迹、物品、场所的关系，死亡的时间、过程和致死的原因与方式，尸体现象和体表特殊标记，尸体的衣着、携带物品以及与死因有关的遗留物，现场血迹、尸表损伤的情况等的勘验。

（5）人身检查。主要是对人身上的各种创伤情况、损伤原因及过程、致伤工具特征、伤者的衣着和携带物品情况等的勘验。

（二）现场访问

现场访问是指侦查人员在现场实地勘验检查的过程中，为查明案情，收集侦查线索和证据，依法向有关人员进行的调查询问的活动。现场访问是一种专门的证据收集方法，其重点是收集人证，与实地勘验同步开展，二者相互配合、相互补充、相互印证，只有把二者有机结合起来，才能有效提高现场勘查的质量。

现场访问的对象主要有报案人、案件发现人、当事人、被害人及其亲属和其他知情人。现场访问的内容主要有：案件发生、发现的情况，犯罪嫌疑人的情况，案件被害人的情况，损失物品与遗留物品的情况，与犯罪现场、被害人有关的其他情况等。

六、现场勘查记录

（一）现场勘查记录的概念

现场勘查记录是指在现场勘查过程中，侦查人员运用文字、图形、声音等形式客观记录现场情况和勘验检查情况的法律文书。现场勘查记录包括现场勘查笔录、现场图、现场照片、现场录像和录音等。

（二）现场勘查笔录

现场勘查笔录是指现场勘查人员运用文字描述的方式对现场情况和现场勘查情况所做的客观记录。

现场勘查笔录的内容结构由前言、正文和结尾三部分组成：前言部分应记录笔录文号、接报案的时间和内容、现场勘查的起始时间与地点、现场保护及天气情况、勘查照明情况以及勘查人员信息等方面的内容；正文部分是笔录的核心，应当客观、详细、有序地记录现场情况及现场勘查的过程与结果，具体记载现场的具体位置、周围环境，现场中心及有关场所勘查的情况，现场痕迹、物品、尸体的情况，现场所见的反常现象等内容；结尾部分应记录提取痕迹物品的情况、现场照相和绘图的种类与数量、现场录像录音的时间、现场勘查参与人的签名、笔录制作单位和日期等内容。

制作现场勘查笔录的要求：笔录的制作顺序应与现场勘查的顺序一致；笔录的内容必须客观、全面，语言文字要准确、规范、符合标准；在现场勘查的过程中，如进行了尸体检验、物证检验、现场实验、人身搜查等活动，以及有复验现场的，应当单独制作笔录；一案有多个现场的，应当分别制作笔录；笔录记载的内容应当与现场绘图、照片和录像一致。

（三）现场照相与录像

1. 现场照相

现场照相是指运用摄影技术对案件发生的场所、周围环境以及痕迹物证的分布进行拍摄、固定的一种记录形式。

根据现场拍照的内容和要求，现场照相分为现场方位照相、现场概貌照相、现场重点（中心）照相和现场细目照相四种。

现场照相一般按照勘验顺序进行，先拍现场全貌，然后拍现场重点部位及留有痕迹物证的地方，期间再抽时间拍摄方位照。一般按先外后里、先大后小、先远后近的顺序逐步深入地进行拍摄。

根据拍照对象的不同，现场拍照方法可分为场景拍照法和物证拍照法两大类，场景拍照主要有单向照相、相向照相、多向照相和分段连续照相等方法，物证拍照主要有比例照相、无影照相、亮度对比照相、分光照相、近距照相等方法。

2. 现场录像

现场录像是运用摄录像技术固定、保全和再现现场状况的一种现场记录形式。现场录像所记录的信息是动态的，较之其他记录手段更为生动、形象，是对其他记录形式的有效补充。

现场录像应与实地勘验的顺序一致，具体内容包括现场方位录像、现场概貌录像、现场重点录像和现场细目录像，在表现方法上要充分发挥现场录像的优点，做到动态画面和静态画面相结合、画面与声音相结合。在编辑现场录像时，一般按照现场方位、概貌、重点、细目的顺序进行，画面的选择要遵循全面、客观、真实、系统的原则，如实反映现场情况和勘查情况。同时，为准确、清楚地说明现场情况和勘查情况，在保留拍摄原音的基础上，可运用文字或解说词的形式对现场录像的画面进行介绍。

（四）现场绘图

现场绘图是运用制图学的原理和方法，借助各种符号和文字说明，固定和记录犯罪现场状态的一种记录形式。

现场绘图具有形象、生动、直观和具体的特点，能根据不同案件和现场情况灵活运用现场方位图、全貌图、局部图、平面图、平面展开图、立体图、立面图、剖面图、综合图、复原图等形式，反映出现场所处的地理位置和周围环境、现场与犯罪有关的痕迹物证的分布情况及相互关系。

绘制犯罪现场图可依据以下步骤进行：熟悉案情，确定犯罪现场范围；确定绘图种类，构思绘图内容；选准标向，确定绘图比例；选定参照物，绘制草图；书写图题，填写图例，并注明绘图的有关情况。

当前已普遍使用计算机绘制犯罪现场图，计算机的使用为犯罪现场图的制作提供了便利条件，大大提高了绘图效率和质量。利用计算机绘制现场图，需安装专用的计算机绘图软件，绘图时，只需将相关的数据输入，计算机即可自动完成现场图的绘制，并通过打印机输出图形。

项目二　摸底排队

【案例导入】

【引例4-2】某家属楼内哈某、张某夫妇被杀，4万元现金被抢。现场中室内地面上有大量血迹；茶几上放着一个空酒瓶和三个玻璃杯，均有酒味；地面上有摔坏的闹钟一个，指针停在9：23。据调查发现：死者张某生前于1月10日从吴忠市东塔机械厂借款2万元，又从东塔信用社以给其弟弟买汽车为名贷款2万元，并将4万元兑换成100元和50元面值的现款拿回家中存放。据其弟反映，哈、张曾透露要和他人做一笔木材生意或石油生意，但未具体说是谁。据邻居反映，11日下午6：00，看见张某回家，此后再未见张某与哈某。

【工作导向】

一、案例导读

针对上述案例条件，侦查人员通过摸底排队的措施确定犯罪嫌疑人，具体做法为：

1. 分析犯罪人所具备的条件

通过分析，民警推测犯罪分子可能具备以下条件。第一，犯罪行为人知道被害人家中存放有4万元现金。张某之弟反映的与哈、张做生意的人具有作案嫌疑。第二，作案时间条件。摔坏的闹钟指针停在9：23，因此作案时间可能是当晚9：23前。第三，熟人作案。从现场发现有空酒瓶及三个带有酒味的玻璃杯分析，被害人是与犯罪行为人一起饮酒后被害，作案人可能是两个人。第四，犯罪行为人案后可能表现出经济反常。

2. 进行排查

根据以上四个条件，经过大量的排查，列出了与被害人有接触条件的64人，经过排除，将重点放在了东塔机械厂彭某的身上。经查，彭某与哈某在同一车间工作，关系甚密，可能知道哈某有4万元现金的情况。案发后，彭某花钱大方，买了很多电器。

3. 确定犯罪嫌疑人员

民警通过多种秘密手段发现了彭某的同伙，最终将其抓获。

二、问题思考

摸底排队作为一项侦查措施，应该具备哪些条件？实践中如何确定摸底排队的范围？

【学习领域】

一、摸底排队概念

摸底排队是侦查机关对已经发生的刑事案件在现场勘查、分析案情的基础上，根据案件发生的条件和侦查工作的部署，依靠有关方面和广大群众，在一定范围内对有作案迹象和作案可能的人逐个调查了解，从中发现并排查出犯罪嫌疑人的一项侦查措施。摸底排队是侦查机关长期实践总结而成的一种有效的侦查措施，是获取犯罪线索的一个重要途径，也是侦查专门工作与群众路线相结合的具体体现。

二、摸底排队的条件

摸底排队的条件是指刑事犯罪人所具备的、与案件有关的各种联系。由于案情不同，摸底排队的条件也不同。

1. 时空条件

时空条件指犯罪嫌疑人实施犯罪活动所持续的时间和所涉及的场所、地点。任何案件都有作案时间和空间，没有离开时间、空间的案件。在摸底排查嫌疑对象时首先应判断其有没有在案发时间进入过发案场所或地点。时空条件是进行摸底排队的首要条件。

2. 因果条件

因果关系是刑事案件本质与各种现象之间的内在联系，案件都是由某些矛盾冲突或利害关系所引发的。因为犯罪行为的发生都有一定的原因，所以因果关系是摸底排队的重要条件。

3. 作案工具条件

犯罪人在实施犯罪时都会利用一定的工具或物品如凶器、破坏工具、麻醉物等，利用与案件有关的作案工具也可以排查到实施犯罪行为的犯罪嫌疑人，所以作案工具也是条件之一。

4. 赃款赃物条件

赃款赃物是犯罪分子实施犯罪行为所获取的金钱和物品。有些犯罪分子实施侵犯财产的犯罪行为的直接目的是获取金钱和物品。如果侦查人员能够掌握赃款赃物的种类、名称、数量和特征，那么就可以把这些赃款赃物作为摸底排队的条件之一以发现嫌疑人员。

5. 现场痕迹、物品条件

犯罪人在实施犯罪行为时往往会接触到现场的物品从而留下一些痕迹物品，有些遗留的痕迹物品能直接反映犯罪人的个人特点。如果侦查人员通过现场勘查等措施掌握了现场痕迹、物品的特点，那么就可以根据这些特征排查出犯罪嫌疑人。

6. 体貌特征条件

犯罪嫌疑人在准备、实施犯罪行为时可能会暴露自己的一些特征如体态、身高、相貌、口音等，侦查机关只要找到目击者，就可以根据目击者提供的这些特征进行摸底排队了。

7. 知情条件

有一些犯罪行为通过犯罪现场或者被害人等可以推测出嫌疑人员可能是了解与案件有关的现场或者被害人等情况的人员，由此我们可以从了解内情、知道底细的人员中进行排查。

8. 其他条件

犯罪分子在预谋阶段、实施犯罪阶段和犯罪后逃跑阶段都有不同于正常状态下的心理，这些心理都通过行为表现出来，这就是所说的反常表现，既然有不同于正常的状态，那么侦查机关就可以通过这些反常表现排查犯罪嫌疑人，所以反常表现也是排查的条件之一。当然，除了反常表现还有其他的可以进行摸底排队的条件。

三、摸底排队的范围

摸底排队的范围指的是侦查人员寻找和发现犯罪嫌疑人的区域。

在侦查实践中，摸底排队的范围既不能太大，也不能太小，具体要根据案件侦查的情况及时进行调整。同时，摸排范围与摸排条件是两个既有区别又有联系的概念，两者的区别在于摸排条件就是犯罪条件、嫌疑根据，即侦查人员根据什么发现和确认某人的犯罪嫌疑，而摸排范围是一种空间范围或人员类型；两者的联系在于只有同时考虑条件和范围才能有效开展摸排工作。

摸底排队的范围有两个方面，即地域范围和人员类型范围。如果根据案情确定了嫌疑人员的口音、地域等特征，就可以在相同或相似地域中划定范围进行摸底排队。如果确定了嫌疑人员的身高范围、长相等个人特征，就可以在这一类人员中进行摸底排队。

划定摸底排队的范围时必须有一定的依据，具体包括：

（一）根据犯罪现场位置确定

犯罪现场所在的区域可能与犯罪人员的生活、工作等行为活动有一定的关联，有的甚至就是犯罪人生活的地方，所以进行摸底排队时应以犯罪现场具体的位置为依据来划定其范围。

（二）根据案件性质确定

案件性质反映了犯罪人侵害的社会关系，指明了犯罪人犯罪行为所指明的对象，同时也指明了犯罪人作案的动机和目的，这些都可能为排查嫌疑人员的范围提供依据。

（三）根据犯罪工具、犯罪手段及现场痕迹物证确定

很多案件都能反映出犯罪人实施犯罪行为时所使用的工具以及手段，有些甚至能直接反映出犯罪行为人的职业特征；而且有些案件根据遗留的现场痕迹和物证就能直接推测出犯罪嫌疑人的身份、体态等，进而就可以确定排查的对象范围。

（四）其他条件

除了以上几种，根据每个案件具体情况的不同，确定排查范围的依据也可能不同。

四、摸底排队的实施

摸底排队的实施具体包括以下几个方面：

（一）普遍排查

普遍排查指按照摸底排队的条件，在已划定的范围内，侦查人员逐个排查具有犯罪条件的人，从中发现犯罪嫌疑人。主要是采用两种方法：第一，通过公布案情发动群众提供线索，即在人民群众中公布案件情况，充分发动群众的积极性、广泛性，为侦查机关提供有用的线索；第二，检索犯罪情报资料排查犯罪嫌疑人，即利用建立的犯罪情报资料和依靠基层保卫组织的力量来排查嫌疑人员。

（二）查证核实

侦查人员采取定人定事、分片包干的方法收集线索、查证线索、边收集边查证，通过对各条线索的逐一查证，达到暴露犯罪嫌疑人的目的。

（三）确定重点

在普遍摸排和查证核实的基础上，将所排出的嫌疑对象和线索集中起来，根据摸排条件逐个调查核实，分析研究，缩小侦查范围，确定重点嫌疑人。

五、网上排查

（一）概念

摸底排队是通过侦查人员的走访、基层组织的工作和群众的积极配合，发现与已发案件有关的嫌疑线索，然后围绕嫌疑线索进行核实、查证、甄别和筛选，从中确定犯罪嫌疑人。这种模式在当前的侦查实践中有一定的局限性。随着信息社会的发展，利用网络进行排查的方式应用越来越广泛。网上排查是指借助于计算机技术和网络技术，应用各个信息系统，设定摸排条件，发现犯罪嫌疑人和侦查线索的方法。针对有现场可勘查的刑事案件，利用传统摸底排队侦查破案的技术已经相当成熟，但面对很多无现场可勘查或现场勘查线索鲜少的刑事案件，侦查部门一直缺少有效的应对办法，应运而生的网上排查有效地解决了这一问题。

（二）目的

网上排查的目的是通过对各类犯罪信息资源的分析研究、反复比较、数据碰撞、层层筛选，将与案件有关的各个单一的信息串联成一条相互印证的信息链，以达到缩小侦查范围，寻找破案线索和排查出犯罪嫌疑人的目的。

（三）排查范围

网上排查的范围和传统的摸底排队的范围一样，只是网上排查的范围除了案件分析确定的范围以外，主要是相应区域和相应类别的网上信息资源。

（四）网上排查的条件

除了取决于案件分析中所刻画对象的特征条件以外，还要对确定的特征条件进行信息加工并转化成相应的检索条件，然后利用这些检索条件进行网上排查。

（五）网上排查的技巧

网上排查的技巧是指要根据案件的情况巧妙地设计相应的检索查询策略，并利用这种策略确定相应的检索路径。

项目三　调查询问

【案例导入】

【引例 4－3】某年 1 月 22 日上午 9：00 左右，江苏省某市公安局接报：本市洁湖路西北角一池塘中发现两只分别盛有人体四肢和上躯干的麻袋。经现场勘查：现场位于市城郊结合部，池塘南侧临靠洁湖公路；尸体四肢被分解，和上躯干分别装在两只标有“糖　广东省番禺制”的灰色麻袋中。

法医检查结果表明：被害人为男性，年龄在 30～35 岁左右，身高 172 厘米，系被人用钝器猛击头颅后部致死，死亡时间为 3～4 天，尸块及麻袋血样血型均为 O 型。

为此，市公安局立即采取措施：利用市电视台播出查找无名尸体的通告；在全市内寻找失踪人和排查疑人疑事，并通报周围有关县（市）公安局，请求协查；提取尸体十指指纹；对现场提取的广东省番禺糖袋开展查证工作。

1 月 25 日，在上报失踪的 23 人中，通过血型、指纹、照片，认定死者叫黄志根，男，33 岁，身高 171 厘米，离异，单身居住在本市劳动巷 8 弄 5 号。曾因伤害罪被判处刑罚，刑满释放后在本市某机械厂上班，半年后辞职，其后一直在本市东关桥证券市场从事债券、票据等黑市交易活动。

【工作导向】

一、案例导读

本案中，通过现场勘查和物证检验，侦查人员对案件性质及被害人情况有了初步了解。但也存在许多问题需要进一步收集材料，并加以分析研究，如：

黄志根的被害系财杀、情杀？还是仇杀？犯罪分子系何人？是熟人还是生人作案？是一人作案还是合伙作案？犯罪分子是被害人狱友还是从事黑市证券交易的人员？犯罪分子是如何具体实施杀人行为的？又是如何从预谋到杀人到分尸到抛尸的？证实犯罪分子实施杀人行为的证据有哪些？

上述问题有待解决，如何进一步查明案情？从现有的资料来看，及时开展调查询问工作是必须采取的侦查措施。

二、问题思考

调查访问作为一项基础性的侦查措施，其在侦查中的地位和作用如何？在侦查实践中，针对不同的访问对象，如何有效地开展调查访问工作？

【学习领域】

一、调查询问的概念

调查询问又称为调查访问或访问，是指侦查人员为发现侦查线索，收集犯罪证据，查明案件事实，依法向知晓案件情况的人员查证案件有关问题的一项侦查措施。

调查询问是一项专门的调查活动，体现为在侦查工作中走群众路线的工作方法，是获取犯罪线索和证据的主要渠道，贯穿于案件侦查的始终。

二、调查询问的对象及内容

在侦查实践中，调查询问工作非常复杂，工作量大，涉及社会的各个方面，而调查询问对象的情况也十分复杂，询问的内容也会因对象的不同而有所侧重。总的来说，侦查活动中调查询问的对象及内容体现为：

（一）现场勘查中访问过的一些对象

现场勘查中访问过的一些对象主要指现场周围的群众、事主、被害人及其亲属、知情人等。询问的内容主要是对其在现场访问时所陈述的内容有何修改或补充。

（二）举报人

举报人是指那些直接向侦查机关检举揭发犯罪人的知情群众、同案犯等。对其询问的内容主要是：举报材料的来源、举报的犯罪事实及根据、与被举报人的关系等。

（三）发案单位或地区的有关负责人、基层保卫干部和辖区派出所民警

侦查人员还可对发案单位或地区的有关负责人、基层保卫干部和辖区派出所民警

进行询问，对其询问的主要内容有：发案单位或地区的治安状况、刑事犯罪活动的规律或特点、重点人口和刑事犯罪嫌疑分子的情况以及他们和群众对发生案件的各种反应等。

（四）有关问题的专业人员

侦查人员主要是向专业人员询问相关技术性问题，即对侦查活动中可能涉及的某些专业问题，侦查人员应及时向具有相关方面专业知识的人员请教，如某种现象的形成原因，某种物品的名称、制作工艺、产销及使用范围，某种痕迹所反映的职业范围、熟练程度等。

（五）嫌疑对象

侦查人员向嫌疑对象询问的内容主要是：案发时间内的行踪去向及证明人等。侦查活动中，为弄清某人是否具备作案嫌疑，也可以对其采取调查询问的方式，但因对象身份特殊，在调查询问前，应尽可能掌握对象的一些基本情况，如性格、爱好、特长、经济状况、交往关系、有无前科等，以确保询问的开展。

（六）其他知情人

侦查人员主要是对其他知情人所了解的案件的某些情况进行询问。

三、调查询问的方式

（一）依据调查询问的任务不同，分为公开调查询问和秘密调查询问

1. 公开调查询问

公开调查询问是侦查人员以公开的身份，直接与被访问人接触，询问与案件有关情况的一种询问方式，如对事主、被害人及其家属、与案件无利害关系的知情人的询问，多采用此种方式。在侦查实践中，公开调查询问一般采用走访、查询、诘问、个别询问、集体座谈等形式对被访问人开展询问。

2. 秘密调查询问

秘密调查询问是侦查人员在不暴露身份和侦查意图的情况下所进行的调查询问，是针对访问对象和询问内容的特殊性而采取的一种访问方式，如对嫌疑对象、与案件存在利害关系的知情人的询问，可采用此方式进行询问。在侦查实践中，秘密调查询问主要有两种形式：一是侦查人员隐蔽自己的真实身份和侦查意图，直接与被询问对象接触，了解与案件有关的情况；二是侦查人员不露面，物色适当人员与被询问对象接触，间接了解与案件有关的情况。

（二）依据调查询问对象的不同，分为询问证人、询问被害人和询问相关人员

1. 询问证人

询问证人是指侦查人员通过与证人的谈话或问话来了解案件情况的一项侦查措施。依据有关法律规定，证人是指知道案件情况并提供证言的人。在侦查实践中，对证人的询问必须个别进行，以避免证人间相互影响，同时在询问中必须向证人讲明法律责任并制作询问笔录。

2. 询问被害人

询问被害人是指侦查人员通过与被害人的谈话或问话来了解案件情况的一项侦查措施。依据有关法律规定，被害人是指人身权利、财产权利以及其他权益遭受犯罪行为侵害的自然人或单位。在侦查实践中，大部分刑事案件都存在被害人，他们是犯罪行为的直接受害者，对犯罪分子实施犯罪的时间、地点、手段、过程、危害后果等情况，往往了解得比较清楚、具体，有的甚至可以直接指认犯罪嫌疑人，这对侦查人员判断案件性质，确定侦查方向和范围，收集、核实证据，揭露和证实犯罪事实都有十分重要的意义。询问被害人必须制作询问笔录。

3. 询问相关人员

询问相关人员是指侦查人员为了解案件有关情况而与相关群众所进行的一般性访谈。这种访谈往往是非正式的询问，不具有法律效力，一般不制作询问笔录，可视情况做访谈笔记，但不能作为诉讼证据使用。在侦查实践中，询问相关人员和询问证人并不是孤立的，一般来说，侦查人员都是先询问相关人员，如果发现询问对象了解某些案情，而且有提取证言的必要，侦查人员就会做他们的工作，让其以证人的身份提供证言并制作询问笔录。如果没有发现有价值的情况，这种访谈则即时结束。

四、调查询问的实施

（一）了解基本案情

调查访问前，侦查人员应该了解本案已有的材料，如案件发生的时间和地点、案件的性质和后果、作案人可能具有的特征，以及有关证据的情况等。这样，当侦查人员面对访问对象时，就知道如何开展询问工作；知道问什么、怎么问；知道哪些内容应简单了解、哪些内容应详细了解，哪些情况应正面了解、哪些情况应侧面了解，哪些问题需要通过访问查证核实、哪些问题需要通过访问拓展线索等。

（二）了解访问对象的基本情况

侦查中的调查访问是侦查主体和询问对象之间一种特殊形式的思想交流，询问对象在询问中起着极其重要的作用，其既可能起积极的作用，也可能起消极作用。因此了解询问对象的基本情况是双方合作的关键之一，是确定询问方式、方法及策略的基础。侦查人员了解询问对象的基本情况，主要包括询问对象与本案的关系和询问对象的个人情况两方面的内容。

（三）确定合适的询问时间和地点

《刑事诉讼法》第122、125条规定，侦查人员的询问可以在现场进行，也可以到询问对象所在单位、住处或者询问对象提出的地点进行，在必要的时候，可以通知询问对象到人民检察院或者公安机关提供证言。

上述规定只是对询问的时间、地点作了概括的表述，具体操作时，对询问时间和地点的选择还应考虑以下因素：对询问时间要考虑询问对象是否方便或有空、询问对象情绪是否稳定、询问对象精力是否充沛等，对询问地点要考虑是否有利于保密、是否比较安静不易受外界干扰、是否有利于询问对象无拘无束地谈话等。

（四）拟订询问提纲

调查访问中，侦查人员往往要询问多名对象，由于询问对象个人情况不同，与案件关系不同，接受询问时的心理状态不同，因而，侦查人员了解案情的侧面与角度不同，询问的内容、方式各有差异。为防止工作中张冠李戴、相互混淆，保证询问工作有计划地进行，侦查人员在询问之前，应先拟订一个简要的询问提纲，包括：询问的目的、要求，询问的主要内容及侧重点，询问的方式、方法，询问中可能出现的问题及解决的办法等。对于特别重要的证人，事前还应制订出详细的书面计划，以提高询问的效率。

（五）注意询问时的仪表神态

仪表神态是人体的身体语言，是无声的，合适的仪表神态能促进询问对象对侦查人员及其工作的理解和支持。询问中要注意衣着、礼节，做到以礼相待、以诚相待。

（六）注意使用合适的询问语言

调查访问工作是以语言为媒介的。文明语言给人以礼貌、诚挚、平等的感觉；态度生硬、语言粗俗，容易使人反感、不愿交谈；此外，语音、语调、语速等也是要考虑的因素。询问中，侦查人员用语合适，便可以控制询问的气氛，使询问对象感到没有拘束，同时又认真对待。还可以防止询问出现僵局，推动询问对象提供情况。

（七）稳定询问对象的情绪

当询问对象是案件的被害人及其亲属时，他们因遭受犯罪分子的袭击，身心或财产受到伤害，往往情绪紧张，思想混乱；询问对象是犯罪嫌疑人或是其亲属时，因怕事情败露，受到刑罚处罚，往往心里恐惧、矛盾；询问对象是一般证人时，遇有侦查人员来访，容易产生警惕、戒备心理。所以，侦查人员应根据询问对象的具体情况选择合适的话题，稳定询问对象的情绪，打破开始接触时的生疏、拘谨、紧张局面，创造无拘无束的询问气氛，并且做到态度和蔼、平等待人、语言文明、尊重询问对象的人格和风俗习惯。

（八）消除询问对象的思想障碍

调查访问要接触不同的对象，不同对象有不同的思想和态度，针对询问对象的思想障碍，侦查人员要做好化解工作，使询问对象由消极变为积极，由被动变为主动。

被害人和家属一般能积极提供情况，但由于身心受到打击，情绪偏激，容易夸大某些事实；或受犯罪分子威胁，不敢吐露真情；或为了掩盖个人隐私或过错而谎报案情。知情人中往往存在多一事不如少一事，担心受到报复、背负责任的思想。其他还有对犯罪分子存在恻隐之心、有报恩思想、“义气”用事的；有出于自身利益而企图回避矛盾的；有贪图财物的；有出于某些宗教信仰不愿意配合询问工作的。这些都有碍于询问的顺利进行。

针对调查访问中出现的上述情况，侦查人员应首先分析确定询问对象存在何种思想障碍，然后探究导致这种思想障碍的根源，对症下药，一方面端正态度，加强与询问对象的沟通交流，另一方面加强对询问对象的思想教育，启发其正义感和社会责任感，消除其思想障碍，使其配合询问工作。

（九）促使询问对象回忆情况

调查访问所了解的问题多是询问对象曾经感知的事物，由于间隔时间较长，或询问对象记忆力较差，有的问题往往记忆不清、相互混淆。为帮助询问对象再现事情发生的过程，侦查人员可以寻找一定的线索，使用接近回忆、相似回忆、对比回忆、关系回忆等方法，挖掘询问对象的记忆潜力，促进其回忆有关案件事实和情节。需要注意的是，推动记忆与引诱、暗示有本质的区别，询问中，不可混淆两者，借推动记忆之名，施引诱、暗示之实。

（十）侦查人员必须遵守的法律法规

调查访问必须依法进行。这主要是指侦查人员在询问前必须出示证明文件，询问应当个别进行，询问前告知询问对象应当如实提供证据、证言，并说明作伪证或者隐瞒罪证应负的法律责任，不得采取威逼、引诱或者欺骗等手段，询问应当制作笔录。

总之，调查访问是一项十分复杂的工作，案件不同，对象不同，条件不同，方法不同，询问的效果也就不同。实践中，侦查人员应根据案件的具体情况，因案制宜，达到查明案件事实，揭露和证实犯罪的目的。

五、调查询问记录

调查询问时必须制作调查询问记录。

公开调查询问被害人、证人时必须按照法定要求制作调查询问记录，记录主要采用笔录的形式，如有必要和条件，也可以同时进行录音，但不能只录音而不做笔录，录音只是笔录的辅助手段。

秘密调查询问时不能制作记录，应由侦查人员事后将秘密调查所得到的情况写成书面报告，装入侦查卷存档备查，但不能作为证据使用。

调查询问笔录的内容与制作可参见《司法文书写作》。

项目四　侦查讯问

【案例导入】

【引例 4－4】刘某，28 岁，汉族，吉林省吉林市人，文化程度为大专，无前科，系吉林市某厂工人，住吉林市某区大东厂×号。刘某于 20××年 8 月 17 日上午 9:00 因涉嫌盗窃被拘传。嫌疑根据有三点。第一，该厂财会室金库（简易铁柜）于 8 月 17 日 00:00 至 1:00 被撬开，被盗走现金 1 030 元。刑侦部门在铁柜门上侧提取指纹一枚，经比对鉴定，系刘某左手食指指纹，但何时所留不能确定。第二，经调查在案发当夜，在车间工人王某家，刘某和王某、李某、张某一起玩麻将，据王、李、张证实：刘某当夜 00:03 左右从王家出来说回家，一点零几分到家。经侦查实验得知，从王家到刘家经过其厂大门前共需约 21 分钟，其间约有 40 分钟去向不明，刘某具有作案时间。第三，据值班人员称，00:45 左右，在值班室透过玻璃窗看到一人从财会室后窗临街的小胡同走过，未看清其脸庞，但着装和走路姿势与刘某很像。

【工作导向】

一、案例导读

本案中，我们需要通过侦查讯问来确定犯罪嫌疑人是不是刘某。

案中刘某具有重大的作案嫌疑。如需要确定刘某的嫌疑，则要弄清楚两个问题：一是所提取的刘某左手食指指纹是否为其作案时所留；二是案发时刘某约有 40 分钟去向不明，他究竟干什么去了。

为了弄清楚上述问题，我们可制定这样的策略。对刘某的材料掌握得较少，刘某留在铁柜门上侧的指纹尚不能作为定案的根据，但刘某有重大嫌疑。据此，在开始审讯时，不宜直接提问，而应采取以间接迂回为主的审讯方法，应在其未察觉到讯问方向（指纹何时所留以及案发期间40分钟去向不明是否属实）和讯问路线（先审指纹，后审时间）的情况下攻坚。攻坚时抓住“40分钟的去向”这个突破口并适时出示指纹照片，穷追不舍。

根据上述策略，对刘某的审讯可分三步，以达到审讯的目的。第一，问清有关情况，弄清他的态度，让他陈述前一天和当晚的活动情况，从中了解他如何供述指纹和占有时间的问题。第二，在他供述之后，围绕指纹遗留时间及是否具有作案时间这两个关键性问题进行追讯。提问时，对何时遗留指纹问题不能直接提问，而应间接提问。第三，攻坚即追讯核心问题，要明确刘某在案发期间的40分钟里的去向，并辅以政策攻心，适时出示证据，直至追破为止。

二、问题思考

侦查讯问是侦查办案的重要手段和措施，有效地开展侦查讯问对于查清案件具有至关重要的意义，在侦查实践中，应该怎样实施和利用侦查讯问的策略与方法，以保障侦查讯问的顺利开展并获取犯罪嫌疑人供述？

【学习领域】

一、侦查讯问的概念

侦查讯问即讯问犯罪嫌疑人，是指侦查人员为了查明犯罪嫌疑人的行为是否构成犯罪和犯罪情节的轻重而依法对其进行的一种面对面的审查活动。

侦查讯问是侦查活动进行到一定阶段时所必须经历的一项重要程序，凡侦查机关办理的刑事案件，除犯罪嫌疑人死亡外，必须对犯罪嫌疑人进行讯问，以查清案件的全部事实真相，完成案件侦查的全部任务。

二、侦查讯问的作用

侦查讯问作为一项重要的侦查措施，具有其他侦查措施所不能代替的作用，从侦查实践来看，侦查讯问的作用主要体现为：

（1）获取犯罪嫌疑人供述和辩解这一法定证据；

（2）有利于及时发现和弥补错拘、错捕现象，确保无罪的人不受刑事追究；

（3）有利于检验其他证据的真实性；

（4）有利于查清案件事实，确保办案质量；

（5）有利于对犯罪嫌疑人进行教育转化；

（6）有利于深挖侦查线索，扩大战果；

（7）有利于收集犯罪资料，掌握犯罪动态，提高侦查机关的战斗力。

三、侦查讯问的准备

侦查讯问是一场复杂尖锐的面对面的斗争，认真做好讯问前的各项工作，可确保询问活动的顺利进行。在讯问开始前，必须做好以下几方面的准备工作。

（一）组织讯问力量，选择讯问场所

讯问前，应根据案件的性质、难易程度和犯罪嫌疑人的情况以及侦查人员的具体

情况，选配好能胜任讯问任务的侦查人员；根据《刑事诉讼法》的规定，由两名以上侦查人员进行讯问，除出于讯问策略的需要或出现侦查人员应予以回避的情况或其他意外情况外，一般不宜在讯问中途变换侦查人员，以确保讯问的连续性；讯问聋、哑、不通晓当地语言文字的犯罪嫌疑人，应当配备通晓聋、哑手势和当地语言的翻译人员；讯问女性犯罪嫌疑人时，应有女侦查人员参加。

讯问场所的选择会对讯问时的气氛产生重要的影响，甚至影响讯问活动的开展，因此，要选择好讯问场所，既要求庄严，又要求安全、安静，确保讯问不受外界干扰。

（二）全面熟悉案情

熟悉案情是讯问准备工作的核心。讯问前，侦查人员应全面了解案件情况和证据情况，以了解和分析犯罪嫌疑人心理，正确制订和实施讯问计划。熟悉案情包括掌握如下内容：犯罪嫌疑人的基本情况、案件的基本情况、证据和有关材料的基本情况。如涉及专门技术知识，还应进行必要的学习了解或请求有关专家指导等。

（三）研究犯罪嫌疑人心理

分析和了解犯罪嫌疑人心理是正确制订和实施讯问计划的重要前提和依据。

（四）制订讯问计划

在全面熟悉案情和了解犯罪嫌疑人心理的基础上，应制订切实可行、周密细致的讯问计划，以保证讯问工作有计划、有步骤地进行。

四、侦查讯问的程序和内容

在侦查实践中，通常把第一次讯问称为初审，第二次及其以后的继续讯问统称为续审。

侦查中的初审具有讯问过程上的初始性和讯问时限上的紧迫性，对收集证据、突破案情和防止错拘、错捕以及侵犯人权等都具有重要作用。因此，我国《刑事诉讼法》对初审的程序作了严格的法律规定，使第一次讯问的步骤和内容相对稳定并程式化，操作性比较强。这里我们主要阐述第一次讯问的程序。

（一）讯问犯罪嫌疑人的基本情况

初审的第一步是讯问犯罪嫌疑人的基本情况，内容包括：姓名、化名、曾用名、出生年月日、住址、民族、职业、工作单位、文化程度、家庭情况、社会关系、个人简历、有无前科和精神病等，重点是要查清犯罪嫌疑人的年龄、有无前科和精神病。

（二）宣布讯问的有关情况

初审的第二步是向犯罪嫌疑人宣布侦查讯问的有关情况，内容包括：实施侦查讯问主体的有关情况、侦查讯问的依据和要求、告知犯罪嫌疑人在讯问中的权利和义务等。

（三）讯问犯罪嫌疑人是否有犯罪行为并听取其对有罪的供述或无罪的辩解

初审的第三步是讯问犯罪嫌疑人是否有犯罪行为，同时听取其对有罪的供述和无罪的辩解，这既是讯问的策略要求，也是保障犯罪嫌疑人诉讼权利的行使。侦查讯问是一项系统工程，在讯问之初，既要切忌就某一具体犯罪事实直接讯问，以免暴露侦查意图，也要让犯罪嫌疑人有充分的时间作供述或辩解。

（四）进行具体提问

初审的第四步是向犯罪嫌疑人进行具体的提问。这是初审的核心，也是最关键的一步，侦查人员必须在前三步，特别是在听取犯罪嫌疑人供述或辩解的基础上，结合讯问计划，有目的地进行实质性的讯问，巧妙地运用讯问策略和方法推动侦查讯问活动向纵深发展，以实现讯问目标。

（五）结束讯问

经过之前的讯问，侦查人员对犯罪嫌疑人的认罪态度、所犯罪行情况已有了一些基本的了解，结合讯问计划，当初审讯问达到预期目标时，应当适时结束讯问。结束讯问时，除要履行和完备各种法律手续外，还要肯定或批驳犯罪嫌疑人认罪或抗拒的态度，明确提出问题，责令其继续反省，为下一步讯问打好基础。

五、侦查讯问的策略与方法

（一）侦查讯问的策略

侦查讯问策略是指侦查主体实施侦查讯问的计策和谋略，即侦查人员为了实现一定的讯问目标，在法律允许的范围内，根据讯问的具体条件，结合有关科学原理和实践经验所运用的最有效的行动方式。

使用讯问策略的目的在于使侦查人员能始终处于讯问的主导地位，克服犯罪嫌疑人设置的种种障碍，以取得真实可靠的口供。讯问策略具有法律性、科学性、隐蔽性、综合性和计谋性等特点。

侦查讯问是一种带有对抗性的特殊的人际交往活动，在这种对抗性的活动中，为了争取主动，必然要采取适当的策略。在侦查实践中，讯问策略有很多，主要有攻心型、震慑型、调动型和利用型的策略类型，其中常用的讯问策略方式有攻心夺气、重点突破、迂回渐进、避实击虚、欲擒故纵等。

（二）侦查讯问的方法

侦查讯问方法是指侦查讯问人员为实现讯问目标而针对犯罪嫌疑人进行具体讯问的有效措施和手段，具有战术性、直接性、技巧性和灵活性等特点。

在侦查讯问中，应根据案件及讯问对象的具体情况选择和使用讯问方法。讯问犯罪嫌疑人最基本的方法主要有三种：

1. 说服教育法

说服教育法是指侦查人员在讯问中通过法律、政策、形势、前途和道德教育，促使犯罪嫌疑人弄清是非界限和权衡利弊得失，达到转变思想，消除对立，如实供述罪行的一种讯问方法。

说服教育具有较强的政策性和思想性，有消除对立、增进信任、转变观念、唤起良知、促其坦白、确保侦查讯问活动顺利开展的作用，是侦查讯问中最基本、使用最广泛的一种讯问方法，贯穿侦查讯问活动的始终。

说服教育的内容主要有：法律教育、政策教育、前途形势教育和伦理道德教育等。

说服教育的方法主要有：疏导法、例证法、激励法、利害选择法和规劝法等。

2. 使用证据法

使用证据法是指侦查人员在讯问中有计划、有步骤地使用已获取的证据揭穿犯罪嫌疑人的狡辩和虚假的供述，打消其抗拒的心理，促使犯罪嫌疑人如实供述罪行的最有效的讯问方法。

侦查讯问中使用证据，对消除犯罪嫌疑人拒供、伪供心理，打击犯罪嫌疑人的嚣张气焰，突破讯问僵局，迫使犯罪嫌疑人纠正虚假供述，如实交代所犯罪行等具有重要作用。

使用证据讯问法要把握好讯问时机，讯问过程中出示证据的时机主要有：犯罪嫌疑人思想动摇时，犯罪嫌疑人的陈述自相矛盾时，犯罪嫌疑人避重就轻、妄想蒙混过关时，犯罪嫌疑人翻供、乱供时，犯罪嫌疑人自以为是、气焰嚣张时等。

使用证据讯问的方式有：口头表述证据，直接出示证据，宣读并出示证据，播放录音、录像，对质、指认等。

使用证据讯问的方法有：直接出示、间接出示、暗示出示、点滴出示、连续使用和补充使用等。

3. 利用矛盾法

利用矛盾法是指侦查人员在讯问中利用犯罪嫌疑人因编造谎言使口供出现的矛盾和同案犯之间在利害关系上的矛盾，拆穿犯罪嫌疑人的谎言和狡辩之词，离间同案犯的关系，打消其抗拒的心理，促使犯罪嫌疑人如实供述罪行的讯问方法。

利用矛盾讯问法对于分化瓦解犯罪嫌疑人的心理防线和攻守同盟，确保讯问、查证工作的开展，保障无罪的人不受刑事追究具有重要意义。

在侦查讯问过程中，可供利用的矛盾有：犯罪嫌疑人口中的矛盾、同案犯之间利害关系上的矛盾、犯罪嫌疑人心理上的矛盾。

利用矛盾讯问的前提是发现矛盾，侦查讯问中发现矛盾的途径有：审查案卷发现矛盾，通过侦查讯问发现矛盾，通过查证发现矛盾，通过观察分析发现矛盾，通过科学技术鉴定发现矛盾。

利用矛盾讯问的方法主要有利用犯罪嫌疑人口供矛盾的方法和利用同案犯利害关系矛盾的方法。其中利用犯罪嫌疑人口供矛盾的方法体现为借题驳斥法、事实驳斥法和证据驳斥法，利用同案犯利害关系矛盾的方法体现为直接利用法和间接利用法。

六、侦查讯问记录

侦查讯问记录是侦查人员用文字或录音、录像等方法对讯问内容所作的记录。

讯问犯罪嫌疑人必须制作讯问记录。讯问记录应客观详细地记载侦查人员的提问和犯罪嫌疑人的供述、辩解，反映出整个讯问过程。

侦查讯问记录分为侦查讯问笔录、侦查讯问录音和侦查讯问录像等。讯问笔录是讯问记录的主要形式，也是一种法律文书和证据，侦查人员应当确保讯问内容的准确性、全面性和合法性。犯罪嫌疑人具备书写能力、愿意书写亲笔供词的，侦查人员可以让其书写亲笔供词。除了制作讯问笔录外，凡是有条件的，一般应同时进行录音录像。

侦查讯问笔录的内容和写法可参见《司法文书写作》。

项目五　公开搜查

【案例导入】

【引例4－5】2011年5月2日上午，赣州市章贡区文明大道164号2栋3单元602室发生入室抢劫杀人案，在此居住的江西齿轮箱厂退休职工朱利珍（女，60岁）被犯罪分子用绳索勒死在家中，室内2万元现金和1枚黄金戒指、1枚铂金戒指、1个银手镯、一把儿童“长命锁”、一本5万元的存折被盗走。

在侦查过程中，死者儿子薛刚提到了一个人，此人是其在服刑期间的九江牢友唐军，今年22岁，曾因抢劫入狱，释放后到赣州做生意，曾找过薛刚，现住在章贡区大公路121号。

侦查人员迅速赶到犯罪嫌疑人唐某住处将其抓获，并进行了搜查工作。

【工作导向】

一、案例导读

本案中，首先要明确搜查的对象即嫌疑人唐军的情况，如个人情况、居住条件等，以便制订有效的搜查方案；其次是要明确搜查的任务，主要是指搜查赃款赃物，以便获取罪证。

二、问题思考

在侦查实践中，如何做到有效地搜查以保障实现搜查的目的？

【学习领域】

一、公开搜查的概念

公开搜查是指侦查人员为了收集证据，查缉犯罪嫌疑人，依法对犯罪嫌疑人的人身、物品以及可能隐藏犯罪嫌疑人或者犯罪证据的住处和其他有关场所进行搜索和检查的一项侦查措施。

公开搜查的对象是犯罪嫌疑人的人身和场所，但又并不局限于犯罪嫌疑人的人身和住处，凡是有可能藏匿罪证或犯罪嫌疑人的场所都可能成为公开搜查的对象。

实施公开搜查多在拘留、逮捕犯罪嫌疑人的同时进行，有时也在实施这两项措施的前后进行。对不需要采取逮捕、拘留措施的，侦查机关根据案情的发展和案件侦查的需要，也可以搜查。

二、搜查的目的

（一）发现主体现场

在杀人移尸、抛尸、碎尸案件及绑架人质等案件中，可以通过搜查的方法来发现和确认作案人实施犯罪活动的主体现场或第一现场，进而发现、提取更加丰富的犯罪线索和证据，为破案提供基础。

（二）查获犯罪嫌疑人

通过对可能藏匿犯罪嫌疑人的各种室内建筑场所，室外、野外露天场所的搜查，有时可以直接查获犯罪嫌疑人。

（三）获取犯罪证据

发现犯罪嫌疑人后，可通过搜查来发现各种犯罪工具、痕迹、物品和赃物等罪证。

（四）扩大侦查线索

通过搜查，有时不仅可以发现本案的侦查线索，还可以发现其他案件的侦查线索。

三、搜查的组织实施

公开搜查既是一项重要的侦查措施，又是一项涉及公民个人人身权利的措施，在具体实施时既要迅速、准备充分，又必须严格依法进行。

（一）做好搜查前的准备工作

（1）确定搜查目标。

（2）了解搜查对象。

（3）制订搜查计划和行动方案。

（4）做好搜查的物质准备。

（5）办理好搜查的法律手续。

（二）实施搜查

根据法律法规的规定，进行搜查的主体只能是侦查机关的侦查人员。

搜查时应出示搜查证，但在侦查人员执行逮捕或居留时，遇有紧急情况不出示搜查证也可以进行搜查，依据《公安机关办理刑事案件程序规定》第219条规定，紧急情况指：可能随身携带凶器的，可能隐藏爆炸、剧毒等危险物品的，可能隐匿、毁弃、转移犯罪证据的，可能隐匿其他犯罪嫌疑人的，其他突然发生的紧急情况。

搜查应由两名以上侦查人员负责进行，搜查妇女的身体应由女性工作人员进行。

搜查时应有被搜查人或其家属、邻居或其他见证人在场，如果到被搜查人的单位进行搜查，应邀请所在单位的代表在场见证。

在搜查中发现的与案件有关的各种物品和文件，均应依法扣押。

（三）制作搜查笔录

搜查结束后，应及时做好有关人员、场所、物品或文件的善后处理工作。搜查的情况应当写成搜查笔录，并由侦查人员和被搜查人或其家属、邻居或其他见证人签名盖章，如果被搜查人或其家属拒绝签名盖章，应当在笔录中注明。

四、搜查的方法

（一）人身搜查的方法

人身搜查是指侦查人员为查找犯罪证据而依法对犯罪嫌疑人或可能隐藏犯罪证据的人的身体进行的搜索、检查。

在对犯罪嫌疑人的住处进行搜查或拘捕犯罪嫌疑人时，通常要对犯罪嫌疑人的身体进行搜查，其目的是从被搜查人身上及其随身携带的物品中发现犯罪证据或侦查线索。

进行人身搜查时，要防止被搜查人反抗、逃跑、自杀、行凶报复，必须时刻提高警惕。具体搜查时要做到：设法让被搜查人在失去反抗能力的情况下进行搜查，做好警戒工作，搜查按自上而下、由外及里的顺序进行。

对被搜查人随身携带的物品进行搜查时，也要像搜查人身那样做好警戒工作，特别是不能让犯罪嫌疑人自行打开箱包或其他物品，以防犯罪嫌疑人突然袭击或发生其他意外情况。

（二）室内场所的搜查方法

室内场所搜查是指侦查人员为了收集犯罪证据、查获犯罪嫌疑人，而对可能隐藏犯罪嫌疑人或者犯罪证据的室内场所等地方进行的搜索、检查。室内场所搜查是搜查中一种较有难度的类型，主要是因为室内场所的形式多种多样，其中以住所搜查最为常见。

对场所进行搜查，应视场所的具体情况和搜查的目的来确定搜查的顺序和重点。搜查人员到达搜查地点后，应根据场所的特点，立即布置警戒人员，断绝被搜查场所与外界的联系。除搜查时应在场的人外，场所内其他人员都应集中一处，不得随意走动和交谈。正式搜查开始前，搜查人员应先巡视搜查场所，以便进一步了解建筑结构和室内布局，为确定搜查路线和顺序提供依据。如果是多人搜查，应明确每个人负责的部位或区域，以免遗漏或重复。

室内场所搜查的基本要求是全面彻底，具体案件的情况不同，搜查的重点和方法也有所不同。另外，还应考虑以下因素：一是搜查的任务，搜查的任务是查找犯罪嫌疑人还是犯罪证据，两者的搜查重点有所不同；二是搜查场所的特点，不同的室内场所其结构和布局也不同；三是案件的性质，如杀人案件中搜查的重点是杀人工具等、盗窃案件中搜查的重点是赃款赃物等、贪污案件中搜查的重点是账单账册等。

另外，对场所的搜查要和对被搜查人及其家属的思想教育和政策教育结合起来，当搜查取得初步结果时，这种教育工作往往能促使被搜查人或其家属交出尚未被发现的物证。

（三）室外场所的搜查方法

室外场所搜查是指侦查人员为了收集犯罪证据、查获犯罪嫌疑人，而对可能隐藏犯罪嫌疑人或者犯罪证据的有关露天场所等进行的搜索、检查，亦称为露天场所的搜查。

搜查室外场所，首先必须明确搜查范围，即在多大区域内进行搜查。正确确定搜查范围应当注意两点：一是犯罪嫌疑人的供述或其他知情人的陈述；二是现场环境，指搜查现场与周围的构造布局及自然环境。

室外搜查要根据室外地形复杂程度等特点和具体环境，在确定的搜查范围内，制订分片分段搜查的具体方案，定人定点包干有序地进行搜查。搜查时，可采用螺旋式、发射式、条幅式等不同的方式。

另外，对室外场所的搜查，还要注意对地下埋藏物品的观察和搜查，特别要注意新翻动的泥土、变动过的物堆，必要时借助工具和仪器试探或利用警犬搜索。搜查中要对发现的罪证物品连同被搜查人或其家属进行拍照固定。

五、搜查中物品的扣押与搜查笔录

（一）搜查中物品的扣押

在搜查中发现的可以证明犯罪嫌疑人有罪或无罪的各种物品、文件均应扣押。扣押物品应当填写“扣押物品清单”，说明扣押的物品名称和数量，清单一式两份，由侦查人员、物品持有人和见证人分别签字或盖章，一份交物品的持有人，一份附卷备查。扣押的物品和文件要妥善保管，不得遗失和损坏。对需要扣押又不便即时提取的物品，应予以封存或责令持有人暂时保管，并拍照附入案卷。

（二）搜查笔录

搜查时应当制作搜查笔录，其内容和写法详见《司法文书写作》。

项目六　查封、扣押

【案例导入】

【引例4－6】某年12月3日凌晨2点多，巡警小张和小李巡逻至某市五一路立交桥下时，发现一男子推着一台摩托车，形迹可疑，小张和小李遂分别从两个方向向该男子包抄、控制和实施人身搜查，当场从该男子身上搜查出起子、扳手、钳子和匕首各一把，缴获刚盗窃的摩托车一台。小张和小李扣押了这些物品，并将该男子带回派出所审查，发现该男子系正在实施盗窃的惯偷。

【工作导向】

一、案例导读

在侦查实践中，查封、扣押往往与搜查一起使用，搜查是为了寻找、发现证据，而查封、扣押则是为了保全这些证据。本案中巡警小张、小李对发现的男性犯罪嫌疑人实行搜查，获得了起子、扳手、钳子、匕首和摩托车等物品，并对其实施了扣押。

二、问题思考

在侦查实践中，如何实施查封、扣押？

【学习领域】

一、查封、扣押的概念

查封、扣押，是指侦查机关依法向持有人强制提取、留置同案件有关的财物、文件的一项侦查措施。

查封、扣押的目的是为了保全证据，保证公私财物不受损失。查封、扣押通常是在搜查和现场勘验检查过程中进行的，有时也可单独进行：一是侦查人员根据案情需要，直接向持有人调取有关财物、文件；二是侦查人员认为需要扣押犯罪嫌疑人的邮件、电报时，可依法定程序执行扣押。

二、查封、扣押的法律程序

（一）查封、扣押的审批

（1）在现场勘查或搜查中需要扣押财物、文件的，由现场指挥人员决定。

（2）扣押犯罪嫌疑人的邮件、电子邮件、电报等，应当经县级以上公安机关负责人批准。

（二）查封、扣押的范围

根据《刑事诉讼法》第139条的规定，在侦查活动中发现的可用以证明犯罪嫌疑人有罪或者无罪的各种财物、文件，应当查封、扣押；与案件无关的财物、文件，不得查封、扣押。

但是，侦查人员如果在勘查、搜查过程中发现违禁物品，不论是否与案件有关，都应予以扣押。在侦查实践中，扣押的范围具体包括：

（1）搜查中发现的一切可以用来证明被搜查人有罪或无罪的各种财物和文件；

（2）被搜查人主动交出的与犯罪有关的财物和文件；

（3）可用来补偿因犯罪行为而造成损失的现金、有价证券、不动产等各种财物；

（4）违禁物品及国家法律规定不允许个人使用、持有的物品和文件；

（5）在现场勘查和搜查过程中所发现的财物、文件是否与案件有关暂时无法确定，则先行扣押，待查清后再作处理；

（6）可能与犯罪有关的犯罪嫌疑人的邮件、电子邮件、电报等。

另外，有时在人身搜查中发现的一些财物、文件虽然与犯罪无关，但应暂时扣押，待结案以后再作处理，如从犯罪嫌疑人身上搜出的香烟、打火机、钥匙等物品。

（三）查封、扣押的执行

（1）执行查封、扣押财物、文件的侦查人员不得少于两人，并应持有有关法律文书或者侦查人员的工作证件。

（2）执行查封、扣押财物、文件时，应有与本案无关的人作为见证人在场见证。

（3）对于查封、扣押的财物、文件，侦查人员应当会同在场见证人和被查封、扣押的财物、文件持有人查点清楚，并当场开列查封、扣押清单一式三份，在场三方应当在清单上签名，一份交持有人，一份交给公安机关保管人员，一份附卷备查。对于无法确定持有人的财物、文件或者持有人拒绝签名的，侦查人员应当在清单中注明。

（4）对作为犯罪证据但不便提取的财物、文件，经登记、拍照或者录像、估价后，可以交财物、文件持有人保管或者封存，并且开具登记保存清单一式两份，由侦查人员、持有人和见证人签名，一份交给财物、文件持有人，另一份连同照片或者录像资料附卷备查。财物、文件持有人应当妥善保管，不得转移、变卖、毁损。

（5）对需要扣押的犯罪嫌疑人的邮件、电子邮件、电报，应当经县级以上公安机关负责人批准，制作扣押邮件、电报通知书，通知邮电部门或者网络服务单位检交扣押。

（6）需要办理异地查封、扣押与犯罪有关的财物、文件的，侦查人员应当持办案协作函件和相关的法律文书，与协作地县级以上公安机关联系，请其协助执行。紧急情况下可以将办案协作函件和相关的法律文书电传至协作地县级以上公安机关，协作地侦查机关应当及时采取查封、扣押措施，委托地侦查机关应立即派员携带法律文书前往协作地办理。

（四）查封、扣押财物、文件的保全

侦查机关依法查封、扣押的财物、文件，包括视听资料、邮件、电子邮件、电报等，属于刑事证据范畴，应当对其妥善保管，具体做法有以下两点：

（1）对于查封、扣押的财物、文件，应当逐一登记造册，做好保全工作。

（2）对查封、扣押的财物及其孳息、文件，公安机关应当妥善保管，以供核查。任何单位和个人不得使用、调换、损毁或者自行处理。

三、查封、扣押财物的处理

（1）对查封、扣押的财物、文件、邮件、电子邮件、电报，经查明确实与案件无关的，应当在三日以内解除查封、扣押，退还原主或者原邮电部门、网络服务单位；原主不明确的，应当采取公告方式告知原主认领。在通知原主或者公告后六个月以内，无人认领的，按照无主财物处理，登记后上缴国库。

（2）对违禁品、危险品，应当依照国家有关规定处理；对于需要作为证据使用的，应当在诉讼终结后处理。

（3）对容易腐烂变质及其他不易保管的财物，可以根据具体情况，经县级以上公安机关负责人批准，在拍照或者录像后委托有关部门变卖、拍卖，变卖、拍卖的价款暂予保存，待诉讼终结后一并处理。

（4）对被害人的合法财产及其孳息权属明确无争议，并且涉嫌犯罪事实已经查证属实的，应当在登记、拍照或者录像、估价后及时返还，并在案卷中注明返还的理由，将原物照片、清单和被害人的领取手续存卷备查。查找不到被害人，或者通知被害人后，无人领取的，应当将有关财产及其孳息随案移送。

（5）案件管辖发生变更时，与案件有关的财物及其孳息、文件应当随案移交。

项目七　查询、冻结

【案例导入】

【引例4－7】某东方外国语学校校长冷某，私刻教委公章，在某年暑期，以北京某高校的名义骗招学生200余人，骗取大量学生学费，学生家长因而集体上访。公安机关接到报警后，立即开展侦查，先后到银行、其他金融机构进行查询，并冻结相关银行账户10个，冻结资金100余万元。

【工作导向】

一、案例导读

在侦查实践中，为了查明事实、保全证据、制止犯罪、减少损失等，有必要对涉案资金采取措施，如查询、冻结涉案资金。本案中，对犯罪嫌疑人冷某的相关金融账户进行了查询和冻结，以确保案件侦查工作的顺利进行。

二、问题思考

查询、冻结的对象是什么？实践中，如何实施查询、冻结这一侦查措施？

【学习领域】

一、查询、冻结的含义

查询、冻结是指侦查机关根据侦查犯罪的需要，依法向银行或者其他金融机构、邮电部门、证券部门查询、冻结犯罪嫌疑人的存款、汇款、债券、股票、基金份额等财产，并要求有关单位和个人配合的一项侦查措施。

在经济犯罪案件和侵财性犯罪案件中，犯罪分子常常获得一定的非法经济利益，并以存款、汇款、债券、股票、基金份额等形式隐匿、转移非法所得，因此，及时迅速地发现、查明犯罪嫌疑人的存款、汇款、债券、股票、基金份额等财产，并予以冻结，不仅可以最大限度地挽回国家和公民的损失，而且还可以为揭露、证实犯罪提供证据。

二、查询、冻结的对象

根据《刑事诉讼法》和有关规定，查询、冻结的对象是犯罪嫌疑人存款、汇款、债券、股票、基金份额等财产。理解这一含义，需要把握以下两点：

（1）查询、冻结的对象是犯罪嫌疑人的存款、汇款、债券、股票、基金份额等财产，不是犯罪嫌疑人家属、子女、父母或其他亲属、朋友的存款、汇款、债券、股票、基金份额等财产。需要指出的是，犯罪嫌疑人的存款、汇款、债券、股票、基金份额等财产不仅包括犯罪嫌疑人以本人的名义所有的，还包括犯罪嫌疑人以他人的名义存入的；不仅包括犯罪嫌疑人存进、汇进的款项，还包括犯罪嫌疑人取出、汇出的款项；不仅包括查询时还在犯罪嫌疑人账户上的款项，还包括在一定时期内犯罪嫌疑人账户上存进、取出的整个流动款项。

（2）对犯罪嫌疑人的存款、汇款、债券、股票、基金份额等财产应作广义的理解，不仅包括犯罪嫌疑人的，还包括与案件有关的单位的。如单位犯罪案件中单位的存款、汇款、债券、股票、基金份额等财产，通过单位转账的犯罪嫌疑人的存款、汇款、债券、股票、基金份额等财产，其他与案件有关的单位的存款、汇款、债券、股票、基金份额等财产。

三、查询、冻结的程序

（一）查询、冻结的审批

1. 查询、冻结财产的审批

根据有关规定，侦查机关需要向金融机构等单位查询或者冻结犯罪嫌疑人的财产时，应当经县级以上公安机关负责人批准，制作《协助查询财产通知书》或《协助冻结财产通知书》，通知金融机构等单位执行。犯罪嫌疑人的存款、汇款、债券、股票、基金份额等财产已被冻结的，不得重复冻结，但可以轮候冻结。

2. 冻结涉案单位资金的审批

需要冻结企事业单位资金的，应当报上一级公安机关审查决定，不允许以追赃为由冻结企业的正常业务往来资金，目的是为了防止侦查机关利用查询、冻结这一权限，插手经济纠纷，干扰正当的经济活动，或以罚代侦，放纵犯罪分子。

（二）查询、冻结的期限

根据《公安机关办理刑事案件程序规定》第236条规定：冻结存款、汇款等财产的期限为六个月。冻结债券、股票、基金份额等证券的期限为二年。有特殊原因需要延长期限的，公安机关应当在冻结期限届满前办理继续冻结手续。每次续冻存款、汇款等财产的期限最长不得超过六个月；每次续冻债券、股票、基金份额等证券的期限最长不得超过二年。继续冻结的，应当按照本规定第233条的规定重新办理冻结手续。逾期不办理继续冻结手续的，视为自动解除冻结。

（三）需要异地查询、冻结与犯罪有关的财物、文件

对需要异地查询、冻结与犯罪有关的财物、文件的，侦查人员应当持办案协作函件和相关的法律文书，与协作地县级以上公安机关联系，请其协助执行。紧急情况下可以将办案协作函件和相关的法律文书电传至协作地县级以上公安机关，协作地侦查机关应当及时采取查询、冻结措施，委托地侦查机关应立即派员携带法律文书前往协作地办理。

（四）被冻结财产的解除

一般说来，被冻结财产的解除有两种情形：

1. 自动撤销冻结

在冻结期满逾期不办理继续冻结手续的，视为自动撤销冻结。

2. 依法通知解除冻结

《公安机关办理刑事案件程序规定》第234条规定：不需要继续冻结犯罪嫌疑人存款、汇款、债券、股票、基金份额等财产时，应当制作《协助解除冻结财产通知书》，通知金融机构等单位执行。《公安机关办理刑事案件程序规定》第238条规定：对冻结的存款、汇款、债券、股票、基金份额等财产，经查明确实与案件无关的，应当在三日以内通知金融机构等单位解除冻结，并通知被冻结存款、汇款、债券、股票、基金份额等财产的所有人。

四、对被冻结财产的处理

（一）解除冻结

对于不需要继续冻结犯罪嫌疑人存款、汇款、债券、股票、基金份额等财产时，应当制作“协助解除冻结财产通知书”，通知金融机构等单位执行。

对于冻结的存款、汇款、债券、股票、基金份额等财产，经查明确实与案件无关的，办案机关应当在一定的期限内通知金融机构等单位解除冻结，并通知被冻结存款、汇款、债券、股票、基金份额等财产的所有人。

（二）申请出售

《公安机关办理刑事案件程序规定》第237条规定：对冻结的债券、股票、基金份额等财产，应当告知当事人或者其法定代理人、委托代理人有权申请出售。

权利人书面申请出售被冻结的债券、股票、基金份额等财产，不损害国家利益、被害人、其他权利人利益，不影响诉讼正常进行的，以及冻结的汇票、本票、支票的有效期即将届满的，经县级以上公安机关负责人批准，可以依法出售或者变现，所得价款应当继续冻结在其对应的银行账户中；没有对应的银行账户的，所得价款由公安机关在银行指定专门账户保管，并及时告知当事人或者其近亲属。

项目八　侦查实验

【案例导入】

【引例4－8】某市郊外水塘中发现一女性右臂尸块，经勘验发现：尸块露出水面部分有一圆形褐色斑迹，其余浸泡在水中的部分没有此种斑迹。侦查过程中有群众反映，某村一失踪女青年向某的右臂上也有一块“黑斑”（胎记）。为了确定褐色斑迹是否为胎记，侦查人员进行了侦查实验，结果发现尸块露出水面部分在阳光下腐败数日即可形成褐色斑迹，浸泡水中部分属于此种现象。于是得出结论：尸块在阳光下腐败是形成褐色斑迹的原因。

【工作导向】

一、案例导读

在现场勘验中，本案尸块上褐色斑迹的形成，让侦查人员产生了疑问，为解决这一问题，侦查人员选择通过侦查实验来检验褐色斑迹的形成问题，并最终得到了圆满的解决。

二、问题思考

（1）侦查实验的目的是什么?

（2）在什么情况下需要开展侦查实验来解决疑问?

（3）在侦查实践中，如何组织实施侦查实验?

【学习领域】

一、侦查实验的概念

侦查实验是指侦查人员在侦查过程中，为了确定可能与案件相关的某种事实或现象是否存在或能否发生、怎样发生等问题，而模拟案件发生时的条件将案件的某一过程进行重新演示的侦查措施。

侦查实验是判明案情，核查证人、被害人和犯罪嫌疑人的陈述是否符合客观实际情况、是否真实可靠的一种有效方法。通过侦查实验，可以发现线索和新情况，加深对案件的认识，及时找出新线索，且通过对一些关键性问题的证实，可以为查明案情提供依据。

二、侦查实验的种类

侦查实验根据所要解决的问题即实验目的的不同，一般可分为：

（一）感知可能性实验

感知可能性实验指在一定条件下，某些现象通过感觉器官在人脑中直接反映的可能性实验。它用于确定感知人在案件发生的当时是否能确切感知到被感知的事件或现象，如是否能够听见某一声音、看见某一事物、闻到某种气味等。

（二）行为可能性实验

行为可能性实验指在一定条件下实施某种外在活动的可能性实验，用于确定行为人在案件发生的当时实施某种行为的可能性。包括以下实验：

1. 能力可能性实验

能力可能性实验即判断行为人是否具备作案的主观条件的可能性实验，用于确定依行为人的主体条件能否实施该行为。如能否驾驶、其身体能否穿过特定的孔洞实施作案等。

2. 行为过程可能性实验

行为过程可能性实验即从事某种外在活动所经过的顺序的可能性实验，用于确定在特定条件下能否按照一定顺序完成某种行为。如能否按照一定的路线在一定的时间内实施作案。

3. 行为结果可能性实验

行为结果可能性实验即实施某种外在活动所达到的最后结局的可能性实验，用于确定行为人实施特定行为能否造成与案件相同的后果。如行为人能否在一定条件下将偷来的10头耕牛全部从甲地转移到乙地。

（三）自然力可能性实验

自然力可能性实验指在一定条件下某些现象不经人力干预而自由发展的可能性实验。它用于确定自然力（如物质的挥发、自燃等）能否在一定条件下造成一定的后果。如草堆在特定的条件下能否自燃等。

三、侦查实验的规则

为充分保证侦查实验的科学性和实验结果的可信度，进行侦查实验必须遵从一定的规则，这些规则对于各类侦查实验都具有普遍的约束性。

（一）进行侦查实验时的各种条件和案件发生时的实际条件应当尽可能相同

侦查实验应当尽量在案件发生的原地点进行；实验时的气象条件、气候条件等自然条件应该与案件发生时的条件相同；在不会损坏证据的情况下，应使用原有的物品和工具，否则也应该使用种类、牌号、规格、属性等相同的物品和工具，并且确认该物品和工具对实验结果没有影响等。

（二）同一情况的实验应当反复多次验证

侦查实验中往往出现种种偶然因素影响实验的结果，坚持同一情况下的反复实验，可以提高侦查实验结论的可信程度。

（三）侦查实验必须遵守有关法律规定

根据《刑事诉讼法》第133条的有关规定，侦查实验必须经公安机关负责人批准，才可以进行；侦查实验禁止一切可能造成危险、侮辱人格或者有伤风化的行为。

如果侦查实验需要证人、被害人、犯罪嫌疑人或被告人的参加，必须是在其自愿的情况下，不得强迫其参加。

（四）保守侦查实验结果的秘密

进行侦查实验时不能允许无关人员参加、观看，参加侦查实验的人员不能泄露侦查实验的情况和结果。

四、侦查实验的组织实施

（一）侦查实验的准备

1. 明确实验任务

侦查人员应当仔细研究案件的有关材料，进一步询问待验证事件的有关人员，把将要通过实验加以验证的问题确定下来。

2. 确定实验的内容和实施方案

侦查实验前应当根据实验的种类、任务、目的确定实验的具体内容、实验方法、次数、同样条件的反复实验与变换实验方法的具体方案、具体实验的顺序，以避免紊乱，影响实验的顺利进行和结论的准确性。

3. 确定实验的时间和地点

侦查实验应当尽可能在事件发生的原地点进行，如果原地点的条件已不具备，或者改变实验地点对实验的进程和结果并无影响时，也可以另选地点，如在实验室进行。

4. 确定参加实验的人员

侦查实验应在侦查人员的主持下进行。如果实验涉及专业性强的问题，要聘请专业人士参加，并请他们担任该实验项目的操作执行者。侦查实验应邀请两名与案件无关的见证人参加见证。如果侦查实验所要审查的情况同事主、被害人、证人、犯罪嫌疑人的某种个人特点有密切联系，或者是为了审查他们的陈述或供述，应当让其参加。为了保证侦查实验的顺利进行，还应指派人员担任实验现场的警戒工作，尽可能使实验不受干扰。

5. 准备实验所需的工具和物品

在侦查实验实施之前要做好实验所需要工具和物品的准备工作，如布置实验场所和进行实验的各项工具和物品，以及记录实验过程的视听器材等。

（二）侦查实验的实施

实验开始前，应当向参加侦查实验的人员宣布实验纪律及注意事项，并将实验的任务告诉每一位实验参加者，明确各自的任务或担任的实验项目。

在进行实验的过程中，侦查人员始终是组织指挥者，不应亲自去执行具体的实验项目，也不能让见证人去执行；有些实验应当事先聘请具有专业知识、技能的人执行；有些实验可由事主、被害人、证人或犯罪嫌疑人执行；有些实验应由数个具备不同条件的人依次分别执行等。

（三）制作侦查实验记录

侦查人员应客观细致地记录侦查实验的过程和结果，即使是在现场勘查过程中进行的侦查实验，也应单独制作记录，而不能合并在现场勘查记录中。

侦查实验从开始就应有专人依照实验进程，采用笔录、绘图、照相、录像等记录手段，将实验的过程和结果客观详细地记录下来。侦查实验记录只能记载实验的过程和客观结果，不应记录侦查人员根据侦查实验所作的分析判断。

侦查实验记录以笔录为主，其他的记录材料作为笔录的附件。侦查实验笔录的内容可分为三部分：第一部分主要记录事件发生的时间，地点，简要案情和侦查实验的目的等基本情况；第二部分是笔录的中心，记录侦查实验的全部过程，该部分应详细写明实验的情况，具体的实验内容、实验的条件或环境、实验的方式和次数、每一个实验项目的结果、整个实验的组织实施过程等；第三部分主要说明侦查实验的起止时间、具体地点，参加人员的名称、职务和工作单位，凡是参加实验的人员都要在笔录上签名或盖章。

此外，参加实验的人员如有某种说明性质的意见，可以在笔录的末尾加以注明。

五、侦查实验结果的评断

侦查实验结果的评断包括两方面内容：一是评断实验结果是否真实可靠；二是在实验结果真实可靠的基础上，评断其作为证据的意义。

（一）侦查实验结果可靠性评断

评断实验结果是否真实可靠应注意把握以下几点：

（1）实验时的条件和环境是否同事件发生时的条件和环境基本一致。

（2）反复进行实验时是否出现同样的结果。

（3）要充分考虑个人主观素质对实验结果的影响。如参加实验的人员是否符合实验的要求、能否做到客观公正、心理和生理素质有无异常等。

（4）组织实施侦查实验的策略方法是否恰当。主要是要避免因执行实验项目的人员、器材、物品等的差异，导致结果的不同或出现巧合。

（5）实验结果与案内其他证据材料是否相一致。

（二）侦查实验结果的证据意义的评断

对于侦查实验的结果，侦查人员必须联系案件中其他方面的有关情况和证据，才能正确评断其证据意义。侦查实验结果的证据意义应当根据实验所要解决的问题和实验结果的性质进行综合分析。有些实验只能为分析评断案情、确定侦查方向和范围提供依据，不能直接作为诉讼证据，有的实验结果能否作为证据，以结果是肯定还是否定、是单义还是多义为转移。如肯定性结果能缩小侦查范围，却不能证实某人一定犯罪，而否定性结果则可排除该人具备一定的犯罪条件。又如单义的实验结果根据其是肯定的或否定的来评断其证据意义，多义的结果只能是侦查人员分析评断案情的参考依据，其证据意义只有在收集到其他有关证据后，才能作出评断。

项目九　鉴　定

【案例导入】

【引例4－9】2008年6月22日凌晨00:27，瓮安县公安局110指挥中心接到报警称，在县西门河大堰桥处有人跳河。公安局迅速派值班民警赶赴现场，于凌晨3:00许将溺水女孩打捞上岸后，急救人员证实其已死亡。溺水女孩名叫李树芬，1991年7月生，系瓮安县三中初二（六）班学生。

6月22日，瓮安县公安局刑侦大队技术科的副主任法医胡仁强、唐仕平，见习法医魏鑫，技术科科长周芳芯4人对尸体进行了第一次全面检查，认为李树芬死亡一事系自己跳河身亡，属自杀，并将调查处理意见及时告诉了死者家属。死者家属不能接受，认为有奸杀的嫌疑，要求进行DNA鉴定。6月25日下午，黔南州公安局派出法医赶到瓮安对死者进行复检，确认其系溺水死亡。死者家属当时表示认可，但不安葬死者，要求公安机关责令现场当事人王娇、刘言超、陈光权等人赔偿50万元。

7月1日，经反复向死者家属耐心细致地解释，其所有家属同意安葬，但要求下葬前再做一次尸体检验。因此瓮安县公检法部门法医联合进行复检，7月9日向死者家属和社会公布了对李树芬遗体的第三次尸检结果，再次确认死者系溺水死亡。

【工作导向】

一、案例导读

这是一起以尸体检验鉴定死因的案例，因死者家属的质疑而前后进行了三次尸体检验，检验结果相一致，最终妥善解决了这一事件。

二、问题思考

结合案例和实践，谈谈鉴定的主体、范围和程序等内容。

【学习领域】

一、鉴定的概念

鉴定即司法鉴定，是指在诉讼活动中鉴定人运用科学技术或者专业知识对诉讼涉及的专门性问题进行鉴别和判断并提供鉴定意见的活动。刑事侦查中的鉴定是指侦查机关为了查明案情，指派或聘请具有专门知识的人对案件中的某些专门性问题进行鉴别和判断并作出鉴定意见的一种侦查行为。它是公安机关在办理刑事案件中经常采用的一种侦查措施，是取得证据证明案情和正确认定案件性质的重要手段。

二、鉴定的种类

根据司法部制定的《司法鉴定执业分类规定》的规定，司法鉴定的种类主要有：

（一）法医病理鉴定

运用法医病理学的理论和技术，通过尸体外表检查、尸体解剖检验、组织切片观察、毒物分析和书证审查等，对涉及与法律有关的医学问题进行鉴定或推断。其主要内容包括：死亡原因鉴定、死亡方式鉴定、死亡时间推断、致伤（死）物认定、生前伤与死后伤鉴别、死后个体识别等。

（二）法医临床鉴定

运用法医临床学的理论和技术，对涉及与法律有关的医学问题进行鉴定和评定。其主要内容包括：人身损伤程度鉴定、损伤与疾病关系评定、道路交通事故受伤人员伤残程度评定、职工工伤与职业病致残程度评定、劳动能力评定、活体年龄鉴定、性功能鉴定、医疗纠纷鉴定、诈病（伤）及造作病（伤）鉴定、致伤物和致伤方式推断等。

（三）法医精神病鉴定

运用司法精神病学的理论和方法，对涉及与法律有关的精神状态、法定能力（如刑事责任能力、受审能力、服刑能力、民事行为能力、监护能力、被害人自我防卫能力、作证能力等）、精神损伤程度、智能障碍等问题进行鉴定。

（四）法医物证鉴定

运用免疫学、生物学、生物化学、分子生物学等的理论和方法，利用遗传学标记系统的多态性对生物学检材的种类、种属及个体来源进行鉴定。其主要内容包括：个体识别、亲子鉴定、性别鉴定、种族和种属认定等。

（五）法医毒物鉴定

运用法医毒物学的理论和方法，结合现代仪器分析技术，对体内外未知毒（药）物、毒品及代谢物进行定性、定量分析，并通过对毒物毒性、中毒机理、代谢功能的分析，结合中毒表现、尸检所见，综合作出毒（药）物中毒的鉴定。

（六）司法会计鉴定

运用司法会计学的原理和方法，通过检查、计算、验证和鉴证对会计凭证、会计账簿、会计报表和其他会计资料等财务状况进行鉴定。

（七）文书司法鉴定

运用文件检验学的原理和技术，对文书的笔迹、印章、印文、文书的制作及工具、文书形成时间等问题进行鉴定。

（八）痕迹司法鉴定

运用痕迹学的原理和技术，对有关人体、物体形成痕迹的同一性及分离痕迹与原整体相关性等问题进行鉴定。运用枪械学、弹药学、弹道学的理论和技术，对枪弹及射击后残留物、残留物形成的痕迹、自制枪支和弹药及其杀伤力进行鉴定。

（九）微量物证鉴定

运用物理学、化学和仪器分析等方法，通过对有关物质材料的成分及其结构进行定性、定量分析，对检材的种类、检材与嫌疑样本的同类性和同一性进行鉴定。

（十）计算机司法鉴定

运用计算机理论和技术，对通过非法手段给计算机系统内数据的安全性、完整性或系统正常运行造成的危害行为及其程度等进行鉴定。

（十一）建筑工程司法鉴定

运用建筑学理论和技术，对与建筑工程相关的问题进行鉴定。其主要内容包括：建筑工程质量评定、工程质量事故鉴定、工程造价纠纷鉴定等。

（十二）声像资料司法鉴定

运用物理学和计算机学的原理和技术，对录音带、录像带、磁盘、光盘、图片等载体上记录的声音、图像信息的真实性、完整性及其所反映的情况进行鉴定，并对记录的声音、图像中的语言、人体、物体作出认定。

（十三）知识产权司法鉴定

根据技术专家对本领域公知技术及相关专业技术的了解，并运用必要的检测、化验、分析手段，对被侵权的技术和相关技术的特征是否相同或者等同进行认定；对技术转让合同标的是否成熟、实用，是否符合合同约定标准进行认定；对技术开发合同履行失败是否属于风险责任进行认定；对技术咨询、技术服务以及其他各种技术合同履行结果是否符合合同约定或者有关法定标准进行认定；对技术秘密是否构成法定技术条件进行认定；对其他知识产权诉讼中的技术争议进行鉴定。

三、鉴定的程序

为了保证鉴定活动的顺利进行以及鉴定结果的公正性、科学性、准确性，鉴定应当依照一定的程序有计划、有步骤地进行。

（一）确定鉴定人

鉴定人是指受公安司法机关或个人的指派或者聘请，运用自己的专门知识或技能，对案件中的专门性问题进行分析判断并提出科学意见的人。鉴定人必须具备如下条件：必须是具有解决案件中某些专门性问题的知识和技能的自然人，机关、团体、单位、组织等不能作为鉴定人；鉴定人应当与本案没有利害关系，否则，当事人有权申请其回避；鉴定人必须具有鉴定资格并由公安司法机关指派或聘请。

鉴定人可以通过指派或聘请两种方式确定。需要由本机关的鉴定人进行鉴定的，应当正式指派；需要聘请其他机构鉴定人鉴定的，应当发给聘请书，并办理一定的手续。

（二）鉴定的准备工作

侦查机关在指派或聘请鉴定人鉴定的时候，应当提供足够的鉴定材料，必要时还可以向鉴定人介绍案情，并提出明确的鉴定要求和需要解决的问题。鉴定人要审查鉴定材料，如果认为鉴定材料不足可要求公安机关补充送交鉴定材料，如果鉴定人认为自己的知识水平不够，应当告知聘请单位另请鉴定人。

（三）鉴定的实施

鉴定机构接受委托之后，有关鉴定人员即可对检材和样本进行检验，并根据检材的类型和需要解决的问题的性质，选择适当的检验方法和手段进行检验，这是鉴定的中心环节，也是鉴定人作出鉴定结论的基础。

一般来说，鉴定主要包括预备检验、比较检验和得出结论三大步骤，至于具体的鉴定步骤，则因鉴定种类以及鉴定要求的不同而有所不同，在此不一一阐述。

鉴定人员在实施鉴定的过程中必须遵守以下几个原则：坚持实事求是的科学态度；严格遵守各种检验的技术要求和操作规程；认真做好检验过程的记录工作；妥善保管好送检的物品和材料，检验中不得不消耗检材的，应当注意节约使用；保守与鉴定有关的秘密。

（四）出具鉴定意见

鉴定意见是指鉴定人运用其专门知识，对刑事案件中的专门性问题进行分析、鉴别、判断后作出的意见。

鉴定意见要客观、全面，对要求鉴定的问题作出明确、具体的回答。鉴定人不仅要叙述根据鉴定材料所能观察到的事实，还必须在分析研究的基础上作出意见。几个鉴定人对同一问题进行鉴定时，可以相互讨论，意见一致的，可作出共同的鉴定意见，如果意见不一致，应分别写明。对某一问题不能作出肯定或否定的意见时，应当说明理由。鉴定意见应由两名以上具有鉴定资格的鉴定人签名，同时附上鉴定机构和鉴定人的资质证明或者其他证明文件。侦查机关应当将用作证据的鉴定意见告知犯罪嫌疑人、被害人或者其法定代理人。

（五）补充鉴定、重新鉴定

由于鉴定材料、鉴定设备以及鉴定人等因素的影响，鉴定结论可能存在不够准确或有异议的地方，因此，对案件中的同一问题可以进行补充鉴定、重新鉴定。

1. 补充鉴定

补充鉴定是指在原鉴定的基础上对其中的个别问题进行修订和补充。补充鉴定的目的是使原鉴定结论更加完备。《公安机关办理刑事案件程序规定》第245条规定有下列情形之一，经县级以上公安机关负责人批准，应当补充鉴定：鉴定内容有明显遗漏的；发现新的有鉴定意义的证物的；对鉴定证物有新的鉴定要求的；鉴定意见不完整，委托事项无法确定的；其他需要补充鉴定的情形。补充鉴定可以由原鉴定人进行，也可以由其他鉴定人进行。补充鉴定文书是原司法鉴定文书的组成部分。

2. 重新鉴定

重新鉴定是指委托机关对初次鉴定或补充鉴定意见进行审查后，对其是否可信存有疑虑，委托原鉴定人以外的鉴定人再次进行鉴定。《公安机关办理刑事案件程序规定》第246条规定有下列情形之一，经县级以上公安机关负责人批准，应当重新鉴定：鉴定程序违法或者违反相关专业技术要求的；鉴定机构、鉴定人不具备鉴定资质和条件的；鉴定人故意作虚假鉴定或者违反回避规定的；鉴定意见依据明显不足的；检材虚假或者被损坏的；其他应当重新鉴定的情形。重新鉴定应当另行指派或聘请鉴定人，作出鉴定意见时不必考虑原鉴定意见。

四、鉴定的期限

《公安机关办理刑事案件程序规定》第248条规定，对犯罪嫌疑人作精神病鉴定的时间不计入办案期限，其他鉴定时间都应当计入办案期限。对于因鉴定时间较长，办案期限届满仍不能终结的案件，自期限届满之日起，应当对被羁押的犯罪嫌疑人变更强制措施，改为取保候审或者监视居住。

项目十　公开辨认

【案例导入】

【引例4－10】某县发生一起杀人案件，尸体是在山里的密林处发现的，因发现尸体的现场并非第一现场，而且时间又过了很久，几乎没有其他线索可查。

【工作导向】

一、案例导读

本案中，侦查人员利用辨认措施确定了死者身份，具体步骤如下：

（1）推测死者身份。因案发很久，现场的痕迹已被破坏，但民警根据死者着装推测其为退伍军人，以此民警开始进行调查。

（2）组织群众辨认。民警以死者可能是退伍军人为线索展开调查，再组织周围群众对尸体进行辨认。

（3）最终确定身份。通过大量的辨认工作以及细致的调查，终于查明死者的身份，之后通过调查其生前交往关系找出了杀人凶手。

二、问题思考

在侦查实践中，通过辨认这一侦查措施能解决哪些问题？为保障辨认的效果，如何做好辨认工作？

【学习领域】

一、公开辨认的含义

公开辨认简称为辨认，是指在刑事侦查过程中，为了查明案件事实，侦查人员组织被害人、犯罪嫌疑人、证人对与案件有关的物品、尸体、场所或者犯罪嫌疑人等进行辨别和认定的侦查活动。

二、辨认的目的

辨认是利用客观事物作用于人的各种感觉器官并在大脑中留下印象而进行的辨别和认定活动，通过辨认主要是审查与犯罪有关的人、物、场所是否与案件存在某种关系，目的是查明案件线索，澄清嫌疑，认定犯罪嫌疑人，为破案提供依据。目的具体包括：

（1）确定无名尸体、碎尸的身源；

（2）确定某一犯罪嫌疑对象是否为作案人；

（3）查明犯罪现场遗留物的所有人或持有人；

（4）确定某种声音、气味、图像是否属于某一人或物；

（5）确定某一文件的书写人等。

三、辨认的种类

根据不同分类标准，辨认的种类也不同。

（一）根据辨认对象不同

1. 对人的辨认

对人的辨认通常用于侦查破案工作的中期或后期，通过一系列侦查活动，发现犯罪嫌疑人，这时可以组织被害人或证人进行辨认。对人的辨认可以直接进行，也可以借助照片、录音、录像间接进行。

2. 对物的辨认

对物的辨认适用于侦查破案的各个阶段，其对象包括赃款赃物、作案工具、现场遗留物等，其作用在于发现嫌疑线索和认定犯罪嫌疑人。

3. 对无名尸体的辨认

这适用于无名尸体杀人案件中。在通常情况下，确认死者身份是侦破无名尸体杀人案件的关键性步骤，有时候需要多次多人的辨认才能确定死者身份。

4. 对犯罪场所的辨认

这一般适用于侦查工作的初期，其主要目的是通过辨认，确定刑事犯罪现场，对很多案件来讲，犯罪现场是线索和证据遗留最多的地方，只有找到犯罪现场才能最大限度地获取犯罪痕迹及其他证据。

（二）根据辨认方式不同

1. 公开辨认

公开辨认即由侦查人员组织辨认人在公开场所中，在被辨认人或被辨认物持有人完全明了的情况下所进行的辨认。主要适用于对在犯罪现场提取的作案工具和犯罪人遗留的物品等的辨认。

2. 秘密辨认

秘密辨认指由侦查人员安排，辨认人在被辨认人或被辨认物的持有人毫无觉察的情况下所进行的辨认，秘密辨认一般是在侦查中发现犯罪嫌疑人或嫌疑物后采用的。

四、辨认规则

辨认规则指在辨认过程中应当遵守的规定和原则。具体包括：

1. 自由辨认

自由辨认指在辨认中侦查人员保证辨认人在辨认时不受任何干扰和诱导。辨认是一种再认识活动，很容易受外界干扰，只有让辨认人完全处于独立状态时，才能保证结果准确可靠。这就要求侦查人员在辨认过程中不能以任何方式对辨认人进行暗示或诱导，以及在辨认前不得向辨认人介绍辨认对象的情况等。

2. 混杂辨认

混杂辨认指在辨认中侦查人员将辨认对象混杂在若干个无关但又性别、年龄相仿或同类的人或物中，不能将其单独提供给辨认人进行辨认。根据《公安机关办理刑事案件程序规定》第251条的规定：公开辨认犯罪嫌疑人时，被辨认人的人数不得少于7人；对犯罪嫌疑人照片进行辨认的，不得少于10人的照片；辨认物品时，混杂的同类物品不得少于5件。这是在进行公开辨认时的要求。在对犯罪嫌疑人进行秘密辨认时，由于无法安排混杂客体，同时由于辨认地点多为日常生活工作的场所，所以辨认对象往往已经是自然混杂状态了。

对场所、尸体等特定辨认对象进行辨认，或者辨认人能够准确描述物品独有特征的，陪衬物不受数量的限制。

3. 分别辨认

分别辨认指当同一案件中有两个以上的辨认人对同一组辨认对象进行辨认时，为了避免辨认人之间的互相干扰，侦查人员应当安排他们分别单独辨认，不得组织几名辨认人同时对同一组辨认对象进行辨认。具体有两层含义：就辨认主体而言，当有两个以上的辨认主体时，应当让辨认人分别、单独对辨认客体进行辨认，否则辨认人之间就会不可避免地相互干扰，影响辨认结果的客观性、准确性；就辨认客体而言，当需要同一个辨认人对两个以上辨认客体进行辨认时，也应当把辨认客体分开，以免辨认客体之间互相干扰而影响辨认结果。

五、辨认的程序

（一）辨认前的准备

（1）事前询问辨认人。侦查人员为了选择辨认客体及其他准备工作，在辨认前应询问辨认人与被辨认对象有关的情况和特征，并记录在卷。

（2）选择混杂的辨认客体。在询问清楚的前提条件下，侦查人员应根据需要审查确认与犯罪有关的物品和犯罪嫌疑人的种类和特征，按照前面所规定的原则要求选择混杂的辨认客体，并予以编号。辨认客体是人，侦查人员要问清、记录各种混杂辨认客体的姓名、单位、住址、联系方式；辨认客体是物，则要记清混杂物的来源及持有人的姓名、单位、住址、联系方式。

（3）确定辨认的时间、地点和方式。根据具体案情和辨认人的情况，侦查人员确定具体辨认的时间、地点及方式。

（4）邀请见证人。公开辨认，侦查人员应事前邀请两名与案件无关的见证人到场见证辨认过程。

（二）组织辨认

（1）对人的辨认：包括对被辨认人直接进行辨认，对辨认人的照片进行辨认，可利用录像、录音进行辨认。

（2）对物的辨认：包括对作案工具、遗留物、赃物进行辨认。

（3）对无名尸体的辨认。

（4）对场所的辨认：对犯罪现场和与犯罪有关的场所进行辨认。

（三）辨认记录

辨认结束后，对于公开辨认，侦查人员应当制作笔录。辨认笔录是侦查人员在辨认活动中对辨认活动的经过和结果依法做出的文字记录，其具体制作的内容和方法详见《司法文书写作》。对于秘密辨认不用制作正式的辨认笔录，但应当书写秘密辨认的工作报告，附入侦查案卷。

项目十一　技能训练

一、实训项目

常规性侦查措施综合技能训练。

二、实训目的

掌握常规性侦查措施的基本实施要领和方法，培养操作能力、应变能力、分析及解决问题的能力。

三、实训科目及其内容

（一）科目一：现场勘查技能训练

1. 实训目的

培养组织与实施现场勘查的基本能力。

2. 实训要求

（1）实训时间为2学时。

（2）组织现场勘查实训，按照教学需要提供合适案例，根据案例情况和条件因地制宜地设计案件现场（现场要根据案情设计一定数量的痕迹物品，不少于5个），并围绕需要查明的问题分设若干角色，组织学生分别扮演不同角色，进行模拟实验。

（3）组织实训，必须遵守现场勘查各项原则。

（4）实训必须在教师的组织下进行，学生以小组（一般10人为宜）为单位进行实训，参加现场勘查的学生必须明确各自的角色。

（5）实训应由教师根据学生在现场勘查中的表现和制作勘查笔录的质量，进行讲评并按百分制打分。

3. 实训器材

现场勘查实训按实战要求配发现场勘查证、访问笔录表格、笔、现场勘查箱、刑事照相器材、勘查灯、紫外灯等。

4. 实训方法

（1）现场访问实训采取操作性实训的方法进行。

（2）实地勘验实训采取演示性实训的方法进行。演示性实地勘验实训是以实训指导教师为主或在指导教师组织下进行的具有示范性质的现场勘验。学生通过观察，直观感受现场勘验的一般程序和方法，了解各类痕迹物品勘验、人体检查、尸体勘验的操作方法等。

5. 实训内容

（1）模拟现场访问实训的内容，让学生掌握现场访问的基本方法、原则、策略，以及访问笔录的制作方法。

（2）通过演示性实地勘验实训，使学生了解和掌握现场勘验的顺序、步骤、方法，学会痕迹物品的寻找、发现、分析、固定、提取、包装、运送、保全等，学会人身检查、尸体勘验和现场实验的方法。

6. 实训要点

（1）操作性现场访问实训以实地操作为主要实验手段，它应以设计各种访问对象和访问情节为核心。

（2）演示性实地勘查实训应在较好的场所进行，模拟现场应当布设与案情相适应的各类痕迹物品、尸体、尸斑、血迹等。要使学生看到采取痕迹物品的实际操作。

（二）科目二：调查询问技能训练

1. 实训目的

培养学生掌握这一侦查措施的运用时机、基本技巧和相关的法律程序，善于根据不同案情和对象采取有针对性的访问方法，能独立制作询问笔录，提高学生动手操作能力和分析判断能力，同时锻炼学生的口头表达和法律文书制作能力。

2. 实训要求

（1）实训时间为2学时。

（2）组织调查访问实训，围绕案例与需要查明的问题分设若干角色，然后组织学生分别扮演不同角色，进行模拟实验。

（3）组织实训，必须遵守调查访问的各项原则。

（4）参加实训的学生必须每人制作一份或若干份调查访问笔录，笔录应严格遵循制作规范。

（5）实训必须在教师的组织下进行，学生以小组（一般10人为宜）为单位进入实验现场，参加调查访问的学生必须明确各自的角色。

（6）实训后应由教师根据学生调查访问的表现和制作访问笔录的质量，进行讲评并按百分制打分。

3. 实训器材

调查访问实训按实战要求配发访问笔录表格、笔、印泥、录音机、磁带等。

4. 实训的方法

调查访问实训采取操作性实训的方法进行。

5. 实训内容

（1）对现场情况的初步分析、了解，对开展调查访问的侦查人员分工。

（2）注意访问中的技巧方法与询问笔录的规范制作。

（3）对调查访问结果的分析评断。

6. 实训要点

（1）本实训强调针对现场勘查后不同的访问对象开展访问。

（2）本实训强调每个实验小组各成员的分工协作，同时强调被访对象的扮演者要认真表演角色并注意保密。

（三）科目三：公开搜查技能训练

1. 实训目的

培养学生掌握这一侦查措施的运用时机、操作方法和相关的法律程序，提高学生动手操作能力、分析判断能力和解决问题的能力。

2. 实训要求

（1）实训时间为2学时。

（2）参加实训的学生要熟悉材料，并按小组制作一份搜查笔录及相关文书材料，笔录及相关文书应严格遵循制作规范。

（3）实训必须在教师的组织下进行，学生以小组（一般6人为宜）为单位进入实训现场，参加公开搜查的学生必须明确各自的角色。

（4）实训后应由教师根据学生搜查实训中的表现和制作搜查笔录及相关文书的质量，进行讲评并按百分制打分。

3. 实训器材

手铐、仿真手枪，搜查用勘查灯，刀具数把，生活消耗品，其他用作赃物的手机、手表、首饰等的仿真品。

4. 实训方法

公开搜查实训采取操作性实训方法进行。

5. 实验内容

（1）人身搜查、住所搜查及扣押物品、文件。

（2）处理搜查中的突发事件。

（3）制作法律文书。

重点考查法律手续是否完备、搜查方法是否掌握、法律文书是否规范、能否与其他措施结合运用以及处理突发事件的能力。

6. 实训的要点

本实训旨在考查学生对公开搜查的全面把握，故对本次实训内容中所列项目要切实予以体现并重点考查。另可根据搜查实训中的具体情况和需要，适时地安排一些有针对性的情节，以考查学生的应变能力。

7. 实训的步骤

（1）由实训指导教师设计案情，依案情布置现场。

（2）安排参加实训的学生分组、分工，明确各自的职责任务和工作内容。

（3）联系扮演被搜查对象的学生，做好案情交代和保密教育工作。

（4）实训展开后向各小组通报案情，各小组组织人员赶赴实训现场进行搜查、扣押，制作法律文书，处理突发事件。

（四）科目四：侦查讯问技能训练

1. 实训目的

培养学生掌握侦查讯问的基本法律程序及要求，掌握讯问的步骤（特别是初审）、方法技巧及笔录的制作。

2. 实训要求

（1）实训时间为4学时，分两次进行。

（2）组织讯问实训，围绕案情及需要查明的问题分设若干角色，组织学生分别扮演不同的角色，进行模拟实验。

（3）组织实训，必须遵守侦查讯问的各项规则，要根据犯罪嫌疑人心理状态正确运用讯问的各种策略、方法和技巧。

（4）参加实训的学生必须以小组为单位制作一份讯问笔录，笔录应严格遵循制作规范。此外，每位参加实训的学生必须写出实训报告（经验总结、心理体验报告）。

（5）实训必须在教师的组织下进行，学生以小组（一般5人为宜）为单位进行实训，参加讯问实训的学生必须明确各自的角色。

（6）实训结束后应由教师根据学生在实训中的表现和制作讯问笔录的质量，进行讲评并按百分制打分。

3. 实训器材

纸、笔、印泥、拘传证等相关法律手续和文书。

4. 实训方法

讯问实训采取操作性实训方法进行。

5. 实训内容

（1）讯问的法律程序和要求，特别是初审程序。

（2）讯问的方法：因人而异（是否有前科，是否有较强的反审讯情绪和心理状态），选择好讯问突破口，做好结束讯问的工作（巩固嫌犯口供、让其反省、向其施加心理压力、进行思想教育、评价态度）。在犯罪嫌疑人承认犯罪并作出某些有罪供述时，要善于抓住战机，及时追问主要事实和情节。

6. 实训的要点

实训中可根据需要设置以下障碍，以全面考核学生对实训内容中各个知识点的掌握：

（1）犯罪嫌疑人反审讯：控告非法拘禁、要求回避、头痛、上厕所、沉默、叫嚣、嬉皮笑脸、哭闹、抑郁、闹自杀……

（2）犯罪嫌疑人的基本情况：年龄用农历……

（3）证据缺乏或证明力不足。

（4）犯罪嫌疑人的性质：加设无辜犯罪嫌疑人，加设共同作案犯罪嫌疑人。

7. 实训的步骤

（1）由实训指导教师设计案情，下发有关案情资料。

（2）参加实训的学生分组、分工，明确各自的职责任务和工作内容，熟悉案情，制订讯问计划，布置讯问场所。

（3）实训指导教师联系扮演被讯问对象、报案人、知情人的学生，做好案情布置和保密教育工作。

（4）各小组组织人员对犯罪嫌疑人进行讯问，制作讯问笔录。

四、点评与总结

各小组访问结束后，上交相关文书、报告，指导教师批改后，就实验情况进行总结评析。

实验评分标准：

（1）现场勘查（现场布置、角色分配、操作规范、文书质量等）。（25 分）

（2）调查访问（对象、内容、原则、方法、文书等）。（20 分）

（3）公开搜查（法律手续、搜查方法、文书等）。（25 分）

（4）侦查讯问（熟悉案情、程序与方法策略、配合度、文书等）。（20 分）

（5）纪律作风。（10 分）

五、实训案例

（一）接报案情况

2002 年 12 月 19 日上午 8:40，福州市仓山区公安分局刑警大队接到 110 指挥中心通知：有群众报案称在仓山区某地发现一具装在编织袋内的女尸，要求大队派人员勘查现场。

（二）现场勘验实训——现场勘验情况

现场位于仓山区南江滨大道边，从路边到编织袋丢弃的位置有明显的拖拉痕迹。编织袋下部有较大的破裂，可看见一只光脚，一女尸蜷缩在编织袋内。女尸着装整齐，未穿鞋袜，右眼眶青紫，颈部有伤，左手中指青紫，右拳紧握，打开后发现指缝中留有几根毛发。编织袋内有一女式提包，提包内有化妆品、餐巾纸和一个钱夹，钱夹内有建行龙卡一张、“逸景阁茶艺居”贵宾卡一张、华榕超市会员卡一张、新光皮具店贵宾卡一张、面值五角和两角的钱币三张。编织袋内另有女式皮鞋一双，塑料袋一个，塑料袋内有睡衣一套及女式内衣一个。距编织袋约 6m 处的路边有一个塑料袋，袋内有一张撕去一半的女人照片（与死者较像）以及两封信，寄信人为“金丽芳”，收信人为“福州市盖山镇仓霞村 74 号，王万明”，寄信时间分别为“2001 年 8 月 11 日”和“2002 年 10 月 2 日”，信内有大量错别字。编织袋周围有大量凌乱的脚印。

经法医检验确定，死者，女，1.60m，面部轻微青紫伴有散在性出血点，结膜充血；下颌角、口鼻周围有明显的指甲损伤，左右颈部有2.5mm×3mm、25mm×1.7mm的表皮脱落，左手中指青紫，肩胛骨皮下出血，头部小块血肿。解剖发现尸体颈部甲状基大面积出血，头枕部有出血，应为钝器打击所致；胃内容物为米饭、青菜及少量肉粒，饭后1小时左右被害，死亡时间在26小时左右；死亡原因为机械性窒息死亡；死者生前12小时内无性行为。

（三）现场访问实训——对发现人、报案人和现场群众的访问

1. 被访问人杨明光（由同学扮演）提供内容

（1）个人基本情况：男，28岁，务农。其他情况由扮演者设计。

（2）发现经过：当天上午8：00，杨明光去找堂兄杨明伦商量事情，经过南江滨大道时，发现路旁草地上有一个较新的编织袋。杨明光走近后看见编织袋下部露出一只光脚，确定是人脚后，立即打110报案。

（3）杨明光在此居住多年，从来没见过死者，可以肯定其不是附近的人。

（4）杨的家住在附近，前一天夜里没有看见可疑的人或听到可疑的声音。

2. 被访问人陈国旗（由同学扮演）提供内容

（1）陈国旗，男，26岁，融侨房地产物业公司南江滨段保安。其他个人情况由扮演者自行设计。

（2）每天巡视情况：每天一班4人，轮流从早上5：00到晚上11：00在该路段巡视。

（3）前一天晚上是陈国旗巡最后一班，没有发现异常情况，也没看到编织袋。当天早上是刘星值班，经查，刘星上午9：00已向队长请假回永泰老家，因家中有急事。

（四）侦查中的调查访问实训——对被害人家属和亲友的模拟调查访问

1. 许益灿（由同学扮演）

12月19日上午11：00，一名叫许益灿的男青年前往仓山公安分局报案，称其女友失踪，提供情况如下：

（1）个人情况：许益灿，男，30岁，福建福安人，已婚，高中文化，在福州宏发贸易公司负责业务。其他个人基本情况由扮演者设计。

（2）许于今年5月在一次同乡聚会时认识女友吴玉娥。吴玉娥，连江人，23岁，没有工作，以前在福州歌厅做过三陪小姐，认识许后，于今年9月与许同居，许出差都带上吴。

（3）12月17日，许与吴从温州出发送公司的一批货到长乐。17日上午9：00左右，二人到达福州，在火车站雇了一辆微型货车准备送货到长乐。车开到三叉街附近时，吴说头昏，不想去长乐，对许称下车找住在仓山的女友，在朋友家玩玩，下午四五点时再与许联系。许到长乐后，中午12：00点左右吴还打了电话给他，号码是35××××。下午一直未见吴与其联系。许不知道吴在仓山的朋友的名字、住址和联系电话。许17日送货（皮鞋）到长乐国兴商场的仓库，由商场的经理钱云理来点货，因为有一个牌子的货出了点差错，许、钱二人协调了很久。之后，许去商场的财务处结上个月的款，一直忙到晚上7：00多。许当晚回福州租的房子住，没见吴回来。同吴在福州的二嫂联系，也说没看见吴。许昨天到处找她，以为她又跑哪里玩去了，因为以前发生过这样的事，到今天觉得不对劲了，所以来报案。

（4）吴以前的朋友许很少认识，偶尔提起许也没在意，听起来大多是老乡或以前一起做小姐的。许只记得两个。

（5）没听说吴与谁有矛盾，只是吴平时说话、举动比较随便，为此许还和吴吵过几次。吴的二哥吴天丰和二嫂陈秀芬在福州，家住上海新村 16 栋 305。

（6）吴有 1 500 元钱，是当天到福州后向许要的。此外，吴戴有铂金的项链、手链和脚链，这都是许给她买的，还有一部诺基亚手机。这次去温州待了半个月，吴的手机因欠费停机了，所以没有开机，前一天中午打来的电话就是用的公用电话。吴的手机号码是 138 × × × × × × × ×。

2. 吴玉娥二嫂陈秀芬（由同学扮演）提供的情况

（1）吴在家排行老四，上有两个哥哥、一个姐姐。吴高中没毕业就去工厂打工，1997 年还曾跑到广东东莞打过一年工，赚的钱不多。

（2）1998 年，吴在家闲着没事，就到福州找工作，后来和一帮老乡在夜总会上班，认识的人比较杂。经常来往的几个是：

张小霞，南平人，家住古田路的闽都新村；

林凤珠，连江人，家住王庄，电话是 137 × × × × × × × ×；

陈玉美，长乐人，家住仓山师大附近；

琦琦，连江人，家住二环路斗池村；

徐艳，浙江人，家住哪里不知道，只在街上碰见过一次。

（3）吴曾在 2000 年认识一个男人，闽侯甘蔗人，叫陈冰，年龄在 35 岁左右，在甘蔗做二手车生意。两个人有一段时间关系密切。后来听说陈冰有老婆，而且知道他们的事后闹得很厉害，吴从去年年底就很少和陈联系。

（4）今年吴认识许益灿后，没有再去坐台，两个人住在一起。吴曾经带许来陈秀芬家玩过两次。陈和吴已经有两个月没见面，通过手机联系。

（5）个人基本情况及丈夫吴天丰情况由扮演人设计，注意与许了解的情况基本一致。

3. 陈玉美提供的情况

（1）陈于 12 月 10 日回长乐为父亲祝寿（生日是 12 月 16 日），至今未到福州，在仓山的房子是租来的（房租 100 元/月），这一段时间是男友刘吉胜住在那里。12 月 17 日晚 7:00 左右，刘打电话给陈，电话打到陈家楼下的食杂店的公用电话上（86 × × × × ×），说第二天会去长乐。18 日上午 10:00 多刘到长乐，穿着新买的西装，陈问他怎么这身打扮，刘说第一次到陈家，要穿像样一点，还给了陈 500 元作为陈父亲的寿礼。陈问刘钱的来历，他说是以前一个朋友借他的钱刚还的。刘在陈家只住了一个晚上就急着回福州，说到以前的老板那里拿欠下的工资。19 日刘吃过午饭就坐车走了。

（2）陈于 8 月份从斗池搬到仓山。吴玉娥曾经到过陈的住处，因为搬家时间不长，很多人都没有去过陈位于仓山的住处。一起坐台的姐妹会在她位于斗池的住处打麻将，刘同她们也都熟悉。常去的有：

张小霞，南平人，家住古田路的闽都新村；

吴玉娥，连江人，和男朋友（姓许）家住祥美花园；

林琦，“琦琦”，连江人，家住二环路斗池村；

王丽莎，“莎莎”，霞浦人，家住灵响小区。

刘吉胜情况：刘吉胜，28 岁，湖北圻春县人。1999 年随老乡到福州打工。曾做过油漆匠、水泥工、推销员、服务员，还替人看过店。最近的一份工作是在一家装修公司做事。因老板连续几个月拖欠工资，一直和陈住在一起。陈回长乐时曾叫他一起走，因为手上没有钱不好意思去女友家便借口留在福州找老板要钱回家过年。和刘平时来往的主要是他的湖北老乡和以前工作过的几个同事，在福州没有其他的住所。

（3）陈回到长乐，因忘带充电器，所以手机没开机，刘通过陈楼下食杂店的电话联系陈。

4. 陈玉美家楼下食杂店老板梁香玉提供的情况

17 日下午到晚上共有三次电话找陈，前两次陈不在，第三次（晚 7：00 左右）是陈玉美接的电话，对方为男性，声称从福州打来的。

（五）公开搜查实训——案情设计

结合上述案例，布置搜查现场，安排角色扮演，同时完成人身（刘吉胜）搜查和室内场所（仓山区竹园里出租房）的搜查。在模拟搜查的过程中，布置以下情节：

（1）犯罪嫌疑人不在搜查现场，只有其家属在家。

（2）犯罪嫌疑人突然从外面返回现场。

（3）犯罪嫌疑人在现场，其手机突然有电话打入。

通过以上情节的设计，考查学生对搜查现场的控制和突发事件的应变处理能力。

（六）侦查讯问实训——对犯罪嫌疑人应掌握的资料

犯罪人背景资料：刘吉胜，男，1974 年 2 月 2 日生，初中文化，汉族，湖北省圻春县圻川镇龙泉庵村三组人。1981—1987 年，在龙泉小学上学；1987—1990 年，在龙泉中学读书；1990—1995 年，在家务农；1995 年 3 月—1998 年，在晋江打工；1998 年 5 月—1999 年 2 月，在汕头打工；1999 年 3 月至今，在福州做工，主要做过油漆匠、水泥工、推销员、服务员，还替人看过店。

作案经过：2002 年 8 月至今，刘一直住在女友陈玉美租的房子里（仓山区竹园里），在福州打零工。12 月 10 日，陈玉美回长乐给父亲过生日，刘一个人住在福州。17 日上午 11：00 左右，陈的一个叫吴玉娥的女朋友来仓山找她，刘在家。得知陈已回长乐后，吴提出在仓山休息，下午等男朋友接她。因刘与吴认识且较熟悉，二人在房里聊到中午，刘到外面买了快餐回来，请吴吃饭。下午 1：00 多，吴说坐了很久的车，想休息一下，脱鞋后躺到床上，刘在外间抽烟。在闲聊中，刘听吴讲其现在的男朋友是做贸易的，家境富裕，又见吴戴着金项链、手链、戒指，故认为吴现在很有钱。刘这一段时间没找到工作，前一个装修公司的老板还欠他 1 000 多元工资，手头很紧，女朋友父亲过生日，原本邀请了他，但因为没钱，刘没敢去，春节快到了，回家没钱也不行。刘想到这些情况，便萌生抢钱的念头，考虑到没人知道吴来这里，刘决定先抢钱，不行就把人杀了。

下午近 2：00，刘进屋见吴已睡着，走到床边翻动吴的包，怕吴惊醒，遂上前卡住吴的脖子，吴被卡醒后奋力挣扎，二人搏斗 1 分钟左右，刘将吴掐死。刘拿走吴金项链、戒指，发现吴脚上的脚链，也取了下来，没有找到手链（搏斗中掉到床角）。刘打开吴随身带的包，取走钱夹里的 1 650 元钱、诺基亚手机一部。下午 4：00，刘出门，在附近打电话给长乐的陈玉美，没找到陈。然后在外面的杂货店里买了一个大号编织袋。回房后，刘将吴的尸体放进编织袋内，将吴的随身物品包括鞋袜都扔在里面。刘出门坐车到五一广场站，步行到五一路电信营业厅外将手机以500元的价格卖给“二哥”，充电器就随手扔在垃圾箱里。再坐51路车到台江，把金项链和戒指卖给南街的一个打金店，共卖了950元，脚链没卖，戴在自己脚上，准备钱花完后再卖掉。刘去元洪城买了套西装，乘车返回仓山。下车后给陈玉美打了个电话，又没找到陈。刘在公园路餐厅吃了晚饭，于19:00多（正在播《新闻联播》）打电话给陈玉美，告诉她自己第二天去长乐。当晚近21:00，刘再次出来，打电话回老家，电话号码：0713－75×××××。当晚23:15，刘扛上编织袋，拦了一部出租车（红色夏利）前往解放大桥方向，本打算抛尸在解放大桥和三县洲大桥之间的闽江，后发现江边有人，在亭下市场正准备停车时，一辆巡逻车经过，刘不敢下车，叫司机从三县洲大桥回师大方向。出租车经上山路转入万里小区，在东升村外停下。刘下车后，将编织袋拖进小路，拖至约200米处，外面路上有汽车经过，刘心虚，将编织袋扔在池塘边后返回住处。

18日上午，刘穿着新西装坐车到长乐陈玉美家，给陈500元作寿礼，当天住在陈家。19日，刘告诉陈福州装修公司的老板答应付拖欠的工资，要回福州去拿，中午坐车回福州。刘打算在福州再待几天，拿回欠的工资就提前回老家。

单元五

紧急性侦查措施

【学习目标】

知识目标：通过本单元的学习，了解开展侦查工作的一些紧急性侦查措施，掌握这些紧急性侦查措施的适用条件、程序及其内容。

能力目标：通过学习和训练，具备正确判断并决定适用各项紧急性侦查措施的操作和控制能力。

【学习提示】

本单元教学将采用课堂讲授、案例演示与课后实训相结合的教学方法，培养实践操作能力，并要求结合学习过的其他课程知识，特别是“查缉战术”、“刑事诉讼法”和“治安管理实务”等课程，做好学科间知识的融会贯通。

【内容结构图】

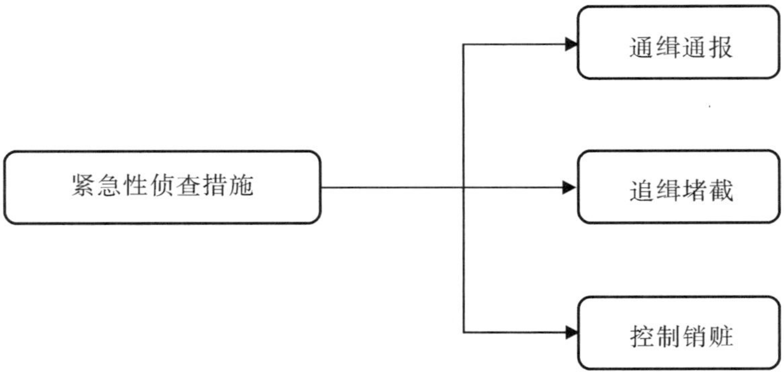

项目一　通缉通报

【案例导入】

【引例5－1】新华网北京3月1日电：公安部1日发布A级通缉令，通缉在逃杀人犯罪嫌疑人马加爵。

2004年2月23日，云南省昆明市发生一起4人被杀案件。经侦查认定，马加爵有重大作案嫌疑，现已潜逃。

马加爵，男，1981 年 5 月 4 日出生，汉族，云南大学生化学院生物技术专业 2000 级学生，户籍地址：广西壮族自治区宾阳县宾州镇马二村一队 12 号。身高 1.71m 左右，体型中等，方脸，高颧骨，尖下巴，双眼皮，凹眼，蒜头鼻，大嘴，下唇外翻。操广西口音。身份证号码为：45212319810504××××。马加爵在潜逃时随身携带两名被杀害者身份证：龚博 61232519830612××××，邵瑞杰 45042119820117××××。

公安机关将对提供准确线索的公民给予 20 万元人民币奖励。发现线索举报的公民，请拨打 110 报警电话，或向当地公安机关报警。凡知情不报、包庇或窝藏犯罪嫌疑人的将依法追究其刑事责任。

【工作导向】

一、案例导读

这是一份由公安部发布的 A 级通缉令。通缉令中写明了通缉的对象、原因、通缉对象的基本情况及其特征、奖励金额及联系方式等内容。

二、问题思考

结合相关法律法规，如何理解通缉和通报的对象及其应用？

【学习领域】

一、通缉的含义与对象

（一）通缉的含义

通缉是指公安机关对应当逮捕而在逃的犯罪嫌疑人、被告人或者罪犯，依法通令有关地区的公安等国家机关、企事业单位、人民团体及公民协助将其缉拿归案的一种紧急措施。

在侦查工作中，通缉通常以通缉令的形式，通过布告、报刊、广播、电视、网络等方式发布，可起到及时破案、加强防范、制止犯罪、打击流窜犯罪、积累犯罪资料等作用。

（二）通缉的对象

我国《刑事诉讼法》第 153 条第一款规定：应当逮捕的犯罪嫌疑人如果在逃，公安机关可以发布通缉令，采取有效措施，追捕归案。本条文规定了通缉对象必须具备两个条件：实质条件是身份已查清应当逮捕，形式条件是犯罪嫌疑人在逃。通缉的对象必须同时具备这两个条件，具体包括：

（1）已决定逮捕而在逃的犯罪嫌疑人。具体是指应当依法逮捕的在逃犯罪嫌疑人。

（2）已经逮捕，在讯问、押解和羁押期间逃跑的犯罪嫌疑人。

（3）在取保候审、监视居住期间逃跑的犯罪嫌疑人。具体是指违反我国《刑事诉讼法》第 69、75 条规定，在取保候审、监视居住期间逃跑的应当逮捕的犯罪嫌疑人。

（4）从羁押的场所内逃跑的犯罪嫌疑人、被告人和罪犯。

二、通报的含义与种类

（一）通报的含义

通报也称为协查通报，是指公安机关为了及时发现犯罪线索、查获赃款赃物、查明犯罪嫌疑人、查找尸源或可能遇害的失踪者下落等与刑事案件、刑事犯罪有关的问题，请求有关公安机关、单位和公民协查的一项紧急侦查措施。

通报是侦破案件的辅助手段，是加强公安机关横向联系的纽带，也是收集犯罪情报资料的重要途径。在侦查工作中，通报通常以书面、电子文件的形式发布，根据协查的内容决定其发布的范围，有关案件侦查的内容仅在公安机关内部通报，而需要社会群众力量协助的通报可以通过网络、电视、报纸等媒体公开发布。

（二）通报的种类

根据通报内容的不同，通报可分为以下几种：

1. 协查案情通报

对未破的重大疑难案件，严重暴力犯罪、流窜犯罪、结伙作案的犯罪案件，办案部门应及时向犯罪嫌疑人可能逃窜或潜逃的地区的公安机关发出案情通报。

2. 协查赃款赃物通报

对于有赃可查的案件，为了以赃查人，从犯罪嫌疑人销赃、窝赃、使用赃款赃物的过程中发现犯罪嫌疑人，公安机关可向有关地区、行业发出协查通报。

3. 协查犯罪嫌疑人通报

需要通报协查的犯罪嫌疑人有两种：一是已知道犯罪嫌疑人姓名、身份、个人特点及其作案手段、携带物品等情况，但未确定拘捕、不宜使用通缉措施而下落不明或潜逃的；二是在侦查中抓获的身份不明的犯罪嫌疑人。

4. 协查尸源通报

对于发现的无名尸体、尸块，经组织当地群众辨认而未查明死者身份时，公安机关应及时发出协查尸源的通报。

5. 协查失踪人员通报

对于下落不明的人员，根据对该人的调查了解，判断其可能被害时，公安机关可向有关地区发布协查通报。

三、通缉、通报的发布权限与范围

（一）通缉令的发布权限与范围

通缉令的发布权限和范围都要按规定执行，不得擅自乱发通缉令。凡要发布通缉令的，必须由县（市）级以上公安机关办理，非公安机关无权发布通缉令。人民检察院和人民法院在办理案件的过程中，需要通缉犯罪嫌疑人、被告人的，应当通过公安机关进行。

1. 发布权限

我国《刑事诉讼法》第153条第二款规定：各级公安机关在本辖区以内，可以直接发布通缉令；超出自己管辖的地区，应当报请有权决定的上级机关发布。也就是说，县、市（地区）、省级公安机关可以分别在自己管辖的县、市（地区）、省内直接发布通缉令；需要跨省或在全国通缉重要的在逃犯罪嫌疑人时，由省级公安机关上报公安部，再由公安部发布通缉令。

2. 发布范围

由公安机关签发通缉令的负责人根据案件的性质、犯罪嫌疑人的具体情况、侦查的需要决定。

（二）通报的发布权限与范围

1. 发布权限

通报必须由县级以上公安机关发布。县、市级公安机关有权在本辖区内发布通报；需要在全省范围内发布的，由省级公安机关发布通报；需要跨省协查的流窜犯罪、涉外犯罪案件和重要犯罪线索，由公安部发布通报。发布通报应经发布公安机关负责人批准，具体发布事项按公安部《关于建立刑事犯罪通缉通报制度的通知》执行。

2. 发布范围

通报的范围要适当，不得随意滥发。通报前要认真研判通报协查事项、犯罪嫌疑人可能涉及的地区，确定发布范围，尽量减少盲目性。

四、通缉、通报的落实和管理

通缉、通报能否发挥作用，关键在于接受单位的重视和配合程度。为使通缉、通报措施及时得到落实和处理，应做好：

（一）通缉、通报的落实

相关公安机关接到通缉、通报后，必须及时布置和落实查控工作，组织力量对被通缉、通报对象可能涉及的地方进行有效的控制，对外地侦查机关直接派人来调查重大线索、追捕犯罪嫌疑人的，应派相应的人员配合工作。抓获被通缉对象后，应迅速通知通缉令发布机关，经其派人核实后押回。对通报要求查证的情况，要逐一认真查证，并及时回复查证情况和移交查获的线索材料。

其他相关单位和公民接到通缉、通报后，应积极协助公安机关的工作，获悉被通缉、通报对象的情况要及时向公安机关报告或直接扭送、移交给公安机关处理。

（二）通缉、通报的补充、更正和撤销

1. 通缉、通报的补充和更正

通缉、通报发出后，若有新的重要情况发生，或者情况发生了变化，抑或原来的情况有误，应及时发布补充或更正通缉、通报，补充、更正通缉、通报应由原发布机关发布，必须注明上次通缉、通报的编号和发布日期，以便查对。

2. 通缉、通报的撤销

发布通缉、通报的侦查机关，在案件已破、犯罪嫌疑人被查获后，或因其他原因不再需要有关地区继续就此案予以协查时，应及时发出撤销通缉、通报的通知。对外地发来的通缉、通报，如较长时间内没有接到对方的撤销通知，应主动向对方发函或致电查询，一经获悉案件已侦破、犯罪嫌疑人已被抓获，应立即撤销查控工作，以免浪费人力、物力、财力。

五、发布通缉、通报应注意的问题

（一）通缉、通报的区别

通缉是为了缉捕犯罪嫌疑人而依法向有关地区公安机关和公民发布的通告，可以张贴或公布，通缉的对象有真实的姓名和身份，而且案情比较清楚。

通报是为了查明某方面的情况而向有关单位发出的内部文件，接受单位不得随意扩散通报中的案情内容。被通报的对象大多不知其真实姓名，有的只是指出赃物的特征或作案手段等方面的情况。

（二）通缉、通报的要求

（1）按照规定发布通缉、通报。首先发布通缉、通报的时间要及时，即在侦查工作中需要发布通缉或通报时，要抓紧时间发布。其次是通缉、通报的发布范围要全面、适当，通缉、通报是重要的侦查措施，只有发布范围准确，才能发挥通缉、通报的作用。再次是发布通缉、通报应注明发文号、联系人和联系电话，以便知情者或有关单位联系和回复。

（2）通缉、通报的文字要简明扼要，特征描述要规范、具体，照片要清晰可辨，便于查阅。

六、边控

边控即边境控制措施，是指为了防止犯罪嫌疑人逃往境外，而在边防口岸进行布防、控制的一种缉查措施。

改革开放以来，随着我国同其他国家和地区在经济、政治、文化等方面的交流日益频繁，也出现了境内外相互勾结的犯罪案件，有些人在国内犯罪后，潜逃国外，企图逃避法律的惩罚。因此，做好边控工作有利于此类案件的及时侦破和降低办案成本，同时也有利于维护我国的安定团结和经济建设，提高我国的国际声誉。

边控措施本属于通缉措施的一种，但边控的实施又有其特殊的规定。首先，在采取边控措施时，办案部门应当按照有关规定制作“边控对象通知书”，经县级以上公安机关负责人审核，呈报省级公安机关批准后，及时通知本省（市、区）有关边防口岸，实施边控措施。需要在全国范围边防口岸采取边控措施的，应当呈报公安部批准，由公安部有关主管部门通知全国边防口岸实施边控措施。其次是对需要边防检查站限制犯罪嫌疑人人身自由的，交控的公安机关应当同时出具“拘留证”、“逮捕证”等有关法律文书。在紧急情况下，来不及办理上述法律文书的，县级以上公安机关可以出具公函，先向当地边防检查站交控，并在交控后的7日内补办交控手续。

七、相关法律文书

（一）通缉令

通缉令是公安机关对罪该逮捕而在逃的犯罪嫌疑人或者拘留、逮捕后脱逃的犯罪嫌疑人、被告人以及实施罪犯追捕时制作的法律文书。

通缉令由正页和存根两部分组成。

正页是通缉犯罪嫌疑人、被告人、罪犯的正式文书。包括首部、正文和尾部三部分。

首部包括标题、发文字号和通缉范围。

正文是通缉令的写作重点，内容要翔实。具体内容的顺序为：一是简介案情，写明发案的时间、地点、手段，案件性质、情节、后果，涉案证据情况等，需要保密的内容可以不写。二是被通缉人的有关情况，包括被通缉者的姓名、别名、曾用名、绰号、性别、民族、年龄、籍贯（国籍）、出生地、户籍所在地、工作单位、职业、居住地、有无前科等基本情况和其身高、体态、相貌、发型、肤色、口音、生理病理特征、衣着、特殊技能、明显标记等体貌特征以及被通缉者携带的物品等。三是通缉的工作要求和注意事项，写明对被通缉人的查缉要求和处置要求以及办案单位联系人、联系方式等。四是附件，包括犯罪嫌疑人照片或模拟画像、指纹和重要关系人员的名单等。

尾部注明发布通缉令的时间，加盖发布机关的印章，必要时在通缉令底部附上抄送单位名称。

存根由签发单位留存备查，按规定依次写明制作单位名称、文书名、文书编号、犯罪嫌疑人姓名、性别、年龄、住址、单位、职业、籍贯、通缉原因、通缉时间、批准人、承办人、填发时间、填发人等内容。

（二）协查通报

协查通报是公安机关根据侦查办案需要，要求有关单位协助调查、控制犯罪嫌疑人而制作的法律文书。

协查通报由首部、正文和尾部三部分组成。

首部包括标题、发文字号和发布范围。按规定填写。

正文包括简要案情、协查对象简介、协查对象特征、协查工作要求和注意事项。按办案需要填写。

尾部包括发布单位、发布日期和附件。按实际情况填写。

【拓展阅读】

悬赏通告

（一）悬赏通告的概念

悬赏通告是指侦查机关为了发现重大破案线索，追缴涉案财物、证据，查获犯罪嫌疑人，借助有关媒体向社会公开发布通告，请案件知情者提供线索和证据并承诺支付一定报酬的侦查措施。

（二）悬赏通告适用的案件范围

适用悬赏通告的案件通常是指采用常规的侦查方法、手段侦查破案较困难或可能贻误时机，为了加快破案进程，节省办案成本而及时采用的办法。在侦查实践中，重特大疑难案件，涉案财物数额巨大、损害后果严重、社会影响大的案件等通常会采用悬赏通告的办法。

（三）悬赏通告的制作与发布

悬赏通告的制作与发布与通缉令相似，其发布机关为县级以上公安机关。悬赏通告的内容主要有三部分：

（1）标题：通常用“悬赏通告”的字样，亦可冠以发文机关名称。

（2）正文：简要案情、求助内容和悬赏数额。

（3）尾部：发布机关的联系方法、联系人以及具体的地址和电话。

根据《公安机关办理刑事案件程序规定》第271条的规定，悬赏通告可以通过广播、电视、报刊、网络等媒体发布。

（四）发布悬赏通告应注意的问题

（1）案情公布要适度，保密内容不得泄露。

（2）悬赏通告文字内容要准确、规范和简洁，提供的指纹和照片要清晰。

（3）悬赏通告发布的范围要确定。

（4）悬赏的金额要具体，方式要明确，兑换要及时。

（5）犯罪嫌疑人自首、被抓获或被击毙的，原发布机关应在原通告范围内撤销悬赏通告。

项目二　追缉堵截

【案例导入】

【引例5－2】某年11月2日在山西省绛县发生了一起杀人抢枪的特大案件，11月2日深夜以田玉民为首的八名案犯，袭击了绛县境内的一家国营机械厂的经济民警队，打死指导员，打伤数人，抢走队长、指导员、副队长的三支手枪和执勤民警的一支半自动步枪，而后逃窜。公安机关接到报案后，迅速组成了一支由多层次、多地区、多警种参加的追缉查控队伍。3日下午，指挥部接到群众报告，案犯正沿着山间河谷向翼城县西阎镇方向逃窜。指挥部当即决定兵分两路前后夹击，一路警力飞速直插西阎镇进行堵截，另一路顺案犯的行径沿河槽路火速跟踪追缉。当天下午4:40，当案犯逃至西阎镇亩坪河畔沙草嘴时，被警方包围截获。在案犯抗捕的情况下，干警果断还击，当场击毙歹徒4名，击伤、活捉歹徒各2名，及时破获案件。

【工作导向】

一、案例导读

此案中，杀人抢枪案件发生后，公安机关得知案犯正向西阎镇方向逃窜时，立即组织力量顺着案犯逃窜的路线（河槽路）进行跟踪追击，这一措施在侦查活动中称为追缉。与此同时，公安机关还指挥另一部分警力飞速赶往案犯逃跑的目的地（西阎镇）进行查缉工作，这一与追缉同时使用的措施被称为堵截。

二、问题思考

在侦查实践中，追缉和堵截往往同时实施，统称为追缉堵截，采取追缉堵截措施应具备什么条件？实战中有哪些方法和要求？

【学习领域】

一、追缉堵截的概念

追缉堵截是指在侦查工作中，针对逃跑的犯罪嫌疑人，公安机关根据其逃跑的方向和路线，组织力量进行追踪缉捕和设卡堵截的一项紧急性侦查措施。

追缉堵截实际上包括追缉和堵截两项措施。追缉是指沿着犯罪嫌疑人逃跑的方向和路线进行寻踪追捕、缉获犯罪嫌疑人的措施；堵截是指根据犯罪嫌疑人逃跑的方向和路线，组织力量设卡查缉，截获犯罪嫌疑人的措施。在侦查实践中，二者相辅相成，往往同时并用，形成前后夹击的追堵局面，容易及时捕获犯罪嫌疑人，提高破案速度和减少甚至避免财物损失。另外，如果追缉堵截及时，还可以在犯罪嫌疑人逃跑的沿途发现新的线索，防止其毁灭罪证。

二、追缉堵截的条件

追缉堵截措施的运用具有一定的前提条件，并非犯罪嫌疑人逃跑就可以运用的。侦查实践中，具备下列条件的可酌情使用：

（一）掌握犯罪嫌疑人的有关情况

实施追缉堵截必须搞清楚犯罪嫌疑人的体貌特征，或逃跑时携带的物品、衣着特征，或逃跑时所驾乘的交通工具特征，或有犯罪嫌疑人因受伤而遗留的血迹，或犯罪嫌疑人遗留在现场的物品可做嗅源，或在现场留有犯罪嫌疑人的足迹和步法等。

（二）确定犯罪嫌疑人的逃跑方向、路线

实施追缉堵截必须明确犯罪嫌疑人的逃跑方向、路线或落脚点。

（三）确定犯罪嫌疑人还未逃远

追缉堵截必须是在距离发案时间不长，犯罪嫌疑人逃跑时间不久或未及逃远，或就地隐藏等情况下实施，否则难于追缉堵截。

三、追缉堵截的方法

追缉堵截是形式多样、灵活机动的侦查措施，根据敌我双方的不同情况和外部客观因素采取具体方法，实践中的方式有：

（一）追缉堵截的主要方法

1. 尾追前堵法

尾追前堵法指根据犯罪嫌疑人逃跑的方向和路线，一方面组织力量尾随其后追缉，另一方面在其逃跑的前方布置力量、设卡堵截，形成前后夹击之势追捕犯罪嫌疑人的一种方法。这种方法是追捕犯罪嫌疑人最常用的方法，使用率和成功率都比较高。采用这种方法的前提是犯罪嫌疑人逃跑的方向和路线比较明确，变动的可能性较小。

2. 穿插迂回法

如果犯罪嫌疑人逃入地形复杂、范围广阔的地区地带，警方可使用多个追捕小队，分别采用中间穿插、两侧迂回的方法，使犯罪嫌疑人始终处于被追缉、堵截的范围之内，从而将其抓获。

3. 合围包剿法

在追缉堵截的过程中，如果确认犯罪嫌疑人已经隐藏在一个明确的地点，或被逼入一个较小的区域范围内时，将其包围起来，采取机动灵活的办法将其抓获或促使其缴械就擒。对那些顽固抵抗，有可能造成群众、警方伤亡的犯罪嫌疑人，可就地击毙。

4. 立体追堵法

立体追堵法是指使用现代化的海、陆、空交通工具，将地面、水上的追堵和空中的观察控制及指挥紧密结合起来，把犯罪嫌疑人始终控制在一个有限的空间范围内，最后将其捕获。

（二）追缉堵截的辅助性方法

1. 步法追踪

步法追踪是在技术人员的带领下，根据不同道路、地面，不同条件下的犯罪嫌疑人的步法和足迹的特点，判明犯罪嫌疑人的一些具体特征和逃跑方向，由此来配合追捕行动的一种方法。

2. 警犬追踪

警犬追踪是利用犯罪嫌疑人的遗留物作为嗅源，或根据犯罪嫌疑人的足迹，使用警犬发现其逃跑的方向、路线和落脚点，配合追捕行动的一种方法。

3. 架网监控

一般情况下，任何追缉堵截都不能单线进行，必须全面架网控制。一是在追捕的同时，通知犯罪嫌疑人可能逃往地区的公安机关守候堵截，前后夹击。也可直接派出机动力量，利用最快的交通工具赶赴犯罪嫌疑人可能途径的车站、码头、机场、交通要道口，组织力量拦截。二是迅速了解犯罪嫌疑人的社会关系及其地址，及时将其关系人的情况通知所在地的公安机关，组织力量监控，张网以待。

四、追缉堵截的要求

（一）统一指挥，协同作战

追缉堵截的实施所涉及的警种多、人员多、地域广，因此，统一有效的指挥、多个参战单位的协同作战就显得尤为重要。

追缉堵截的实施要求具体的指挥权必须集中统一行使，要打破条块界限、减少指挥层次、理顺指挥关系、克服多头指挥等现象。依据我国法律规定，办理刑事案件实行属地管辖的原则，发案地或犯罪嫌疑人发现地的公安机关负责人进行追缉堵截的集中统一指挥。

追缉堵截的实施仅靠一点一线的布置、一个部门孤军作战是很难奏效的，必须组织各警种、各部门、各社会阶层的力量，相互协调配合，形成“合力”，才能使犯罪嫌疑人无机可乘。组织协同作战既要注意力量的协同，也要注意措施的协同。力量的协同是指侦查机关要根据各业务部门的职能特点，相互协调，发挥各警种的独特作用。措施的协同是指既要采取追、堵、围、查、控等基本缉捕措施，也要善于综合运用公开和秘密、虚与实的侦查谋略，以周密完善的部署取胜。

（二）快速反应，因案施策

快速反应是侦查工作规律性的必然要求，是指公安机关在得到案件情况报告后，能够正确果断地采取相应措施，迅速出击，掌握追缉堵截工作的主动权，及时制止、控制犯罪嫌疑人。但是，快速反应不是盲目动作，而是以多种因素的有机结合为前提的，如决策的正确性、组织的有效性、各方人员的协同性、后勤保障的及时性等。同时，在进行追缉堵截时要因案、因人、因时、因地采取针对性措施，精心策划，应用可行的措施和谋略，在尽可能防止或减少伤亡损失的基础上捕获犯罪嫌疑人。

项目三　控制销赃

【案例导入】

【引例5－3】2002年6月23日晚8:00左右，无锡市崇安区田基浜52号102室发生一起特大入室抢劫、杀人、放火案。犯罪嫌疑人闯门入室，采取锤子砸头、锐器割颈等手法，将该室居民李有富（男，73岁）和其妻赵富顺（69岁），女儿李文霞（33岁）、李艳霞（41岁）杀死，然后在室内大面积翻动、搜劫钱财，并将尸体集中于一室纵火焚烧，企图焚尸灭迹。现场勘查结束后，侦技人员对现场进行了清理，并结合死者亲属反映的情况，确定死者李文霞的一只银灰色“摩托罗拉2688”型手机（号码130××××××××）被劫。公安机关根据这一线索，果断采取赃控措施，对全市200多个手机收旧摊位，特别是对市区“劝业场”、“梦之岛”等旧手机交易市场进行了布控。由于监控措施严密、及时、准确，于7月6日在“劝业场”旧手机交易市场摊主芮某处查获被劫手机。公安机关以此为突破口，顺藤摸瓜，找到并抓获了犯罪嫌疑人。

【工作导向】

一、案例导读

这是一起典型的以物找人的案例，公安机关通过对涉案物品即手机的控制，及时查获了涉案手机的去向，顺藤摸瓜，找到并抓获了犯罪嫌疑人，侦破了案件。

二、问题思考

结合治安管理的相关内容和侦查实践，谈谈如何做好控制销赃的各项工作。

【学习领域】

一、控制销赃的概念

控制销赃是指在侦查有赃物可查的刑事案件时，侦查部门组织专门力量或依靠群众，及时对犯罪嫌疑人可能销赃的有关行业和场所进行监视控制，进而发现赃物，查获犯罪嫌疑人的一项侦查措施。

对于盗窃、抢劫、诈骗等涉及财物的刑事案件，一般都有赃款赃物可查。犯罪嫌疑人获得赃款赃物后，总要对其进行种种处理，如隐藏、转移、变卖、使用、维修、兑换等，侦查部门只要在这些环节中加强监控，就可能查获赃物，获取罪证，进而发现犯罪嫌疑人，甚至是人赃俱获，实现破案目的。另外，通过控制销赃，可以为国家、集体或个人追回全部或部分财物，挽回损失，进而激发群众同刑事犯罪作斗争的积极性，有利于打击刑事犯罪。

二、犯罪嫌疑人销赃的方式

犯罪嫌疑人获得赃款赃物后，通常会采用各种手段，尽快将其脱手以逃避侦查。犯罪嫌疑人销赃活动的这一特点，要求侦查人员及时做好控制销赃工作，为侦查破案服务。因此，在侦查活动中，应当研究犯罪嫌疑人不断变化的销赃方式方法，了解、掌握犯罪嫌疑人的销赃渠道，以便采取相应的控制措施。在实践中，犯罪嫌疑人销赃的常用手法有：

（1）甲地作案，乙地销赃。这是犯罪嫌疑人最常用的销赃方法。

（2）化整为零，廉价出售。

（3）改变特征，折价转手。

（4）以物易物，转换现金。

（5）伪造身份，冒名销售。

（6）委托他人，代销分成。

三、控制销赃的范围

控制销赃的范围，应根据赃款赃物的种类、特征和犯罪嫌疑人销赃活动的规律来确定。在通常情况下，控制销赃的范围有：

（1）特种行业。特种行业是治安学中的概念，在控制销赃中，主要指饮食服务业，如饭店、酒店、旅馆等；修理业，如车辆修理、电器修理等；废旧物品收购业，如废品收购、旧物收购等；旧货市场；二手机动车交易市场；典当行等。

（2）各种商品交易场所主要指商场、集贸市场、专卖店、信托寄卖部门、外汇侨汇商店、文物交易部门、珠宝玉器店等。

（3）公共复杂场所是指车站、码头、机场、娱乐场所、货物集散地，以及自发形成的地下黑市交易场所等。

（4）金融机构是指银行、外汇兑换场所、证券交易场所等。

（5）重点地区是指治安情况较为复杂的地区，这些地点也常涉及销赃活动。如赌博、吸毒、地下色情娱乐场所，收购、销售赃物为业的人员集中区域，刑事犯罪嫌疑人员聚集的区域，城郊结合部及治安死角区域等。

应注意的是，在当前市场经济日益发展的条件下，各种贸易、交易场所日益增多，私人交易的方式变化无常，地点难测。这就要求控制销赃工作要根据不断变化的情况调整控制范围，防止失控，使犯罪分子无机可乘。

四、控制销赃的方法

对于不同的刑事案件、不同的赃款赃物、不同的社会环境，应采取不同的控制方法。在控制销赃中，总体的方法有：

1. 广泛发动群众，进行协查控制

案件发生后，首先要搞清楚赃款赃物的特征，这是控制销赃的前提和基础，在此基础上，研究犯罪嫌疑人可能的销赃方式方法，确定控制的范围，如需要有关地区的部门和行业协助控制的，及时向它们印发协查通报，请这些单位的党政组织发动群众进行协查和控制。

2. 依靠治安、工商税务、边防海关等职能部门，加强公开行政管理

对于特种行业，应依靠公安机关治安部门日常的治安行政管理工作加强控制。对于各类集贸市场，应依靠工商、税务、市场管理等部门的行业管理发现和控制赃物。对于走私、贩卖等过境犯罪，则应同边防海关部门加强合作，发现、查获赃物和犯罪嫌疑人。

3. 布建秘密力量，加强重点场所的控制

有的犯罪嫌疑人为了逃避打击，尽快脱手赃物，采取场外销赃的方法，如在委托行货旧货店前徘徊，物色买主后，进行场外交易；有的专门到车站、码头、商店等场所物色外地旅客，销售赃物；有的到建筑工地出售给外地的农民工等。针对这些情况，侦查部门可以委派便衣警察或布置特情进行控制。

4. 组织治安保卫组织和治安积极分子，严密社会面的控制

对于那些易于犯罪嫌疑人销赃的偏僻街巷、里弄、广场、公园和其他阴暗角落等处所，要组织治安保卫组织和治安积极分子实行分片包干、落实责任的办法进行控制。

五、控制销赃应注意的问题

1. 要及时

控制销赃是一项时间性很强的侦查措施，犯罪嫌疑人作案后，为了逃避侦查和打击，总是尽快地使赃款赃物脱手。

2. 要执行国家的政策和法律

在控制中，对确属于赃款赃物的要坚决追缴；对来源可疑一时难于查清的财物可视情况暂时扣押，但要抓紧核实；对确属于不是赃物的要及时退回。要严格依法办事，任何部门和个人不得假借追缴赃款赃物为名，对扣留的物品进行私分或变卖等。

3. 要搞好协作配合

在控制销赃中，要树立整体作战思想，搞好地区与地区、部门与部门之间的协作配合，克服本位主义思想，树立全局观念，积极协调，这样才能取得良好效果。

4. 要坚持不懈

在控制销赃工作中，不仅要做到周密部署，更重要的是坚持不懈，不能紧抓一阵无成效就放任自流，要经常督促检查，持之以恒，直到取得预期效果。

项目四　技能训练

一、实训科目与要求

（一）训练科目：追缉堵截技能训练

（二）训练要求

通过实训，使学生掌握各种追缉堵截的方法及实际运用过程中应注意的事项，能够较熟练地采取各种战术追缉堵截逃跑的犯罪嫌疑人。

二、实训内容

（一）根据案例制定追缉和堵截的实训内容

（二）徒步进行追缉、堵截实训

三、实训前的准备

（一）追缉堵截训练前准备

1. 准备实训地区的地形图

2. 案例

（二）追缉堵截实训前准备

（1）挑选若干名学生扮演被追缉堵截的犯罪嫌疑人；

（2）对实训学生分成若干个追堵小组；

（3）准备案例；

（4）准备实训时间和场地、通信器材；

（5）准备训练用的武器和警械；

（6）实训前动员。

四、实训步骤与方法

（一）训练方法

（1）准备多个地形图。地形图最好以学生熟悉的本市地图为蓝本进行设计，地形图的比例不能过小。

（2）准备多个案例。

（3）以 5 人为一小组对学生进行分组。

（4）学生分组围坐地形图进行讨论设计，制订追缉堵截方案。

（二）追缉堵截实训步骤与方法

（1）挑选若干学生扮演被追缉堵截的犯罪嫌疑人。以 6 人为一小组对学生进行分组训练。

（2）确定每个小组活动的地域、介绍案例及犯罪嫌疑人的特征。

（3）训练前要动员，并宣布纪律及注意事项。

（4）犯罪嫌疑人到达预定的地点。

（5）发放实训武器和通信器材后，各个实训小组出发进行追缉和堵截。

（6）实训总结和讲评。

五、注意事项

（1）实训中要将追缉堵截实训与搜索、搜查、盘查、缉捕等战术措施结合起来。

（2）每个小组应确定一名组长负责组织指挥，各个实训人员应服从命令、听从指挥，严格遵守课堂组织纪律。

（3）各小组应在实训前根据实际情况，制订作战方案和计划，按方案实施追缉堵截。

（4）注意人身安全，防止出现突发事故。各小组长对本小组要加强领导，并定时向指导老师汇报情况。

（5）各追缉堵截人员要加强通信联系，定时向小组长汇报情况。

六、实训案例

［实训案例一］某年4月21日上午9:00，某地发生一起飞车抢夺案件，被害人在某市五一路立交桥下行走时，被两名骑摩托车的歹徒飞车抢走价值5 000元的金项链一条，背包一个，内有人民币50 000元及手机、身份证等物。案发后，被害人立即报警，巡警在3分钟内赶到现场部署追缉堵截。如果你是指挥员，应该怎样在地形图上部署追缉堵截的警力？设计追缉的方法、路线、堵截的方式、堵截卡点的位置。

实训要求与提示：本案例既可制订作战计划，也可组织实训。实训中，实训人员应根据地形采取各种形式的追缉堵截战术。

［实训案例二］某年7月21日上午9:00，一歹徒窜入某单位家属宿舍区盗窃作案，盗窃得逞后正准备逃离现场时，被事主发现报警，警察4分钟内赶到现场。此时，歹徒已经携凶器窜入单位对面一山林中隐藏起来。民警立即部署警力对犯罪嫌疑人隐藏的山林展开追缉和搜索，经过两个小时的搜索，发现犯罪嫌疑人隐藏在山林的一个小山洞中，民警包围后对其展开心理攻势，最后犯罪嫌疑人缴械投降。

实训要求与提示：

（1）本案例展示追缉堵截的整个过程。在实际操作中，应根据已有的实训条件设计实训场景，按照实训的步骤和方法开展训练。

（2）在训练过程中，扮演犯罪嫌疑人的学生应尽力逃避和隐藏，实训指挥员应周密部署指挥，追缉堵截人员应边追缉边观察，以便保持正确的追缉方向，发现犯罪嫌疑人隐藏的蛛丝马迹。

七、作业布置

（1）参训人员每人制订一份追缉、堵截方案。

（2）参训人员每人写一份实训心得体会。

八、实训讲评

（1）各个小组以小组为单位组织讨论。

（2）指导老师总结和讲评。

九、实训考核（100分）

（1）追缉堵截方案。（20分）

（2）追缉堵截效果。（30分）

（3）实训组织工作及纪律。（20分）

（4）实训心得体会。（30分）

单元六

强制性侦查措施

【学习目标】

知识目标：通过本单元的学习，了解强制性侦查措施的内容，掌握每项强制性侦查措施所应用的标准，培养司法公正和执法公正的理念。

能力目标：通过学习和训练，提高掌握各项强制性侦查措施相关工作的操作能力及相关法律文书的制作能力。

【学习提示】

本单元学习要结合“刑事诉讼法”、“侦查机关办理刑事案件程序规定”等知识，通过案例演示及讨论相结合的方法，加强对知识的理解和掌握。

【内容结构图】

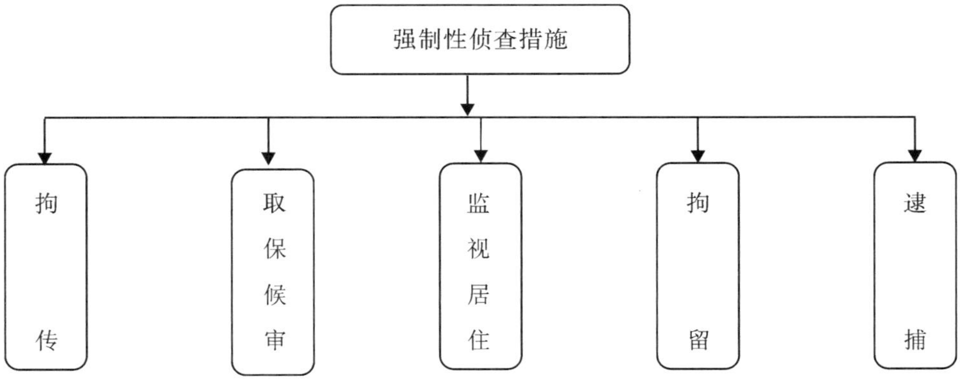

项目一　拘　传

【案例导入】

【引例 6－1】王某因与邻居发生纠纷引发斗殴，其中一方受轻伤。当地派出所连续 5 天传唤王某，每天让王某到派出所接受讯问，20 多个小时后（不超过 24 小时）才让其回家，不到几小时，再次传唤王某，询问同样的问题。王某的生活因此受到很大影响。

【工作导向】

一、案例导读

本例中，派出所对王某采取了拘传的措施，但其做法并不符合法律规定。

二、问题思考

什么是拘传？如何理解适用拘传措施的对象和程序？

【学习领域】

一、拘传的含义

拘传是指公安机关、人民检察院、人民法院对未被羁押的犯罪嫌疑人、被告人采取的强制其到指定的地点接受讯问的一种刑事强制措施。根据《刑事诉讼法》第 64 条及其他有关规定，我国的人民法院、公安机关、人民检察院、国家安全机关、军队保卫部门和监狱根据案件情况都有权对被告人或犯罪嫌疑人依法实施拘传。

二、拘传适用的对象和程序

（一）适用对象

拘传适用于两种人，一是经合法传唤无正当理由不到案的犯罪嫌疑人，二是应当强制到案的犯罪嫌疑人。

但在实践中应当注意的是：第一，是否经过合法传唤不是拘传的前提条件；第二，拘传的适用对象是犯罪嫌疑人，对不到案的见证人、鉴定人、受害人等不得适用。

（二）实施拘传的程序

1. 拘传的申请

公安机关等办案单位需要拘传犯罪嫌疑人时，首先要按照法律规定，由侦查人员制作《呈请拘传报告书》，说明拘传的理由和法律依据，同时附送相关材料，说明被拘传人的基本情况和主要犯罪事实，然后将《呈请拘传报告书》及有关材料报送县级以上公安机关负责人批准后即可填发“拘传证”。

2. 拘传的执行

执行拘传不得少于两人，执行拘传时执行人要向被拘传的犯罪嫌疑人出示《拘传证》，并责令其在《拘传证》上签名（盖章）、捺指印。犯罪嫌疑人到案后，应当责令其在《拘传证》上填写到案时间，讯问结束后，应当责令其在《拘传证》上填写讯问结束时间。犯罪嫌疑人拒绝填写的，侦查人员应当在《拘传证》上说明。

3. 拘传的时间

被拘传的犯罪嫌疑人到案后，侦查人员应当立即对其进行讯问，查明案情。一次拘传持续时间最长不得超过 12 小时，不得以连续拘传的形式变相拘禁犯罪嫌疑人。这里所说的“最长不超过 12 小时”是指拘传持续的时间从犯罪嫌疑人到案时开始计算，到案之前的路途时间不计算在内。暂停讯问时，可以将被拘传的犯罪嫌疑人控制在候讯室内。对同一对象，每拘传一次，都必须重新填写和出示《拘传证》。

4. 拘传的解除

经讯问，被拘传的犯罪嫌疑人无问题，也无需变更为其他强制性措施的，应解除对其的拘传。但经讯问如有犯罪罪行的，有必要依法追究刑事责任的，可采取其他强制性措施。如果因拘传时限即将届满，将犯罪嫌疑人放回有碍侦查情形的，可在拘传时限届满前决定是否采取其他强制性措施。

项目二　取保候审

【案例导入】

【引例6－2】杜某因与公司发生争执，打电话召集老乡帮忙，双方持械发生斗殴。双方人员都有不同程度的受伤，报案后杜某等被带到公安机关。经调查，杜某在斗殴过程中犯罪情节轻微，公安机关决定对杜某采取取保候审的强制性措施。

【工作导向】

一、案例导读

公安机关对杜某采取取保候审的强制性措施，需做好以下工作：

（一）认真审核

杜某被带到公安机关后，公安机关首先要对杜某在整个案件中的作用和情节进行分析，看是不是符合取保候审的条件。

（二）决定采取的强制性措施的种类

经调查，公安机关发现在整个过程中杜某犯罪情节轻微，而且造成的社会危害性不大，对其采取取保候审足以防止其继续实施危害社会的行为，而且杜某也提出了取保候审的申请，因此，公安机关决定对其采取取保候审的措施。据了解，杜某经济条件差，无稳定收入，但杜某的父亲有正式工作，收入稳定，人身自由没有受到限制，其同意充当杜某的保证人。

（三）采取取保候审

经过调查，公安机关认为可以对杜某采取取保候审，经县级以上公安机关负责人的批准，对杜某采取取保候审的强制性措施，并同意由杜某的父亲充当保证人。

二、问题思考

如何理解取保候审措施的适用对象和条件？实践中如何执行取保候审措施？

【学习领域】

一、取保候审的含义

取保候审是指公安机关、人民检察院、人民法院等根据案件情况责令犯罪嫌疑人提出保证人或者交纳保证金，并出具保证书，保证不逃避或者妨碍侦查、起诉、审判，随传随到的强制性措施。

二、取保候审适用的对象和条件

（一）适用的对象

取保候审一般适用于犯罪行为轻微，社会危害性不大，不够逮捕条件而采取取保候审足以防止实施危害社会行为的犯罪嫌疑人或者被告人。

（二）取保候审的条件

根据《刑事诉讼法》第65条的规定，人民法院、人民检察院和公安机关对有下列情形之一的犯罪嫌疑人、被告人，可以取保候审：

（1）可能被判处管制、拘役或独立适用附加刑的。

（2）有可能判处有期徒刑以上刑罚，采取取保候审不致发生社会危险性的。

（3）患有严重疾病、生活不能自理，怀孕或者正在哺乳自己婴儿的妇女，采取取保候审不致发生社会危险性的。

（4）羁押期限届满，案件尚未办结，需要采取取保候审的。

不得采取取保候审的情形：根据《公安机关办理刑事案件程序规定》第64条规定，对累犯、犯罪集团的主犯，以自伤、自残办法逃避侦查的犯罪嫌疑人，严重暴力犯罪以及其他严重犯罪的犯罪嫌疑人不得取保候审。

三、取保候审的程序

（一）呈请审批

侦查机关需要对犯罪嫌疑人采取取保候审的，应当制作《呈请取保候审报告书》，说明取保候审的理由及采取的保证方式，经县级以上侦查机关负责人批准，签发《取保候审决定书》。《取保候审决定书》应当向犯罪嫌疑人宣读，由犯罪嫌疑人签名（盖章）、捺手印。

（二）责令犯罪嫌疑人提出保证人或者交纳保证金

决定对犯罪嫌疑人采取取保候审的机关应当责令犯罪嫌疑人提出保证人或者交纳保证金。对同一个犯罪嫌疑人只能运用其中一种方式，不能责令其既提出保证人又交纳保证金。

1. 提出保证人

保证人是具备法定条件的，由犯罪嫌疑人提出的，监督被保证人遵守法律和纪律规定的并能承担违反法定义务而产生的法律后果的公民。根据《刑事诉讼法》第67条的规定，保证人必须具备以下条件并经公安机关审查同意：①与本案无牵连；②有能力履行保证义务；③享有政治权利、人身自由未受到限制；④有固定的住处和收入。具备以上条件的保证人根据《刑事诉讼法》第68条的规定应当履行以下义务：①监督被保证人遵守本法第69条的规定；②发现被保证人可能发生或者已经发生违反本法第69条规定的行为的，应当及时向执行机关报告。保证人在保证承担上述义务后，应当填写《保证书》，并在《保证书》上签名或盖章，保证人应严格履行保证义务。被保证人有违反本法第69条规定的行为，保证人未履行保证义务的，经公安机关查证属实后，经县级以上侦查机关负责人批准，签发《对保证人罚款决定书》，对保证人可处1 000元以上1万元以下罚款，构成犯罪的，依法追究刑事责任。如果保证人在取保候审期间情况发生变化不愿继续担保或者丧失担保条件的，应当责令犯罪嫌疑人重新提出保证人或者交纳保证金。

2. 交纳保证金

决定机关对犯罪嫌疑人采取取保候审时，责令其交纳一定保证金，并承诺遵守法律所规定的义务，如果犯罪嫌疑人违反法定义务，没收保证金；如果未违反法定义务的，在取保候审结束时退还保证金。根据《刑事诉讼法》第70条的规定，取保候审的决定机关应当综合考虑保证诉讼活动正常进行的需要，如被取保候审人的社会危险性，案件的性质、情节，可能判处刑罚的轻重，被取保候审人的经济状况等情况，确定保证金的数额。提供保证金的人应当将保证金存入执行机关指定银行的专门账户。

四、取保候审的执行

（一）执行机关

取保候审的法定执行机关是公安机关。公安机关决定取保候审的应当及时通知犯罪嫌疑人居住地派出所执行。人民法院或人民检察院决定取保候审的，应通知负责执行的县级公安机关，并由公安机关及时指定犯罪嫌疑人、被告人居住地派出所执行。

（二）遵守规定

被取保候审的犯罪嫌疑人在取保候审期间按照《刑事诉讼法》第69条的规定，应当遵守以下规定：

（1）未经执行机关批准不得离开所居住的市、县。

（2）住址、工作单位和联系方式发生变动的，在24小时以内向执行机关报告。

（3）在传讯的时候及时到案。

（4）不得以任何形式干扰证人作证。

（5）不得毁灭、伪造证据或者串供。

人民法院、人民检察院和公安机关可以根据案件情况，责令被取保候审的犯罪嫌疑人、被告人遵守以下一项或者多项规定：

（1）不得进入特定场所。

（2）不得与特定的人员会见或者通信。

（3）不得从事特定的活动。

（4）将护照等出入证件、驾驶证件交执行机关保存。

被取保候审的犯罪嫌疑人、被告人违反前两款规定，已交纳保证金的，没收部分或者全部保证金，并且根据不同的情形，责令犯罪嫌疑人、被告人反思，重新交纳保证金、提出保证人，或者监视居住、予以逮捕。对于违反取保候审规定，需要予以逮捕的，可以对犯罪嫌疑人、被告人先行拘留。

取保候审的期限最长不得超过12个月。对发现不应当追究刑事责任或取保候审届满的，原决定机关应当作出解除取保候审的决定。同时根据《刑事诉讼法》第71条规定，犯罪嫌疑人、被告人在取保候审期间未违反第69条规定的，取保候审结束的时候，凭解除取保候审的通知或者有关法律文书到银行领取退还的保证金。

项目三　监视居住

【案例导入】

【引例6-3】李某伙同别人先后在某路口、桥头、公园等地采取威胁、殴打和搜身等手段，劫取多个被害人现金总共1 500元和价值人民币600元手机一部。随后李某被带到公安机关。

【工作导向】

一、案例导读

公安机关决定对李某采取强制性措施，须做好以下工作：

（一）认真审核

李某被带到公安机关后，公安机关首先要对李某在整个案件中的作用和犯罪情节进行分析，决定采取哪种强制性措施更准确。

（二）决定采取强制性措施的种类

经调查，李某是未成年人，现17岁，无业人员，虽然参与了抢劫，但在整个过程中，犯罪情节轻微，社会危害性不大，不符合逮捕的条件，但符合监视居住的条件。

（三）决定采取监视居住

经县级以上公安机关负责人的批准，对李某采取了监视居住的决定。

二、问题思考

采取监视居住措施的适用对象和条件是什么？实践中如何执行监视居住措施？

【学习领域】

一、监视居住的含义

监视居住是指公安机关、人民检察院、人民法院为了防止犯罪嫌疑人、被告人逃避或妨碍侦查、起诉和审判活动，依法责令其不得擅自离开固定住所或指定的居所，并对其行动加以监视，限制人身自由的一种强制性措施。

二、监视居住的对象和条件

（一）监视居住的对象

监视居住一般适用于犯罪情节轻微，社会危害性不大，不符合逮捕条件但采取监视居住足以防止其实施危害社会行为的犯罪嫌疑人或者被告人。

（二）监视居住的条件

根据《刑事诉讼法》第72条规定，人民法院、人民检察院和公安机关对符合逮捕条件，有下列情形之一的犯罪嫌疑人、被告人，可以采取监视居住：

（1）患有严重疾病、生活不能自理的。

（2）怀孕或者正在哺乳自己婴儿的妇女。

（3）系生活不能自理的人的唯一抚养人。

（4）因为案件的特殊情况或者办理案件的需要，采取监视居住措施更为适宜的。

（5）羁押期限届满，案件尚未办结，需要采取监视居住措施的。对符合取保候审条件，但犯罪嫌疑人、被告人不能提出保证人，也不交纳保证金的，可以监视居住。

三、监视居住的程序

（一）办理法律手续

决定机关根据情况决定对犯罪嫌疑人采取监视居住的，应当先制作《呈请监视居住报告书》，经县级以上公安机关负责人批准后，立即签发《监视居住》决定书，并向犯罪嫌疑人宣读，由犯罪嫌疑人签名（盖章）、捺手印、填写日期，通知负责执行的派出所。

（二）监视居住的执行

（1）根据规定，监视居住由公安机关执行。公安机关决定监视居住的，由犯罪嫌疑人住处或者指定的居所所在地的派出所执行。人民法院、人民检察院决定监视居住的，负责执行的县级公安机关应当在收到法律文件和有关材料后，及时指定被监视居住人住处或者居所所在地派出所执行。

被监视居住的犯罪嫌疑人有正当理由离开住处或者指定居所的，决定机关是公安机关的，则报县级公安机关批准。如果决定机关是人民法院或人民检察院的，则公安机关在作出决定前，应当征得原决定机关的同意。

（2）根据《刑事诉讼法》第73条规定，监视居住应当在犯罪嫌疑人、被告人的住处执行；无固定住处的，可以在指定的居所执行。对于涉嫌危害国家安全犯罪、恐怖活动犯罪、特别重大贿赂犯罪，在住处执行可能有碍侦查的，经上一级人民检察院或者公安机关批准，也可以在指定的居所执行。但是，不得在羁押场所、专门的办案场所执行。

指定居所监视居住的，除无法通知的以外，应当在执行监视居住后24小时以内，通知被监视居住人的家属。

（3）在监视居住期间，被监视居住的犯罪嫌疑人、被告人按照《刑事诉讼法》第75条规定，应当遵守以下规定：①未经执行机关批准不得离开执行监视居住的处所；②未经执行机关批准不得会见他人或者通信；③在传讯的时候及时到案；④不得以任何形式干扰证人作证；⑤不得毁灭、伪造证据或者串供；⑥将护照等出入境证件、身份证件、驾驶证件交执行机关保存。被监视居住的犯罪嫌疑人、被告人违反前款规定，情节严重的，可以予以逮捕；需要予以逮捕的，则可以对犯罪嫌疑人、被告人先行拘留。同时根据《刑事诉讼法》第76条规定："执行机关对被监视居住的犯罪嫌疑人、被告人，可以采取电子监控、不定期检查等监视方法对其遵守监视居住规定的情况进行监督。在侦查期间，可以对被监视居住的犯罪嫌疑人的通信进行监控。"

（4）监视居住的期限及变更与解除。根据规定，对犯罪嫌疑人监视居住最长不得超过6个月。监视居住期限届满10日前，执行机关应当通知原决定机关。指定居所监视居住的期限可以折抵刑期。被判处管制的，监视居住一日折抵刑期一日；被判处拘役、有期徒刑的，监视居住二日折抵刑期一日。

在监视居住期间，侦查机关不得中断对案件的侦查。对被监视居住的犯罪嫌疑人应当根据案情变化及时解除或者变更强制措施。犯罪嫌疑人违反应当遵守的规定的，执行机关应当及时告知原决定机关。人民法院、人民检察院作出解除、变更监视居住决定的，公安机关应当根据原决定机关的决定书作出调整。对发现不应当追究刑事责任或监视居住期限届满的，原决定机关应当作出解除监视居住的决定，并及时通知执行机关，由执行机关向被监视居住人宣读和通知。

项目四　拘　留

【案例导入】

【引例6－4】张某因使用电脑与同事李某发生纠纷，下班后张某纠集多人对李某进行殴打，公安机关接到报案后赶到现场，将张某等拘留起来。经鉴定，李某被打成重伤。

【工作导向】

一、案例导读

（一）认真做好审核工作

公安机关接到报案赶到现场，要根据现场以及周围群众提供的情况决定是否要对张某等进行拘留。

（二）是否有采取拘留的情况

公安机关来到现场后，看到张某等正在对李某行凶，而且被害人李某也指认了张某，还有目击者作证。通过分析以上案件事实，公安机关认为对张某采取拘留符合法律规定的拘留条件。

（三）决定对张某采取拘留措施

办理此案的侦查人员准备好相应手续后，经县级以上公安机关负责人的批准，对张某采取了拘留的强制性措施。

二、问题思考

如何理解刑事拘留的适用对象和执行程序？

【学习领域】

一、拘留的含义

拘留是指在侦查过程中，公安机关、人民检察院对于现行犯或重大嫌疑分子，在紧急情况下依法采取的暂时剥夺其人身自由的一种强制性措施。它是一种为准备采取其他强制性措施而采取的应急措施。如果通过拘留后的审查，被拘留人符合逮捕条件的，则立即转为逮捕，如果通过审查发现既不符合逮捕条件又有必要对其人身自由加以适当限制的，则转为取保候审或监视居住等。

二、拘留的对象

根据《刑事诉讼法》第80条规定，公安机关对于现行犯或重大嫌疑分子，如果有下列情形之一的，可以先行拘留：

（1）正在预备犯罪、实行犯罪或者犯罪后即被发觉的；

（2）被害人或者其他目击者指认其犯罪的；

（3）在身边或者住处发现有犯罪证据的；

（4）犯罪后企图自杀、逃跑或者在逃的；

（5）有毁灭、伪造证据或者串供可能的；

（6）不讲真实姓名、住址、身份不明的；

（7）有流窜作案、多次作案、结伙作案重大嫌疑的。

三、拘留的程序

（一）办理法律手续

公安机关决定拘留时，案件承办人应当填写《呈请拘留报告书》，经县级以上公安机关负责人批准，签发《拘留证》，然后指派两名以上公安机关人员执行。

（二）执行拘留

执行拘留时必须出示《拘留证》，并责令被拘留人在《拘留证》上签字（盖章）、捺手印，并写明被拘留的时间。如果被拘留人拒绝的，执行人员应在《拘留证》上注明。如果被拘留人抗拒，执行人员可以采取适当的强制方法。

根据《刑事诉讼法》第83条第二款规定：拘留后，应当立即将被拘留人送看守所羁押，至迟不得超过24小时。除无法通知或者通知涉嫌危害国家安全犯罪、恐怖活动犯罪的家属有可能有碍侦查的情况以外，应当在拘留后24小时以内，通知被拘留人的家属。有碍侦查的情况解除以后，应当立即通知被拘留人的家属。

（三）拘留后的处理

《刑事诉讼法》第84条规定："公安机关对被拘留的人，应当在拘留后的24小时以内进行讯问。在发现不应当拘留的时候，必须立即释放，发给释放证明。"根据规定可以看出，对被拘留的人在讯问之后的处理有：

（1）通过讯问发现被拘留人没有实施危害社会行为的，办案单位应给出书面报告，经县级以上公安机关负责人批准，立即释放，并发给释放证明。

（2）认为需要逮捕的，在拘留期限内依法办理提请批准逮捕的手续。被拘留的犯罪嫌疑人经审查，认为需要逮捕的，应当在3日内制作《提请批准逮捕书》，经县级以上公安机关负责人审查后，提请同级人民检察院审查批准。在特殊情况下，经县级以上公安机关负责人批准，提请审查批准逮捕的时间可以延长1～4日。

（3）应当追究刑事责任，但不需要逮捕的，依法办理取保候审或监视居住手续。

（4）罪行轻微，不需追究刑事责任，或具有《刑事诉讼法》第15条规定的撤销案件情形之一的不应当拘留的情况，经县级以上公安机关负责人批准，签发《释放通知书》。需要予以行政处理的，应依法处理。

项目五　逮　捕

【案例导入】

【引例6－5】公安机关接到报案赶到现场，发现有人手持刀具正在行凶，果断动用警械将持刀人隔离。经调查持刀人是朱某，被害人陈某经抢救无效死亡。随后公安机关依法逮捕朱某。

【工作导向】

一、案例导读

（一）认真做好审核工作

经调查，朱某酒后在酒吧跳舞，调戏许某，后许某的男朋友陈某质问朱某，二人发生争执，之后朱某持刀将陈某左、右胸刺伤，陈某经抢救无效死亡。经鉴定，陈某系被他人用单刃锐器刺破心脏引起失血性休克而死亡。

（二）确定要采取的强制性措施

公安机关赶到现场，发现朱某手持刀具正对陈某行凶，情节严重，动用警械后才制止了朱某的行为，可以确定朱某的行为具有很严重的社会危险性，而且被害人陈某已经死亡，公安机关认为对朱某采取暂时剥夺人身自由的强制性措施是必需的。

（三）决定逮捕

办案人员结合现场及物证、人证，并对照逮捕的条件，认为需要对朱某予以羁押，之后办案人员准备相应手续，经人民检察院批准后对朱某采取了逮捕措施。

二、问题思考

如何理解逮捕的适用对象和条件？实践中如何对犯罪嫌疑人实施逮捕措施？

【学习领域】

一、逮捕的含义

在刑事诉讼过程中，公安机关、人民检察院、人民法院为防止犯罪嫌疑人逃避或妨碍侦查、起诉、审批活动的顺利进行，经人民检察院批准或者人民法院决定，依法采取的暂时剥夺其人身自由并予以羁押的一种最严厉的强制性措施。正确及时地使用逮捕措施有利于全面收集证据、查明案情，证实犯罪。

二、逮捕的对象和条件

（一）逮捕的对象

依据《刑事诉讼法》的有关规定，逮捕的对象包括：

（1）对有证据证明有犯罪事实，可能判处徒刑以上刑罚的犯罪嫌疑人、被告人，采取取保候审尚不足以防止发生下列社会危险性的，应当予以逮捕。

（2）有证据证明有犯罪事实，可能判处十年有期徒刑以上刑罚的，或者有证据证明有犯罪事实，可能判处徒刑以上刑罚，曾经故意犯罪或者身份不明的，应当予以逮捕。

（3）被取保候审、监视居住的犯罪嫌疑人、被告人违反取保候审、监视居住规定，情节严重的，可以予以逮捕。”

（二）逮捕的条件

根据《刑事诉讼法》规定，逮捕犯罪嫌疑人必须具备以下条件：

1. 有证据证明有犯罪事实

这是采取逮捕措施的首要条件。“有证据证明有犯罪事实”是指同时具备三个条件：

（1）有犯罪事实发生，而且有证据可以证明这种犯罪事实；

（2）有证据证明犯罪嫌疑人实施了以上犯罪事实；

（3）证明犯罪嫌疑人实施犯罪行为的证据已经被查证属实。

2. 可能被判处徒刑以上刑罚

已经证实的案件依照刑法规定可能对犯罪嫌疑人适用徒刑以上刑罚的。

3. 采取取保候审尚不足以防止发生法律规定的社会危险性行为

“社会危险性行为”是指犯罪嫌疑人有可能实施《刑事诉讼法》第 79 条 1 款规定的 5 项行为，具体是：

（1）可能实施新的犯罪的；

（2）有危害国家安全、公共安全或者社会秩序的现实危险的；

（3）可能毁灭、伪造证据，干扰证人作证或者串供的；

（4）可能对被害人、举报人、控告人实施打击报复的；

（5）企图自杀或者逃跑的。

以上三个条件是相辅相成，缺一不可的，只有同时具备了这三个条件才可以对犯罪嫌疑人进行逮捕。

三、逮捕的程序

根据规定，逮捕必须具备以下条件：

（一）有证据证明有犯罪事实

这是采取逮捕措施的首要条件。“有证据证明有犯罪事实”是指同时具备以下三个条件：

（1）有犯罪事实发生，而且有证据可以证明这种犯罪事实；

（2）有证据证明犯罪嫌疑人实施了以上犯罪事实；

（3）证明犯罪嫌疑人实施犯罪行为的证据已经被查证属实。

（二）可能被判处徒刑以上刑罚

已经证实的案件依照刑法规定可能对犯罪嫌疑人适用徒刑以上刑罚的。

（三）采取取保候审尚不足以防止发生法律规定的社会危险性的行为

《刑事诉讼法》第 79 条规定：对有证据证明有犯罪事实，可能判处徒刑以上刑罚的犯罪嫌疑人、被告人，采取取保候审尚不足以防止发生下列社会危险性的，应当予以逮捕。

（1）可能实施新的犯罪的；

（2）有危害国家安全、公共安全或者社会秩序的现实危险的；

（3）可能毁灭、伪造证据，干扰证人作证或者串供的；

（4）可能对被害人、举报人、控告人实施打击报复的；

（5）企图自杀或者逃跑的。

以上三个条件是相辅相成，缺一不可的，只有同时具备了这三个条件才可以对犯罪嫌疑人进行逮捕。

三、逮捕的程序

（一）提请和审批

《刑事诉讼法》第78条规定：逮捕犯罪嫌疑人、被告人，必须经过人民检察院批准或者人民法院决定，由公安机关执行。根据上述规定可以看出，人民检察院行使批准逮捕权，人民法院有决定权，公安机关有执行权。公安机关执行逮捕应该经过以下法定程序：

（1）侦查机关在侦查中如果需要逮捕犯罪嫌疑人的，应当提请人民检察院审查批准。提请时，应当经县级以上侦查机关负责人批准制作《提请批准逮捕书》一式三份，连同全部案卷材料和证据一并移送同级人民检察院审查。

（2）如果人民检察院作出批准决定的，公安机关应立即执行。

（3）如果人民检察院不批准逮捕的，同时通知侦查机关补充侦查的，侦查机关应立即补充侦查。补充完毕，认为符合逮捕条件的，应重新提请批准。

（4）如人民检察院不批准逮捕又不说明理由的，侦查机关可以要求人民检察院说明理由。对于不批准的，侦查机关在收到不批准逮捕决定书后，如果犯罪嫌疑人已被拘捕的，应立即释放，发给《释放证明书》，并将执行回执在3日内送达不批准逮捕决定的人民检察院。对已被拘留不批准逮捕的犯罪嫌疑人，侦查机关认为需要补充侦查、要求复议或者提请复核的可以变更为取保候审或监视居住。

（二）逮捕的执行

不论是公安机关提请批准逮捕的还是人民检察院自行决定逮捕的，公安机关在接到《批准逮捕决定书》后由县级以上公安机关负责人签发《逮捕证》，可执行逮捕。执行人员不得少于两人。在执行逮捕时必须向被逮捕人出示《逮捕证》，宣布逮捕，并责令被逮捕人在《逮捕证》上签名（盖章）、捺手印。对于抗拒逮捕的，可以依法使用警械和武器。之后将执行情况和执行回执及时通知送达批准、逮捕的人民检察院。

逮捕后的讯问和通知义务。《刑事诉讼法》第92条规定：人民法院、人民检察院对于各自决定逮捕的人，公安机关对于经人民检察院批准逮捕的人，都必须在逮捕后的24小时以内进行讯问，在发现不应当逮捕的时候，必须立即释放，发给释放证明。同时根据《刑事诉讼法》第91条第二款的规定：逮捕后，应当立即将被逮捕人送看守所羁押。除无法通知的以外，应当在逮捕后24小时以内，通知被逮捕人的家属。也就是说对犯罪嫌疑人执行逮捕后，公安机关应在24小时以内进行讯问，核实犯罪嫌疑人的基本情况以及收集到的证明材料。并在24小时内制作《逮捕通知书》，送达被逮捕人的家属或者单位。无法通知或通知有碍侦查的除外。如果有碍侦查的情况解除的，应当立即通知被逮捕人的家属。

项目六 技能训练

一、实训目的与要求

（一）实训的目的

通过训练，明确刑事强制性措施的内容、条件及各机关的职责，能正确实施各种强制性措施。

（二）实训的要求

（1）实训时间为3学时。

（2）参加实训的同学，2～4人为一个单位，分成若干小组。

（3）规范完成各强制性措施的要求，并进行总结。

（4）实训过程中互相配合模拟练习，并进行角色互换练习，同学之间可以针对实训中的问题进行讨论、总结，也可以向教师寻求帮助。

（5）实训结束后，请教师考核。

（6）教师根据每小组在实训中的表现等各方面进行考核，并按百分制给出成绩。

二、实训内容要点

（一）拘传的实训（院内）

（二）取保候审的实训（楼房内）

三、法律依据

《刑事诉讼法》第65条规定："人民法院、人民检察院和公安机关根据案件情况，对犯罪嫌疑人、被告人可以拘传、取保候审或者监视居住。"

《刑事诉讼法》第65条规定："人民法院、人民检察院和公安机关对有下列情形之一的犯罪嫌疑人、被告人，可以取保候审：（一）可能判处管制、拘役或者独立适用附加刑的；（二）可能判处有期徒刑以上刑罚，采取取保候审不致发生社会危险性的；（三）患有严重疾病、生活不能自理，怀孕或者正在哺乳自己婴儿的妇女，采取取保候审不致发生社会危险性的；（四）羁押期限届满，案件尚未办结，需要采取取保候审的。取保候审由公安机关执行。"

四、实训前的准备

（一）介绍案情

（二）告知拘传和取保候审时的注意事项

（三）准备器材：警棍、警绳、手铐等械具

五、实训的方法与步骤

（一）实训方法

拘传和取保候审都采取实地操作性训练方法进行。

（二）实训步骤

1. 实训准备

（1）根据指导教师设计的案情，模拟现场。

（2）安排参加实训的学生分组、分工，明确各自的职责任务和工作内容。

（3）确定拘传和取保候审的对象并明确方法。

2. 实训展开

各组按照以下内容进行：

（1）对犯罪嫌疑人进行拘传。

①由案件承办人填写《呈请拘传报告书》，经审核批准后签发《拘传证》。

②由两名公安人员向被拘传人出示《拘传证》。

③对于抗拒拘传的，可以使用警棍、警绳、手铐等械具，强制其到案。

（2）对犯罪嫌疑人采取保证金取保候审措施。

①由承办人员提出《呈请取保候审报告书》，经审核和批准后填写《取保候审决定书》。

②由不少于两名办案人员向犯罪嫌疑人、被告人宣读并送达《取保候审决定书》，告知应遵守的规定和承担的义务，以及违反规定和义务所承担的法律后果，并要求其出具保证书和在《取保候审决定书》上签名或盖章。

③决定机关同时应当及时将《取保候审决定书》送达为犯罪嫌疑人、被告人提供保证金的单位或个人，责令其向执行机关指定的银行一次性交纳保证金。

④决定机关核实保证金已经交纳的凭证后，应当将《取保候审决定书》和《执行取保候审通知书》及银行出具的收款凭证及其他有关材料一并交执行机关。

3. 实训总结评析

各小组实训结束后，请教师进行考核，根据操作情况给出操作成绩，就实训情况进行总结评析。最后，参训学生写出实训报告。其内容包括：案件情况、查看现场的情况、采取的方法和执行人的姓名等，提交实训总结报告，指导教师批改后给出总的成绩。

考核标准（100 分）

（1）准备充分程度。（20 分）

（2）操作熟练程度。（30 分）

（3）注意事项与保护步骤。（20 分）

（4）文书制作。（20 分）

（5）组织纪律。（10 分）

六、注意事项

（1）在拘传犯罪嫌疑人、被告人时采取的措施要得当。

（2）在实训时一定要注意应履行的职责。

单元七

技术侦查措施

【学习目标】

知识目标：通过本章的学习，了解技术侦查措施的类型及其特征，掌握其适用的范围和批准、执行程序。

能力目标：培养掌握和运用技术侦查措施的能力。

【学习提示】

本单元教学以课堂讲授为主，重点讲授技术侦查措施的适用，辅以案例及其讨论，理解技术侦查措施的种类及在侦查实践中的具体运用。

【内容结构图】

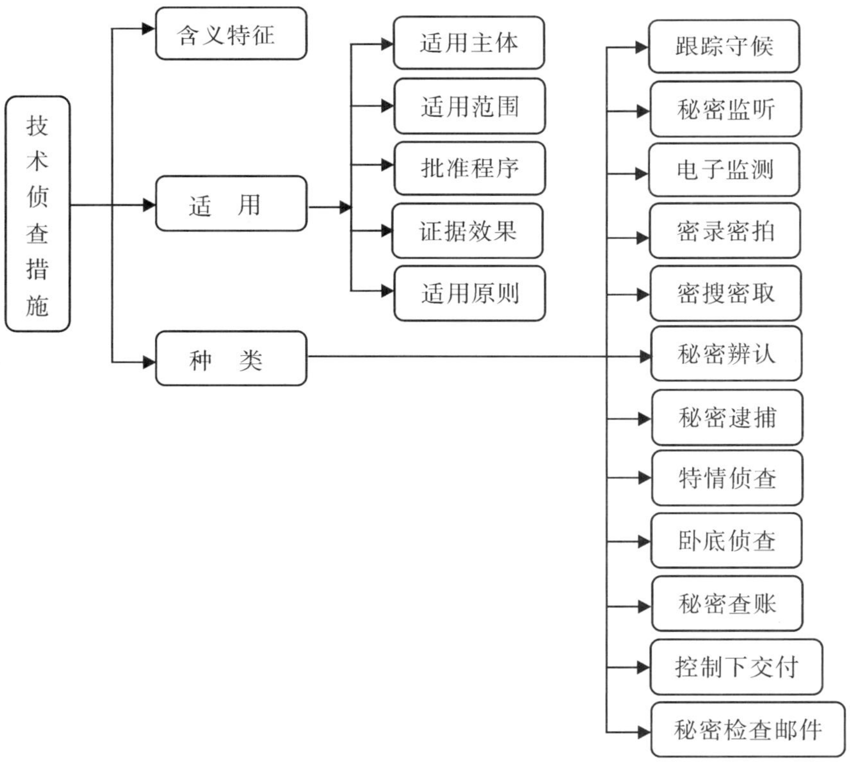

项目一　技术侦查措施的含义与特征

【问题思考】

什么是技术侦查措施？它有哪些特征体现？

【学习领域】

一、技术侦查措施的含义

技术侦查措施简称“技侦”，即采取技术手段侦查破案，具体是指侦查机关为了侦破特定犯罪行为的需要，根据国家有关规定，经过严格审批，采取的特定技术手段。

技术侦查措施在《国家安全法》和《人民警察法》中有规定，并在2012年修正的《刑事诉讼法》第二编第二章第八节中作了明确的规定。

《刑事诉讼法》第151条规定，为了查明案情，在必要的时候，经公安机关决定，可以由有关人员隐匿其身份实施侦查，即秘密侦查。为了保障公共安全与人身安全，该规定也对秘密侦查作了一定的限制，即秘密侦查不得诱使他人犯罪，不得采用可能危害公共安全或者发生重大人身危险的方法。由此可见，秘密侦查措施属于技术侦查的范畴。

二、技术侦查措施的特征

技术侦查措施属于侦查工作中的国家秘密，具有如下特征：

（一）秘密性强

保密原则是侦查措施适用的一项原则，从这个意义上来说，任何侦查措施都有一定的秘密性，如果仅从这一角度来区分技术侦查措施与其他侦查措施，并不能深刻地理解技术侦查措施之所以长期游离于传统侦查措施之外的实质所在。

侦查实践中，技术侦查措施与其他侦查措施的最大区别就是其秘密性强度高于其他侦查措施，表现在：

（1）技术侦查措施知情面极小，一般来说只有措施决策者和实施者知情；

（2）技术侦查措施从开始到结束的全过程都是在极端秘密的情况下进行的，不让有关涉案人员知情，不暴露侦查意图；

（3）对相关配合人员的秘密要求高，即侦查机关依法采取技术侦查措施，有关单位和个人应当配合，并对有关情况予以保密；

（4）采取技术侦查措施获取的材料，只能用于对犯罪的侦查、起诉和审判，不得翻印、转录、转抄、放入人事档案等用作其他用途。

（二）对公民权利的较大伤害性

一般而言，任何侦查措施都会对有关公民的权益造成伤害，但侵害程度有大小之别。技术侦查措施是在侦查对象不知情的情况下实施的，能够使侦查人员深入到侦查对象的工作、生活中，更直接、深层次地了解侦查对象各方面的活动情况，获取比较真实、可靠、全面的情报信息。可以说，一方面，秘密性成就了技术侦查措施巨大的侦查功能；另一方面，秘密性也隐含着对公民自由和权益的较大伤害。由此可见，对侦查对象合法权利存在较大的威胁是技术侦查措施与其他侦查措施的本质区别。

（三）审批程序的严格性

技术侦查措施与生俱来的消极性决定了它只能是一种“必要”的而非“自由”的侦查选择，在侦查实践中不能随意使用，而要根据案件情况，严格审批程序，避免滥用。《刑事诉讼法》第148条规定，公安机关根据侦查犯罪的需要，经过严格的批准手续，可以采取技术侦查措施。

（四）证据材料的可靠性

技术侦查措施主要通过窃听、密取、密检、密录、跟踪等手段完成，因此，侦查人员可以直接听到或拍到、录到犯罪嫌疑人的谈话内容及场景，从中获取犯罪有关情况，并及时取证。技术侦查措施取证的独特性、直接性是其他侦查措施所不能比拟的。通过技术侦查措施获取的证据材料，无需反复查证核实或验证，就可以直接认定或否定犯罪嫌疑对象。

项目二　技术侦查措施的适用

【问题思考】

结合相关法律法规规定，理解和掌握技术侦查措施的适用主体、范围、原则以及审批和执行程序。

【学习领域】

一、技术侦查措施的适用主体

《刑事诉讼法》第148条规定，公安机关在立案后，对于危害国家安全犯罪、恐怖活动犯罪、黑社会性质的组织犯罪、重大毒品犯罪或者其他严重危害社会的犯罪案件，根据侦查犯罪的需要，经过严格的批准手续，可以采取技术侦查措施。

人民检察院在立案后，对于重大的贪污、贿赂犯罪案件以及利用职权实施的严重侵犯公民人身权利的重大犯罪案件，根据侦查犯罪的需要，经过严格的批准手续，可以采取技术侦查措施，按照规定交有关机关执行。

根据上述规定，在我国，能够行使技术侦查措施的主体为公安机关和国家安全机关。

二、技术侦查措施的适用范围

根据我国《刑事诉讼法》第148、152条的规定，技术侦查措施适用的范围为以下案件：

（1）危害国家安全犯罪、恐怖活动犯罪、黑社会性质的组织犯罪、重大毒品犯罪或者其他严重危害社会的犯罪案件。

（2）重大贪污、贿赂犯罪案件以及利用职权实施的严重侵犯公民人身权利的重大犯罪案件。

（3）追捕被通缉或者批准、决定逮捕的在逃犯罪嫌疑人、被告人的案件。

（4）涉及给付毒品等违禁品或者财物的犯罪案件。

三、技术侦查措施的批准程序及其执行期限

我国《刑事诉讼法》第149条规定，技术侦查措施的批准决定应当根据侦查犯罪的需要，确定采取技术侦查措施的种类和适用对象。批准决定自签发之日起三个月以内有效。对于不需要继续采取技术侦查措施的，应当及时解除；对于复杂、疑难案件，期限届满仍有必要继续采取技术侦查措施的，经过批准，有效期可以延长，每次不得超过三个月。

由此可见，技术侦查措施需要经过严格的批准程序，但是具体如何适用，还需要最高人民检察院和公安机关作出详细的解释。

技术侦查措施的有效期限为三个月，对于复杂、疑难案件，可以根据案情需要并经过批准延长，但每次不得超过三个月。

四、技术侦查措施的证据效果

我国《刑事诉讼法》第152条规定：依照本节规定采取侦查措施收集的材料在刑事诉讼中可以作为证据使用。如果使用该证据可能危及有关人员的人身安全，或者可能产生其他严重后果的，应当采取不暴露有关人员身份、技术方法等保护措施，必要的时候，可以由审判人员在庭外对证据进行核实。

依据上述规定，通过技术侦查措施所获得的证据可以作为合法证据使用。

五、技术侦查措施的适用原则

（一）重罪原则

重罪原则是指只有对严重的犯罪才能采取技术侦查措施。我国《刑事诉讼法》第148条对技术侦查措施适用的案件范围作了明确规定，公安机关对于危害国家安全犯罪、恐怖活动犯罪、黑社会性质的组织犯罪、重大毒品犯罪或者其他严重危害社会的犯罪案件，根据侦查犯罪的需要经过严格的批准手续，可以采取技术侦查措施；人民检察院在立案后，对于重大的贪污、贿赂犯罪案件以及利用职权实施的严重侵犯公民人身权利的重大犯罪案件，根据侦查犯罪的需要，经过严格的批准手续，可以采取技术侦查措施。

在侦查实践中之所以需要采取技术侦查措施，是基于两个原因：一是重罪社会危险性大；二是某些犯罪如隐秘化、技术化、组织化犯罪发现难、取证难，不采取技术侦查就难以揭露和打击。

（二）必要性原则

必要性原则是指根据侦查犯罪的需要采取技术侦查措施，“根据侦查犯罪的需要”必须符合两个条件：

第一，只有在采取常规的侦查措施或者公开侦查难以查清犯罪事实时，才能采取技术侦查措施，即必须坚持技术侦查措施的绝对必要性（最后手段性）原则。如果采

取常规的侦查措施或者公开侦查的手段足以查明案情，收集相关证据的，就不必采取技术侦查措施。

第二，在采取技术侦查措施前必须对被侦查对象有合法怀疑。侦查机关在批准决定采取技术侦查措施时，应当有相当的证据怀疑犯罪嫌疑人已实施了犯罪或有明确的犯罪意图，有合理的证据证明采取技术侦查措施要件已经成立。

（三）审批原则

审批原则是指采用技术侦查措施必须办理严格的审批手续。

我国《刑事诉讼法》第149条规定，技术侦查措施的批准决定应当根据侦查犯罪的需要，确定采取技术侦查措施的种类和适用对象。

侦查人员在实施技术侦查措施前应经过严格的审批程序，取得说明技术侦查的对象、范围、时间、期限等内容的书面决定书。

我国《刑事诉讼法》第150条规定，采取技术侦查措施必须严格按照批准的措施种类、适用对象和期限执行。

（四）保密原则

技术侦查措施是为了查明隐蔽在暗处的犯罪嫌疑人及其犯罪事实时所采用的，绝不只是简单的技术性工作，更是一种对立性、斗争性很强的刑事诉讼活动。因此，违反保密原则不仅会使技术侦查工作受到影响，妨碍侦查工作深入开展，而且还可能使侦查机关的声誉乃至国家利益蒙受损失。因此，侦查人员对于适用技术侦查措施所涉及的案件进展情况和工作部署，都应当保密。

为了做好保密工作，我国《刑事诉讼法》第150、152条作了如下规定：

（1）侦查人员对采取技术侦查措施过程中知悉的国家秘密、商业秘密和个人隐私，应当保密。

（2）公安机关依法采取技术侦查措施，有关单位和个人应当配合，并对有关情况予以保密。

（3）依照本节规定采取侦查措施收集的材料在刑事诉讼中可以作为证据使用。如果使用该证据可能危及有关人员的人身安全，或者可能产生其他严重后果的，应当采取不暴露有关人员身份、技术方法等保护措施。

（五）禁止原则

我国《刑事诉讼法》第150条规定，采取技术侦查措施获取的材料，只能用于对犯罪的侦查、起诉和审判，不得用于其他用途。

我国《刑事诉讼法》第151条规定，采取技术侦查措施不得诱使他人犯罪，不得采用可能危害公共安全或者发生重大人身危险的方法。

（六）补救原则

我国《刑事诉讼法》第150条规定，侦查人员对采取技术侦查措施获取的与案件无关的材料，必须及时销毁。

在侦查实践中，技术侦查措施具有“双刃剑”的属性，一方面成就了其巨大的侦查功能；另一方面也隐含着对公民权益的较大伤害。因此，侦查机关及侦查人员在采取技术侦查措施过程中，必须严格按照批准的措施种类、适用对象、适用条件和期限执行，避免侵犯当事人的合法权益。

项目三　技术侦查措施的类型及其内容

【案例导入】

【引例7－1】某年7月，云南省某地公安机关接到秘密力量张某的报告，境外毒贩王某请他运输毒品到楚雄，交给李氏姐妹。8月8日，王某把海洛因偷运到张某家中，并要求张某及时运到楚雄。

张某向侦查机关汇报后，侦查人员认真分析了案情，认为这是一起特大跨国贩毒案件，应立案侦查。设计由张某运输毒品到楚雄，然后实施控制交付，但在毒品运输过程中要严密监控，防止出现意外。这样做，一是可以将毒品的买方抓获，二是将来在诉讼中不会对张某不利。

8月14日，张某把毒品运到楚雄后，李氏姐妹坚持要求张某再把毒品运到广西柳州。在案情出现变化、秘密力量无法作出决定的情况下，张某托词要征得“货”主的同意才行，拖延时间向侦查人员汇报。侦查人员听取了张某的汇报后，认为案情的变化有其合理性的一面，于是决定让张某听从李氏姐妹的安排，把“货”运到柳州，在柳州实施控制交付，并要求张某尽可能了解接“货”人的情况，为一网打尽创造条件。

之后，在侦查人员的严密监控下，张某又驾车到柳州，在进行交接时，被侦查人员“人赃俱获”，成功破获了这起特大贩毒案件。

【工作导向】

一、案例导读

这是一起通过采取控制下交付措施侦破的贩卖毒品犯罪案件。在警方的精心安排和严密部署下，公安机关通过控制贩卖毒品的一方张某，采取控制下交付的措施，一起抓获了毒品买家李氏姐妹，破获了这起贩毒案件。

二、问题思考

结合《刑事诉讼法》及相关法律法规，理解技术侦查措施的种类及其内容，并思考在侦查实践中如何运用这些措施?

【学习领域】

1993年以来，在同特定犯罪的斗争中，公安机关、国家安全机关和人民检察院依照《国家安全法》、《人民警察法》和最高人民检察院、公安部《关于公安机关协助人民检察院对重大经济案件使用技侦手段有关问题的通知》，有限制地运用以下12种技术侦查措施及时发现犯罪和确定犯罪嫌疑人，并在2012年修正的《刑事诉讼法》第二编第二章第八节中作了明确的规定。

一、跟踪与守候

（一）跟踪

跟踪是指侦查人员以运动的方式，对侦查对象进行秘密尾随，观察、监视犯罪嫌疑人的行踪，控制、掌握其外部活动，以获取线索或证据的一项技术侦查措施。

在侦查实践中，跟踪的方式主要有尾随跟踪、交换跟踪、分段接力跟踪和迂回跟踪等。根据侦查对象的活动范围及其所使用交通工具的情况，跟踪的方法主要有徒步跟踪、交通工具跟踪、混合跟踪、农场地区跟踪等。

在实施跟踪措施的过程中，要求跟踪人员集中精力，提高警惕，克服各种厌战情绪，对跟踪过程中出现的各种情况要果断灵活地处置，做到既能监视侦查对象的活动，又不暴露自己和不跟丢跟踪对象，以实现侦查目的。

（二）守候

守候是指侦查人员在侦查对象的住宅、经常出入的场所和可能隐身藏赃、接头联络或实施现行犯罪以及与案件有关的区域场所周围，选择恰当地点，秘密对侦查对象进行监视、控制或抓捕的一项技术侦查措施。

守候的方式通常有定点守候、伏击守候、巡查守候和拘捕守候四种。守候是一项比较艰苦的工作，实践中要求侦查人员做到严格遵守纪律、有吃苦耐劳和坚韧的毅力、注意安全、防止麻痹和厌战情绪的产生等。

在侦查实践中，守候与跟踪相辅相成，同时并举，守中有跟，跟中有守。目的是为了控制和掌握被调查对象的活动，发现与其来往接触的人员，扩大案件线索，防止其转赃销赃、逃跑。

二、监视与监听

（一）监视

监视是指侦查人员通过摄影机、望远镜、夜视仪等技术设备，秘密地观察、掌握侦查对象活动的侦查手段。

（二）监听

监听是指侦查人员通过录音机、监听器等技术设备，秘密对侦查对象的谈话、电话或其他形式的电信往来内容进行监听，以获取与犯罪有关的言辞信息的一种侦查手段。

在侦查实践中，因监视、监听涉及公民的隐私权利，使用中要严格控制；监视、监听一个是视觉监控，一个是听觉监控，既可单独使用，也可同时使用。另外，监视、监听往往与跟踪、守候一同使用。

三、电子监测

电子监测是侦查机关为了搜查证据而采取的，对于涉嫌犯罪行为的计算机信息系统及通信系统进行监测、记录的侦查手段。

在侦查实践中，电子监测主要包括三种形式。一是电子监控，是指通过计算机的安全系统、网络操作系统、应用软件或者专用安全监测软件以及具有此功能的系统硬件，对系统中传输的非法电子数据来源加以监视、跟踪并记录。二是电子识别，是指根据侦查犯罪的需要，采用电子设备识别出犯罪地点或犯罪嫌疑人。实践中主要有两种情形，一种是电子监测式识别，主要针对利用自动取款机套取货币的犯罪活动，在银行资金电子系统的中央处理机上安装能够在套取现金时立即识别出取款机位置的软件，一旦犯罪嫌疑人在取款机上套取现金，软件立即能识别出犯罪地点；另一种是电子匹配式识别或计算机自动识别，通过安装某种类型的自动识别软件，来比对嫌疑检材与数据库中的某些信息是否匹配，如将嫌疑对象的指纹与数据库的指纹一起排查，以便最终确定犯罪嫌疑人。三是电子侦收，是指侦查人员利用技术设备对犯罪嫌疑人的电子通信工具产生的电磁波进行侦收、破译，以收集与犯罪有关的信息。

四、密录密拍

密录密拍是秘密录像、秘密拍摄的简称，是指侦查人员利用录音、录像、摄影等器材，采用隐蔽的方式秘密录制和拍摄犯罪嫌疑人的活动情况，以获取犯罪线索和证据的一项侦查手段。

在侦查实践中，这种手段常常配合跟踪守候和监视监听使用，目的在于固定线索和证据，达到证实犯罪的目的。

五、密搜密取

密搜密取是秘密搜查、秘密提取证据的简称，是指侦查人员在不为侦查对象察觉的情况下，对其住所、办公场所或其他可能隐藏犯罪痕迹、物证、赃款赃物等罪证的场所进行秘密搜索、检查，以发现和获取鉴定比对样本的物证材料和犯罪证据的一项侦查手段。

密搜密取的政策性、机密性强，涉及侦查对象的人身自由和民主权利，因此在侦查实践中要坚持安全可靠、绝对保密的原则，严格控制使用，要周密设计，精心组织与实施，做到干净利落，不露破绽。

六、秘密辨认

秘密辨认是指由侦查人员设计，组织被害人、事主、知情人等在侦查对象不知情的情况下对其进行统一辨认的侦查手段。

在侦查实践中，秘密辨认是常用的辨认方式，可以防止暴露侦查意图，避免打草惊蛇，保证侦查工作的顺利进行。秘密辨认的对象主要包括犯罪嫌疑人、犯罪场所、犯罪物品等。

为了保证秘密辨认的科学性和准确性，秘密辨认也要遵守公开辨认的规则，如辨认前要详细询问辨认人、分别辨认、混杂辨认、严禁暗示和诱导等规则。秘密辨认在侦查中能起到发现、审查、澄清犯罪嫌疑人，发现、确认犯罪地点，确定某些物品的持有人，确定和缩小侦查范围，为侦查提供线索等作用。

七、秘密逮捕

秘密逮捕简称为“密捕”，是指根据侦查需要，对重大犯罪集团或犯罪团伙中的某个成员进行秘密扣押、突击审讯，以查清犯罪集团（团伙）内幕，为实施某些侦查措施创造条件，或直接获取侦查线索和破案证据的一种技术侦查手段。

秘密逮捕的任务主要是查清犯罪集团（团伙）的内部情况、扩大侦查线索来源、收集破案证据、物色建立秘密力量等。

在侦查实践中，秘密逮捕主要适用于集团（团伙）犯罪，目的在于防止打草惊蛇，而选择同案中的薄弱环节，进行密捕突审。为收到良好效果，秘密逮捕必须遵循计划周密、措施得当、行动迅速、绝对保密、善后稳妥的原则。在这一原则下，实践中秘密逮捕的方法主要有跟踪密捕、预伏守候密捕、借故密捕、旅途密捕四种。

八、特情侦查

特情侦查是指根据侦查犯罪的需要，侦查机关建立并指派相关特情以某种合适的身份潜伏于所要调查的犯罪对象的组织或环境中，在合乎法律规定的范围内，暗中收集与犯罪活动有关的证据和情报，以制止和打击犯罪的一种侦查手段。

特情是侦查机关在同犯罪作斗争中，建立、使用和指挥的用于侦查刑事案件、收集犯罪情报、发现和控制刑事犯罪活动而分散于社会上的秘密力量。他们不是侦查机关的工作人员，不具有侦查人员所拥有的职责和权力，其作用在于为侦查机关提供可靠的情报。

特情侦查是刑事内线侦查的一种形式，根据特情在侦查工作所担负的任务不同，特情有专案特情、控制特情和情报特情三种。在侦查实践中，侦查机关要注意对特情的选择、运用和保护，以发挥他们的作用，为侦查破案服务。

九、卧底侦查

卧底侦查是指侦查机关为了侦破团伙、集团和预谋犯罪案件，秘密选派侦查人员采取“打进去”的方式，潜伏于所要侦查的组织或环境中，赢得信任进而查清犯罪活动内幕的一种侦查手段。

卧底侦查是打击有组织犯罪的有效手段，受到世界各国和地区的重视，其任务主要是调查和了解侦查对象的犯罪活动情况，获取侦查线索和犯罪证据，同时，监视和控制侦查对象的活动等。

卧底侦查涉及政策、法律及人身安全问题，危险性很大，为避免失控和滥用，要加强对卧底人员的选择、培训、指挥和保护。实践中要结合侦查工作的实际情况，精心设计、严密部署，确保卧底人员能够安全有效地完成任务。

十、秘密查账

秘密查账是“秘密检查会计资料”的简称，是指侦查机关在查办经济犯罪案件过程中，为了查明事件性质、收集证据、揭露和证实犯罪而秘密对案件所涉及的会计资料进行审查和检验的一种侦查手段。

大多数经济犯罪案件的犯罪手段或痕迹都存留于记录经济活动的会计凭证、账簿以及其他各种会计资料中，这就使得财物会计资料可以为查证犯罪嫌疑人的经济犯罪事实提供线索和书面证据，而财物会计资料具有较强的专业性、保密性和不对外公开性等特征。因此，在实践中运用秘密查账的技术是侦查经济犯罪案件的重要手段，通过对相关会计资料的检查，发现、收集和研究犯罪分子留下的痕迹，提取会计资料证据，以揭露和证实犯罪。

十一、控制下交付

控制下交付又称控制交付，是指在侦查贩卖违禁品的犯罪活动过程中，贩卖和购买违禁品的一方犯罪嫌疑人已经被侦查机关查获，为侦破全案，在侦查机关的控制下，让贩卖双方继续交易以期将犯罪嫌疑人一网打尽的一种侦查手段。

控制下交付一般在违禁品犯罪侦查中采用，如毒品犯罪、生产销售伪劣产品犯罪、假币犯罪、买卖枪支弹药犯罪、文物犯罪等，是一项行之有效的侦查措施。

控制下交付是一种“放长线、钓大鱼”，力求将案件涉及的犯罪嫌疑人全部查获的侦查措施，在违禁品犯罪侦查中运用这一侦查手段的作用在于：在保证已查知的违禁品不落入犯罪分子之手的前提下，促使更多的犯罪分子暴露，并创造有利的取证时机，从而最大限度地揭露和打击犯罪。

十二、秘密检查邮件

秘密检查邮件简称为“邮检”，是指侦查机关根据国家法律和有关规定，与邮电部门密切配合，在不为侦查对象发觉的情况下，对危害国家安全的犯罪嫌疑人和严重刑事犯罪嫌疑人的邮件进行扣押检查的一项侦查手段。这里所说的邮件是指通过邮电部门和网络服务单位保管、传递的信函、汇款、电报、包裹、电子邮件等。

秘密检查邮件的特点是侦查机关与邮电部门密切配合，极其秘密地获取、检查犯罪嫌疑人的邮件而又不为对方所察觉，其目的是维护国家和社会安全，追查犯罪分子，发现与犯罪有关的情况，获取犯罪的有关证据。通过检查邮件，及时了解、发现犯罪嫌疑人进行犯罪活动的有关情况，进而发现和获取与犯罪有关的证据，制止、预防预谋犯罪和现行犯罪。

邮件检查的政策性、机密性强，涉及被查对象的人身自由和通信自由，因此，必须坚持“安全可靠、绝对保密”的原则，严格控制使用。在实践中做到精心组织和实施，并且要干净利落，不露破绽。

项目四　技能训练

一、实训内容

（一）跟踪守候
（二）密拍密录
（三）秘密逮捕

二、实训目的与要求

通过实训，掌握跟踪守候、密拍密录和秘密逮捕的原则、方法和基本技巧，把所学相关侦查知识运用到实践中去，培养实际操作能力，切实掌握跟踪、守候、密拍、密捕等技术侦查技能。

三、实训前的准备

（1）选择实训配合人员（被跟踪对象）。配合人员的选择要符合以下三个条件：一是与参训学生不熟悉；二是相貌特征较普通；三是认真负责，灵活机智；四是身体素质较好，能吃苦耐劳。

（2）训练器材准备假痣、假发、两面穿的衣服、照相机、摄像机、望远镜、通信器材等，有条件的还可以准备相关车辆。

（3）确定指导教师。

（4）训前动员。宣布实训时间、地点、步骤、注意的问题、组织纪律等。

（5）实训前对侦查对象的辨认。侦查前的辨认方法主要有：一是先将侦查对象摄像、拍照，然后放录像或对照片进行辨认；二是定点定时由指导教师指认；三是由认识侦查对象的人指认。

四、实训步骤与方法

（1）学生分组。以4～5人为一组，将实训学生分成若干个小组。每组指定小组长一名，配合的被跟踪人员一名。

（2）确定每组出发时间和地点以及返回的时间、活动范围。实训的地点和活动范围最好在城市街道、市场、公园等公共场所。

（3）对配合人员和参训学生的动员。

（4）对侦查对象的识别，识别方式主要有三种。一是照片识别：将侦查对象的照片交给实训小组辨认。二是录像片识别：给实训小组播放摄有侦查对象活动场面的录像片，通过录像片进行辨认。三是暗中对侦查对象自然人的识别。实训小组在对照片或录像进行辨认的基础上，创造条件对侦查对象本人进行暗中观察辨认。

（5）发放实训器材和经费。

五、注意事项

（1）服从命令，听从指挥。
（2）严肃认真，假戏真做。
（3）精心设计，周密安排。
（4）做好准备，不露形迹。
（5）严密控制，不丢不露。
（6）遵守法纪，注意安全。
（7）爱护器材，毁损赔偿。

六、实训案例

［实训案例一］某地发生一起杀人抢劫案件，犯罪分子于深夜窜入某单位财会室，杀害值班人员，抢走赃款10万元以及首饰等财物。经过深入的侦查，发现该单位蒋某有重大作案嫌疑。为了弄清赃款赃物的去向、发现蒋某的同伙，需要开展跟踪调查。

实训要求：安排学生扮演犯罪嫌疑人蒋某，到市区街道活动购物及与同伙接头。由实训学生实施暗中跟踪并取证。

［实训案例二］某地发生多起抢劫出租车案件，根据被害人反映的情况及各方面的情报分析，该系列案件为团伙犯罪，犯罪分子为5人以上。经过刑侦大队的缜密侦查，确定孙某为该团伙重要成员，并已获取了他们相关犯罪证据，经领导批准，决定对其实施秘密逮捕。但孙某现居住在市繁华地区，为了避免暴露、发现同伙，也为了防止打草惊蛇，需要开展跟踪监视，并在适当时机对其进行逮捕。

实训要求：安排学生扮演犯罪嫌疑人孙某，到市区街道活动及与同伙接头。由实训学生实施暗中跟踪发现其同伙，在适当的时机对其实施拘捕。

七、实训考核（100分）

（1）组织纪律。（30分）

（2）有无暴露及其次数。（20分）

（3）跟踪中获取的证据和线索。（20分）

（4）跟踪报告与心得体会。（30分）

单元八
综合性侦查措施

【学习目标】

知识目标：通过本章的学习，能够了解和掌握专案侦查适用的对象，了解和掌握并案侦查的条件，了解破案战役的组织指挥，了解和掌握侦查协作的程序。

能力目标：通过学习和训练，具备综合性侦查措施的选用及其操作能力。

【学习提示】

本单元教学将采用课堂讲授和讨论相结合的教学方法，将前期各种常规性侦查措施与本章学习相结合，又要重视这些理论与知识的实际应用和融会贯通。

【内容结构图】

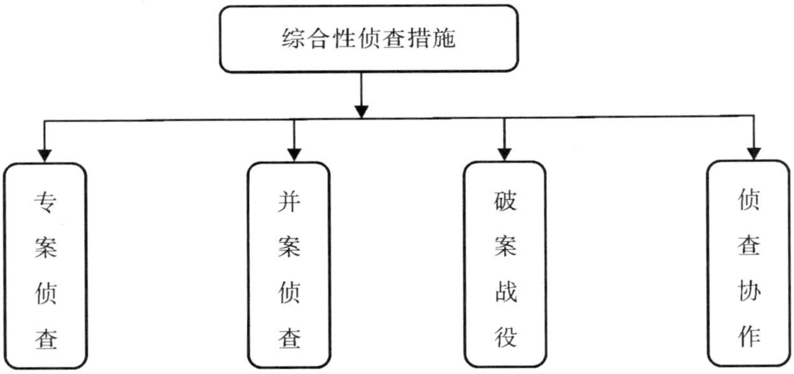

项目一　专案侦查

【案例导入】

【引例8－1】某年4月5日，南京市秦淮分局接到报案称：该辖区弓箭坊51号507室被盗。接报后，刑警大队的侦技人员迅速赶到现场开展勘验调查。作案人趁事主家中无人之际，用撬棍撬开防盗门并撞开门后入室，现场翻动较大，一片狼藉。经事主清点，共被盗走人民币1 500元及金项链等物，总价值5 000余元。侦查民警正在紧张勘验调查之时，又接到同一住宅楼的1205室居民的报案，其家防盗门也被撬开，被窃人民币1 700元及金戒指等物，损失财物价值6 000余元。通过勘验，提取了两案现场的撬棍痕迹及作案人遗留的手印足迹，并很快确认两案现场的痕迹相同，但在现场却没有发现其他更有价值的线索。

综合各方情况，侦查人员分析后认定：两案为同一伙人所为，作案人为两人或两人以上，作案人选择住户上班、家中无人之际大肆撬门、撞门入室作案，见物就拿，经济欲望强烈。

然而，就在上述案件发生后的第二天即4月6日，该辖区的平江府路45号701室又发生盗窃案，作案人撬防盗门入室，盗走人民币300元、金项链及中华牌高档香烟等物，总价值约2 000元。通过现场勘验，除认定本案与上述两案系同一伙作案人所为外，无其他新的发现。但负责走访的侦查民警却获得了一条重要信息：6日上午9：00左右，许，有人看见现场楼道口有一高一矮两名形迹可疑的男青年，高个身高约1.73米，长脸，皮肤白，手上拿着中华牌香烟，而现场被盗物中恰有两条此品牌香烟。结合两人出现的时间等情况，侦查民警认为这两人极有可能就是作案人。据此，分局立即派出警力赶往全市的车站、码头及中小旅馆进行布控。

两天内连续发生3起撬盗案件，且发生在全市反盗窃专项斗争初期，分局领导对此非常重视，当即责令刑警大队组织精干警力成立专案组进行挂牌攻坚。

为全面掌握情况，深入认识案情，专案民警对上述3起案件首先进行了认真详尽的研究。认为3起案件具有以下几个共同特征：一是作案时间均为白天；二是作案地点选择在市区主干道两侧且靠近公交车站；三是侵害目标为住宅楼房的高层；四是犯罪分子撬防盗门的技术比较熟练；五是犯罪分子作案时不戴手套，不怕留下手印、足迹。

这些特征都集中反映出，3起案件系流窜作案的可能性很大。针对流窜作案的特点，专案组立即开展了以下几项工作：

（1）将现场所提取的指纹送市局刑警支队指纹中心进行检索查档，争取直接认定作案人。

（2）针对近期全市发生的撬防盗门案件进行串并，向周边地区发出协查通报并附上作案人指纹，进一步拓宽串并范围，广泛获取线索。

（3）针对目击者提供的两名嫌疑人的特征，结合携带物品、被盗赃物等，对旅馆、私房出租户进行清查、走访，力争直接发现作案人。

（4）考虑到流窜作案的特点，前往邮局核查汇款单、包裹单，重点查证有大量现金汇出、寄件人登记为非本市人员及其他可疑情况，以便迅速进行反查。

（5）加强阵地控制，重点在典当行业及地下销赃场所对被盗的金银首饰进行布控。

4月2日至8日在玄武、建邺、鼓楼等区又相继发生了8起同类案件，侦查人员经过分析认定其中的5起案件可与上述案件串并。据该市鼓楼区汉口西路156号302室被盗事主侯某（女，56岁）提供情况：4月6日上午，她从外面回家时见门开着，当时也未在意，以为是保姆回来了。没想到刚一进门就从门后跳出两名男子，并持撬棍和匕首威胁她说："不要喊，喊就要你的命！"两人将她逼坐到房间的沙发上，其中一人看着她，另一人则在屋内大肆翻劫财物，抢走貂皮大衣及照相机等物，价值近1万元。离开现场前，两名作案人还将她手上的金戒指及身上仅有的70元现金一并抢走。由于作案人在现场活动时间较长且与她有过一段时间的正面接触，因此她对两名作案人的特征比较清楚，而且与当日发生的秦淮区平江府路45号701室被盗案目击者反映的情况一致。更为重要的是，侯某十分肯定作案人操东北口音，因侯某本人是东北人。

秦淮分局领导在获取这一情况后，立即召集了专案组民警再次进行研究部署，要求调整侦查方向，将工作重点放在4月4日至7日来宁住宿的东北人身上，同时全面、细致清查这一时段内寄往东北的包裹单、汇款单，并对此案中被盗的手机信息进行查控，力求从中找出线索，发现可疑对象。

专案民警先通过市局三处调出案发期间50余家旅馆的百余名东北人住宿登记，再与从全市邮局在该时间段内寄往东北的200多份包裹单、汇款单逐一进行核查。

5月19日，专案民警终于获取了一条重要信息：有人持4月5日建邺区中兴新村3幢501室被盗的一部手机打往齐齐哈尔市的126寻呼台，据此分析作案人系齐齐哈尔人或与齐齐哈尔有密切关系的可能性极大。因此立即将核查包裹单、汇款单的重点投向齐齐哈尔，结果发现这一期间仅有4份包裹是寄往该市的。

这一结果使专案民警非常振奋，当即对这4份包裹单进行了认真仔细的研究。发现有两份于4月6日、7日分别从本市山西路、中央门邮局寄出的包裹单均署名“付洪达”，且收件人同为齐齐哈尔铁西25—12—2—34号的“付翠华”，而寄件人的地址分别为鼓楼区大方巷42楼、大方巷五条巷24号。然而经查证，发现上述地址纯属子虚乌有，“付洪达”也系假名。寄件人为何要用假姓名、假地址，且在案发期间连续两次在相距较远的两个不同邮局寄出大宗包裹至齐齐哈尔？其中必有蹊跷！“付洪达”的嫌疑迅速上升。

为此，专案民警迅速与齐齐哈尔市公安机关联系，请求协查收件人“付翠华”的家庭情况以及家庭成员中有无前科劣迹者。专案民警很快得到回复，当地确有付翠华其人且其子付旭东已于5月12日因盗窃被苏州市公安局仓浪分局关押审查。

5月24日，专案民警立即携带从现场提取到的指纹、足印以及串并案件资料赶赴苏州。据苏州同行介绍，5月12日他们在大清查中发现投宿在一家旅馆的付旭东、李俊刚两人携有撬棍，即将其带回派出所审查，破获了该市撬盗案件1起，而除此之外，付、李两人没有交代其他犯罪事实。

获知这一信息后，专案民警首先采集了付、李两人的指纹及鞋印，并将苏州同行缴获的作案工具撬棍压模制痕，进而认定南京市在侦的串案也系两人所为。之后，专案民警在当地同行的大力配合下，制订周密的计划，对两人进行了突审。通过有针对性的政策攻心、法律威慑及亲情感化教育，最后迫使两人如实供述了今年4月5日流窜南京后疯狂作案的全部犯罪事实。鉴于在南京市的案值巨大，5月25日专案民警将两名犯罪嫌疑人带回南京审理，最后两人又相继供述了今年以来结伙在石家庄、天津等地撬窃作案15起，盗窃总价值达15万余元。

【工作导向】

一、案例导读

上述案例，详述了一起系列盗窃案件的侦破过程。

南京市秦淮分局接到事主报案后迅速立案侦查，其中因类似案件的频发并实现并案后，分局领导对此非常重视，当即责成刑警大队组织精干警力成立专案组进行挂牌攻坚。适时调整侦查部署，采取正确的侦查措施和手段，扩大侦查视线和范围，加强信息互通与资源共享，使侦查工作顺利开展，最终查获了犯罪嫌疑人付旭东、李俊刚，由此侦破了2人所犯一系列盗窃案件。

二、问题思考

（1）什么是专案侦查？

（2）如何对专案侦查进行组织实施？

【学习领域】

一、专案侦查的概念

专案侦查是侦查机关针对重大、特大刑事案件，综合运用各种侦查措施和手段，组织专门力量，实行专案专办的一种侦查组织形式。专案侦查是以重大刑事案件为目标或以特定的犯罪嫌疑人为对象，采取公开与秘密相结合的侦查手段，揭露犯罪活动的专门工作。

由于专案侦查的对象是一些案情重大、犯罪手段极其恶劣，并造成严重影响的案件，因此，在组织专案侦查时，必须在侦查力量的配备、时间与精力的投入和后勤保障上引起各方面的高度重视，为加速破案奠定基础。

二、专案侦查的条件

（1）必须采取综合的、特殊的侦查措施和手段才能侦破的重大、特大现行案件。

（2）需要多部门协作侦查的严重暴力犯罪案件、犯罪集团案件。

（3）重大和特大的预谋犯罪案件。

符合上述条件的，都应当列为专案开展侦查。

三、专案侦查的特点

1. 专案侦查的实施能有效地提高破案率

2. 专案侦查的实施能有力地强化侦查职能

3. 专案侦查的实施能有效地提高侦查水平

四、专案侦查的组织实施

（一）准备阶段

一是要认真审查专案的立案条件。为了充分发挥专案侦查的攻坚克难作用，在将某一刑事案件立为专案前需对有关情况进行认真审查，审查是否有犯罪事实存在，犯罪后果是否严重，案件情况是否复杂，是否需要采取综合的、特殊的侦查手段。专案的立案通常有两种情形："以事立案"主要是已发生的重特大刑事案件，"以人立案"主要是重特大预谋案件。对专案组成员进行合理分工、明确工作责任。

（二）实施阶段

要善于采取各种措施和手段打破僵局推进侦查工作。严密部署，持之以恒。由于专案侦查情况复杂，侦查工作往往千头万绪，涉及许多人、事、物。因此，在组织部署上，要做到全面严密，点面结合，对有限的侦查力量进行科学、合理的运用。在侦查工作陷入低谷时，尤其是侦查人员产生了疲劳厌战情绪时，侦查指挥人员要采取各种有效的方法加以调节，鼓舞士气，提高侦查人员的破案信心和决心。

项目二　并案侦查

【案例导入】

参见【引例 8－1】

【工作导向】

一、案例导读

引例 8－1 简述了多起盗窃案件并案侦查的过程。

某年 4 月初，南京市秦淮区发生多起盗窃案件，公安机关通过对这些案件的分析，发现它们在作案时间、地点、对象选择、手段和特征以及现场痕迹等方面存在相同和相似的情况，遂决定并案，并成立了专案组。通过并案，扩大了侦查线索和信息来源，使侦查工作顺利开展，最终查获了犯罪嫌疑人付旭东、李俊刚，由此侦破了两人所犯的一系列盗窃案件。

二、问题思考

（1）什么是并案侦查？
（2）并案侦查应具备哪些条件？
（3）如何实施并案侦查？

【学习领域】

一、并案侦查的概念和作用

（一）并案侦查的概念

并案侦查是公安机关在侦查破案时，对判明为同一个作案人或同一伙作案人所为的若干案件合并起来联合组织侦查的一项综合性侦查措施，该措施是公安机关在与刑事犯罪长期作斗争的实践中逐步摸索出来的行之有效的破案形式与侦查方法，对打击流窜犯罪、严重暴力犯罪和团伙犯罪具有非常重要的作用。

（二）并案侦查的作用

（1）可以集中更多的案情材料，提高现行案件的破案率，严厉打击犯罪和有效遏止犯罪。并案侦查是针对一定时期内相同、相邻或不同地区连续发生的一连串或一系列案件，经初步侦查认为犯罪活动有某些方面的共同特点和内在联系，可能是同一个（伙）人所为而组织实施的行动侦查。合并侦查的案件，少则几起，多则几十起甚至更多，而作案人在每一起案件中都有不同程度的暴露，汇集这些信息就能为侦查破案提供更多的侦查途径与线索，对犯罪分子的情况也就更为了解，从而使破案更为迅速和容易，往往会出现“破一案带一串，破一串定一方”的局面。

（2）可以集中优势侦查力量，联合组织侦查行动，充分发挥公安机关的整体作战功能。它可以根据同一个（伙）人作案涉及的范围和侦查工作的需要，联合多地区、多单位、多警种统一进行侦查行动，既可以发挥各自的优势，又可以相互之间紧密配合，协调一致，形成整体合力，还能节省办案经费，提高侦查效益。

（3）可以认识掌握犯罪活动的特点、规律，有针对性地制定预防犯罪的对策、措施。并案侦查破获的是一个（伙）人所作的一连串案件，不仅可以使我们认识掌握犯罪活动的特点和规律，还可以分析、研究犯罪分子得逞的主、客观原因，发现基础工作存在的问题和防范工作中的弊病、漏洞，有针对性地采取各种对策和措施。

当然，并案侦查实施的前提是基于所侦查的若干案件由同一个（伙）作案人所为这一假设。而该假设是经过前期的初步侦查和缜密分析提出的，必须在后续的侦查过程中加以验证。同时，并案侦查实际上是专案侦查的一种侦查形式与侦查方法，在其具体实施上符合专案侦查的一般特点。但相对而言，并案侦查由于采用措施的多样性和组织的广泛性，除要求侦查人员熟悉和掌握各项侦查措施，提高各项侦查技能外，还要求侦查员具备一定的组织、协调、协作能力，因而对侦查人员的要求也就更高了。

二、并案侦查的条件

实施并案侦查首先要判明所串并的案件是否为同一个罪犯或同一伙罪犯所为，要作出正确的判断就必须对每一起案件的基本情况逐一进行仔细而又缜密的分析。一般而言，可以实施并案侦查的条件是：

（1）犯罪分子的体貌特征相同。

（2）作案时间、作案地点和环境的选择上一致或有内在联系。

（3）作案手段、作案工具或动作习惯相同。

（4）案件的性质和侵犯的对象相似。

（5）现场遗留的痕迹物品相同。

上述五个条件，有的可以直接确定几起案件是同一个（伙）罪犯所为，如手印、足迹、人物外貌特征等，这是特定的并案条件。有的条件则不能直接确定几起案件是同一个（伙）罪犯所为，而只能推断其可能性的大小，属于一般并案条件。在确定是否采取并案侦查时，应把几起案件中所具备的相同条件联系起来进行综合分析，从中找出其内在联系，客观地作出判断。但要保证并案的准确性，除要分析上述五个条件的相同之处外，还应注意个案之间的不同条件。如果几个案件之间的特定并案条件相同，但一般并案条件不同，一般可以并案侦查；如果几起案件之间的一般并案条件相同，但特定并案条件不同，就需要针对案情作出合理解释，如果多方面证明一人（伙）作案的可能性大，仍可并案侦查。总之，遇到这种情况应该慎重考虑。

三、并案侦查的组织实施

（一）广泛收集信息，寻找、发现并案线索

实施并案侦查首先要广泛开辟情报来源，积极发现并案线索，切实把可能是同一个（伙）犯罪人所作的案件联系起来。同一个（伙）犯罪人连续、多次实施一种或多种犯罪的现象是客观存在的，联系这种现象的并案线索也是客观存在的，关键在于侦查人员有无强烈的并案意识，能否积极主动地寻找、发现这些客观存在的并案线索。在实践中，主要通过以下途径去发现：

（1）通过网络发现并案线索。主要指依托网络，通过对案件信息相关内容的查询检索，寻找发生在不同时间、不同区域的同类案件，以达到并案的目的，提高侦破工作效率。

并案的线索既可能存在于本地已发生的案件中，也可能存在于外地已发生的案件中。传统的并案侦查工作需要通过多种渠道从各个方面收集并案线索。随着警务信息化程度的提高，侦查人员随时可以通过网络检索到并案的线索。这就大大地拓宽了并案线索的来源渠道，简化了收集并案线索的程序，为及时侦破系列性犯罪案件赢得时间。

在实战应用中，要充分利用案件信息中的作案时间、发案地域、作案工具、手段特点、被侵害对象、嫌疑人情况等要素，在网上进行查询搜索，寻找相同或相似的案件。当发现一批相同或相似案件后，可通过进一步比对现场痕迹、物证，并开展必要的查证活动，最终达到并案目的。如浙江省公安厅在建立的“打防控信息主干应用系统”中已经设置了以定性、定量分析相结合的自动并案功能模块，为网上并案工作提供了更加快捷的操作应用方法。

（2）通过侦查破案活动发现并案线索。这是发现并案线索的主要渠道，但必须以搞好现场勘查和完善个案登记为基础，通过案情分析和痕迹、物证的检验鉴定以及个案的侦查调查等途径，有意识地分析和认识个案所暴露的不同程度的相同点或相似点，把可能是同一个（伙）犯罪人所作的不同案件联系起来。这种联系应该是全方位开放性的，既可以就此案联系彼案，就现行案件联系以往积案，就本地案件联系外地案件，也可以就不同案件的某一方面或某几个方面进行联系。

（3）从研究犯罪动态中发现并案线索。在研究一个时期犯罪活动的规律、特点、新情况、新动向时，可从发生的一系列案件中，从流窜作案案件中，从刑满释放、解

除劳教、劳改、劳改逃跑人员作案中，发现并案线索。发案较多或连续发生系列性案件时，可专门召开会议，由侦查员、技术员交流本地区、单位刑事犯罪活动情况，把各个单位发生的案件集中一起研究，横向对比，从中发现并案线索，而刑侦部门的内勤、统计人员，可以结合登记、统计、破案情况和数字，从中发现并案侦查的线索。还可以印发刑事犯罪情况简报，交流犯罪信息，以便基层单位发现并案线索。

（4）从审查处理中发现并案线索。对拘留、逮捕的犯罪分子，阵地控制中查获的犯罪分子，收容审查的流窜犯，在审查处理中，把他们的体貌特征、犯罪活动同未破获的案件对照，把他们携带的赃物同未破获的案件丢失的物品对照，把他们的指纹同未破获案件的现场指纹对照，也是发现并案线索的途径。

（5）从其他地区犯罪信息中发现并案线索。从各地的通缉、通报中，从与相邻地区召开的联防协作会议中，从各地交流的刑事犯罪活动通报中，以及上级下发的通报中研究发现并案线索。

（二）进行并案分析，认定并案

发现了并案线索及一连串案件，并不等于它们就是一个（伙）作案人所为。要确定这一点，还必须根据掌握的大量事实材料进行科学的分析、逻辑推理及严格的技术方面的检验鉴定。实际上就是对若干起案件是否系同一个（伙）犯罪人作案进行同一认定的过程。组织并案分析，一般可按以下步骤、方法进行：

1. 个案剖析

个案剖析即对个案及内部诸要素的认识。分析研究个案案情及其各自的基本结构要件，全力找出个案各自的特殊性，特别是犯罪人的个体特征及作案条件。

2. 对有关痕迹、物品进行检验鉴定

对有关痕迹、物品进行检验鉴定即在个案剖析的基础上，运用各种科学技术手段对各个案中的犯罪痕迹、物品进行检验鉴定，尽可能找出被检验客体的相同点和不同点。

3. 类比分析

类比分析即运用比较和类推等思维方法，根据具体的并案条件和各项可比性指标，对若干起案件中犯罪活动的异同点进行全面系统的分析研究，探寻这些案件犯罪活动共同的一般属性，排除那些本质上具有差异（如并案条件不同）的案件。

4. 综合认定

综合认定即在个案剖析、相关痕迹、物证检验鉴定和类比分析的基础上，进行系统、完整、全面的分析研究和综合认定，从而对若干起案件中哪些案件系同一个（伙）犯罪人所为作出符合客观实际的、科学的分析判断。

（三）组织力量，开展侦查

并案侦查的过程实质上就是并案涉案的地区、单位、警种进行整体协同和联合作战的过程。从个案信息源发现并案线索，通过科学分析认定并案，再以认定的并案为对象组织实施侦查，其间经历了一个复杂的认识过程和侦查实践过程。因此，对于已经认定的并案案件的侦查，必须精心组织实施。

（1）明确主办单位或指定主办人，组织专门力量，实行专案专办。这是并案侦查的组织保证，要求涉案地区有关单位指定以某一单位为主，协调一定力量，组成专案队伍，实行专案专办。

（2）全面深入分析研究案情，精心设计并案侦查计划，选择最佳破案途径。在主办单位或主办人的组织下，集中所有并案案件的案情材料，全面深入地分析研究案情，准确地确定侦查方向、范围，根据侦查计划和各种有利的破案条件，选取各种侦查途径多管齐下或集中优势兵力于最佳侦查途径开展侦查调查。

（3）积极运用各种破案条件，采取各种有针对性的侦查措施与策略全力寻查侦查线索和犯罪嫌疑人。如根据对犯罪人的分析刻画，开展摸排调查；根据对犯罪活动特点、规律的分析研究，守候抓现行；通过对赃物的寻找，以物找人；等等。

（4）充分而有效地运用各种事实证据，对犯罪嫌疑人进行细致的审查深挖。由于受诸多因素的影响和客观条件的制约，初步认定的并案案件往往比破案后带破的案件要少。这就要求侦查员在抓获罪犯后，充分有效地运用各种事实证据，对犯罪嫌疑人进行深入细致的审查深挖，对犯罪嫌疑人所作的每一起案件进行反复查证核实，力争挖清余罪，扩大并案侦查战果。

项目三　破案战役

【案例导入】

【引例8－2】河北新闻网讯：自2012年3月1日开展“破案会战”至今，保定市公安系统共破获各类经济犯罪案件705起，挽回经济损失9 000余万元，移送审查起诉经济犯罪嫌疑人393人。其中，侦破部督案件两起、省督案件11起、经济犯罪大要案件10起，发起全国性破案集群战役3起。

一、精确打击重特大经济犯罪

“破案会战”中，各参战单位围绕经济犯罪特点，在前期精心筹备、中期周密部署、后期彻底深挖，充分发挥“铁拳”和“主力军”作用，促进了该市社会经济又好又快发展。

2012年4月，保定市公安局经侦支队根据线索，成功侦破某公司涉嫌骗取银行贷款案。据查，该公司负责人编造公司财务报表等虚假资料，骗取银行贷款1 200万元。所骗资金大部分用于购买汽车、住房等高消费产品。在银行工作人员催其归还贷款时，该公司又以各种理由推脱。目前，该公司负责人已被依法批准逮捕。

2011年11月，河北省国税局稽查局向该市移交一起特大虚开增值税专用发票案件。保定市公安局经侦支队抽调50余名警力展开专案侦查，并成功抓获7名犯罪嫌疑人，收缴各类假发票12万余张和作案电脑、打印机等15部。经查，该犯罪团伙利用成品油销售为掩护，虚开增值税专用发票1 200余份，虚开发票金额税价合计5 000余万元。同时，该公司还涉嫌偷逃税款200余万元。该案涉及山东、河南、天津、北京等省市及石家庄、唐山、邢台等6个市。

二、多警联动合力围剿

在“破案会战”中，保定市公安系统充分调动各种警力资源，对涉及多个县市的案件统一安排、统一经营、统一收网，争取破一案打一串，将专项行动升级为整体战役，对经济犯罪形成合力围剿之势。该市警方积极推进经侦工作触角，在各派出所设立了经侦联络员，并充分发挥派出所在发现经济犯罪线索、查办小案件等方面的地域和职能优势。据不完全统计，截至目前，各派出所立破经济犯罪案件数约占全市立破案件数的 15%。

2012 年 4 月，保定市公安局按照上级指示，指挥协调全市 8 个县市区，对广西某投资发展有限公司相关人员涉嫌组织、领导传销活动案件进行统一摸排查处，一举抓获犯罪嫌疑人 10 人，捣毁传销窝点 11 个，遣返传销人员 300 余人，彻底铲除了该传销组织在该市的残毒余孽。

三、严打金融、涉税等领域犯罪

在高额利润的驱使下，经济犯罪在一些领域较为猖狂。为此，保定市公安系统根据金融、财税、商贸、知识产权等领域常见、多发性犯罪和网络经济犯罪特点，制订配套行动方案，要求各参战单位持续打击假冒伪劣、假币、假发票、假银行卡等违法犯罪活动。

行动中，各级公安机关全面拓展案件线索来源，开展了大规模的打击整治工作。截至目前，该市警方在打击涉及银行卡犯罪方面立案 84 起，涉案金额 144 万元，破案 82 起，抓获犯罪嫌疑人 15 名；在打击涉及保险诈骗犯罪方面立案 64 起，涉案金额 225 万元，破案 69 起，抓获犯罪嫌疑人 38 名；在打击涉及传销犯罪方面立案 59 起，涉案金额 1 290 余万元，破案 63 起，抓获犯罪嫌疑人 67 名。

【工作导向】

一、案例导读

这是河北省保定市 2012 年开展经济犯罪案件“破案会战”的新闻，文中对破案会战的类型、方式、实施及其成果作了详细的解读。

二、问题思考

（1）什么是破案战役？有哪些类型？
（2）实践中如何组织实施破案战役？应注意哪些问题？

【学习领域】

一、破案战役的概念

破案战役又称“集中打击”、“严打”，是指在特定历史条件下，侦查机关面对社会治安的严峻态势，根据党和政府的统一决策与部署所采取的一种严厉打击犯罪和集中整治治安秩序的一项综合性重大侦查措施。具体说，就是在全面深入地研究敌情、社情的基础上，在某些刑事犯罪猖獗、治安问题突出的情况下，公安政法机关集中一段时间，在一定地区乃至全国范围内开展集中统一的严厉打击刑事犯罪和专项整治行动，以对犯罪分子形成强大震慑的综合性侦查措施。

破案战役是同犯罪分子作斗争的战役性行为，是发动和依靠群众同犯罪分子作斗争的一种重要形式，也是综合治理社会治安的一项有效手段。

在一定时期内，由于各种社会原因，一定区域治安状况严峻，只靠侦查机关采取日常破案的方法无法遏制刑事犯罪上升的势头时，公安机关、人民检察院和人民法院密切配合，在同级党委、政府的统一领导下，动员社会各方面的力量，在深入调查研究的基础上，有计划、有目标、有准备地组织集中打击刑事犯罪的活动。破案战役由于时间、力量、目标集中，声势浩大，往往能收到较好的整治效果。

二、破案战役的类型

（一）根据实施区域的大小，破案战役可分为

（1）全国性破案战役。

（2）地区性破案战役。

（二）根据所针对或打击的对象，破案战役可分为

1. 综合性破案战役

综合性破案战役是指在一定时间、一定区域内集中力量以针对所有犯罪、整治社会治安为目的而开展的联合侦查行动，其关注的重点是一定区域的全局性社会治安。

2. 专项性破案战役

专项性破案战役又称专项斗争，是指一定时间、一定范围内集中力量以打击某一类或某几类特别突出的犯罪为目的而开展的联合侦查行动，其关注的重点是一定区域内突出的一类或几类犯罪，具有专门性。

三、破案战役的特征

破案战役作为一种同刑事犯罪作斗争的综合性重大侦查措施，与其他侦查措施相比，具有如下基本特征：

（一）地位重要

破案战役既有法制意义，更有政治意义，其不仅具有打击功能，更具有保卫、预防、教育、治理等广泛功能；不仅是为了解决社会治安问题，更重要的是为了巩固我党的执政地位、捍卫人民民主专政、切实维护和促进改革发展稳定的大局，为社会主义改革开放和现代化建设提供有力的保障。

（二）预期目标明确

破案战役中政府在整治社会治安秩序方面会对警方提出短期目标和要求，民众对尽快控制和减少犯罪的愿望强烈。

（三）集中突击行动，针对性强

破案战役是一种急风暴雨式的斗争形式，具有突击性，即参战地区、单位和人员都要把破案战役作为这一时期的中心任务来抓，集中时间、警力、经费，集中采取查缉和逮捕等措施，针对某些特定犯罪或特定犯罪地区突出的治安问题快攻猛打，力争在短时间内解决问题，达到预期目标。

（四）统一性和联合性

破案战役的统一性是指对破案战役认识的统一性和行动的统一性，而联合性是指参战力量的联合性和参战区域的联合性。

（五）警务工作效率提高，震慑犯罪分子的短期效果明显

实践证明，破案战役是加强侦查工作的一项有效措施，警方在开展破案战役行动期间的工作效率要大大高于日常的警务工作，因而最容易引起相关部门的重视和民众的关注。另外，在开展破案战役期间，犯罪分子因受到集中打击行动声势的威慑而暂时减少或中止犯罪，起到了预防犯罪的作用。

四、破案战役的实施

组织开展破案战役应分阶段进行。破案战役的步骤，一般都有明确的统一部署。根据破案战役各个不同时期的工作重点，破案战役可分为：准备阶段、实施阶段和结束阶段。

（一）准备阶段

准备阶段主要做好如下工作：

（1）建立破案战役的组织机构。主要指破案战役的指挥机构和执行机构。指挥机构是破案战役的决策、指导、督办机关，总指挥由破案战役组织单位的主要负责人担任。执行机构是破案战役的战斗机构，可以组为单位，如分为追捕组、堵卡组、审查组、警卫组和资料组。

（2）制订破案战役计划。主要内容有：在分析敌情、社情的基础上，阐明破案战役的必要性，确定破案战役的任务和指导思想；确定破案战役的总体时间和各阶段的具体时间；确定破案战役的值班制度和请示报告制度等。

（3）做好案件材料的准备工作。主要是针对已掌握的犯罪嫌疑人和所有的积案进行认真的调查、摸底、核实，有计划地在破案战役中组织侦破。

（4）关押场所的准备工作。关押场所主要是指看守所和拘留所。准备工作应考虑：场所能否满足破案战役的需要、警戒力量是否充足、设备是否齐全等。

（5）宣传教育准备工作。主要包括：编写宣传提纲、典型案例；选择培养宣传人员，准备宣传用品；联系新闻单位、取得支持协助等。

（二）实施阶段

（1）战前动员。主要是部署警力，明确组织纪律和注意事项。

（2）集中力量，组织追捕。破案战役开始后，应把工作重点放在抓捕工作上，要集中力量，争取把已经掌握的犯罪嫌疑人缉拿归案，对于逃跑的犯罪嫌疑人，应组织专门力量抓捕。

（3）落实堵截措施。可采取巡查堵截和设卡堵截相结合、公开堵截和秘密堵截相结合的方式，按计划迅速布置力量组织堵截，并绘制巡逻堵卡网点示意图，以便指挥、检查、督促和及时调整。

（4）加强审查工作，扩大战果。一是审查工作要细，对每一个案件、每一个犯罪嫌疑人和在押人员，都要进行调查研究，以彻底查清案件；二是要抓住有利时机，在羁押场所发动、开展强大的心理攻势，感召、震慑犯罪分子，使他们主动坦白，并检举、揭发他人，为侦查破案提供线索。

（5）大造“严打”声势。用轰轰烈烈的宣传教育工作配合破案战役，广泛取得各相关部门，尤其是宣传部门的支持，发动、号召群众检举、揭发，积极配合。同时，通过强大的严打宣传，震慑、瓦解犯罪分子，促使他们投案自首、争取立功。

（三）结束阶段

（1）加强基础建设。开展破案战役，公安机关应抓住有利时机，加强各项基础业务的建设。

（2）参战人员的休息与整顿。破案战役结束后，应抽出一定时间，组织民警讨论学习，总结破案战役中的经验教训，写出书面总结，召开庆功大会，表彰有功人员。

（3）认真总结经验教训。破案战役总结要在广泛征求意见的基础上，大量收集资料，对破案战役中的成功经验和失败教训进行认真细致的分析研究，作出客观的结论。

五、开展破案战役应注意的问题

（一）坚持党和政府的领导，不失时机地开展破案战役

破案战役工作政策性强、问题复杂、涉及人员多，坚持党委政府的领导是保证破案战役顺利进行的根本保证。实践证明，破案战役坚持党委政府的直接领导，既便于集中力量、步调一致，又能及时发现问题、解决问题，鼓舞参战人员。

经过多年的“严打”与专项斗争实践，我国在如何增强和巩固“严打”与专项斗争效果方面已经取得了深刻的认识。实践中要把“严打”与整治结合起来，不失时机地推进、落实社会治安综合治理的各项措施，大力加强基层基础工作，以巩固“严打”成果。

（二）合理控制破案战役的时间和次数

破案战役涉及面广、工作量大、参战人员多、持续时间长，对这样的重大侦查措施，在使用上必须慎之又慎、合理控制。破案战役的时间、次数不宜过长、过多，否则会与日常工作混淆而失去应有的威慑力。破案战役的开展不能随心所欲，必须具备一定的条件，如犯情调研、参战力量、经费装备等。

（三）破案战役效果的科学评估

对于开展破案战役的效果，必须进行科学评估，弄清楚其初期威慑力、延续威慑力，这样才能知道其真实效果。

（四）破案战役措施要与时俱进

不可否认，我国开展破案战役也存在一些突出的问题，如破案战役长期停留在经验型总结层次上，未能形成理论上的系统研究；破案战役组织过多、不讲条件、随意性大等。为更加有效地开展破案战役，必须根据犯罪形式的变化和各地不同的实际情况改革破案战役的方式，逐渐向高科技手段转变，增强斗争的效益性。同时，破案战役的斗争策略手段也应有所调整，既要集中破案攻坚、打击犯罪，又要立足防范、强化日常管理和控制、全面提升公安基层基础工作水平。

项目四 侦查协作

【案例导入】

【引例8－3】某年7月9日上午，浙江海门县公安局接到报案：该县链条厂员工袁锦香于6月21日外催货款后，一直未归。7月13日，袁随身携带的提包在江苏南通如

皋市被人捡获。江苏南通市局和浙江海门县局研究认为袁极有可能被害，遂组织联合专案组开展侦查，查明袁最后一次出现的地点是6月27日在扬州江都县大桥镇顾堂村蒋元家。据此，专案组民警赶到江都，与扬州市公安局、江都县公安局一起，围绕袁在蒋元家的往来活动开展侦查，发现疑点，并查清了蒋元伙同其父母将袁杀害后劫走其收回的4万余元货款并抛尸于秦兴的犯罪事实。根据犯罪嫌疑人蒋元的交代，在秦兴县公安局的协助下，侦查人员找到了袁的尸体。从而破获了这起特大抢劫杀人案。

【工作导向】

一、案例导读

这是一起抢劫杀人案件的侦破过程。案件涉及江苏、浙江两省的南通如皋、扬州江都、秦兴、海门等地，经过各方公安部门的通力协作，查清了犯罪嫌疑人蒋元伙同其父母抢劫杀人的犯罪事实。

二、问题思考

（1）什么是侦查协作？侦查协作的原则有哪些？

（2）侦查协作应该遵循什么样的程序？

（3）侦查协作都有哪些形式？

【学习领域】

一、侦查协作的概念

侦查协作是指侦查机关为提高打击犯罪的力度、发挥整体作战的优势而长期、经常进行的侦查机关之间以及侦查机关与其他部门之间有组织的协调配合，并使之规范化、制度化的一项综合性侦查措施。

侦查协作是国际、国内侦查实践的必然要求，是各国侦查机关为及时、有效地打击跨国、跨地区犯罪所采取的一项基本对策。实践中加强侦查协作有利于提高打击犯罪的力度，有利于发挥侦查机关整体作战的优势。

二、侦查协作的原则

依照有关法律法规规定，侦查协作应当遵循“及时、无偿、明确、依法”的原则，以使侦查协作在正常的轨道内运行。

（一）及时协作原则

当案件侦查有协作需求时，请求地公安机关必须尽快依照法定程序向协作地提出协作请求，并办理齐全有关法律手续；当协作地实施侦查活动需要请求地进一步提供有关信息以及其他支持时，请求地公安机关要及时提供；当协作地完成协作任务通报请求地时，请求地要及时作出回应，如及时提解犯罪嫌疑人；对于获取的犯罪线索，不属于自己管辖范围内的要及时转递给有管辖权的公安机关。有关协作地接到协作请求后，要分清情况，落实专人负责，及时部署侦查活动。对于请求查询犯罪嫌疑人信息资料的，应当认真查办，及时反馈，一般应当在7日之内将协查结果通知请求地，边远地区可以延长到15日；对于请求协助执行强制措施的，应当立即组织力量制订计划实施抓捕。

（二）无偿协作原则

对于异地公安机关请求的各种协作内容，只要符合有关法律法规的规定要求，且法律手续完备，无论情况如何，都必须毫无条件地及时予以接受并组织侦查活动，不允许收取任何形式的费用，不得拖延、推诿或不执行协作，否则，造成严重后果的，应依法进行处罚。

（三）明确协作原则

需要异地协作时，请求地公安机关应当认真分析案情，明确侦查协作的具体事项和涉及的异地公安机关范围，有针对性地确定协作事项和地域范围，不能毫无目标地随意发出协作请求，浪费协作地公安机关的资源。协作地公安机关要认真审查协作事项和法律手续资料，对于不符合协作条件的要及时驳回，对于缺少法律手续的要及时向请求机关提出，对于符合条件的则应明确责任人，落实任务，确保协作的质量和效率。如对请求地需要办理查询、扣押或者冻结与犯罪有关的财物、文件的，协作地应当指定主管业务部门协助执行。

（四）依法协作原则

无论是请求地还是协作地，在侦查协作活动中，都必须依照有关法律法规确定和审查协作事项，超越法定的协作范围的一律不予协作。协作程序也必须依照法律法规办理，协作过程产生的纠纷也应当依照法律法规处理。

三、侦查协作的内容

侦查协作的内容是多方面的，主要有：

（一）交流刑事犯罪情报

侦查协作需要交流的犯罪情报是多方面的，从宏观上讲，有协作范围内各种带有突出性的犯罪活动，尤其是恶性犯罪的新动向和发展趋势；有组织犯罪、流窜犯罪、跨区域犯罪活动；境外犯罪渗透活动情况以及结合部、毗邻地区的犯罪动向等。从微观上讲，有某一案件、某一犯罪集团的案件线索，犯罪窝点转移、销售赃物等线索，负案逃犯的线索及犯罪手段、特点相同的案件线索。

交流刑事犯罪情报是侦查协作经常性的工作，必须提高情报意识、建立健全的情报信息交流制度和网络。

（二）查缉潜逃犯罪嫌疑人

查缉潜逃犯罪嫌疑人是侦查协作经常性的工作，对此，一是要提高通缉通报制作的质量；二是要求接到通缉通报的侦查机关要及时落实通缉通报的要求；三是对所有通缉的犯罪嫌疑人、协查通报的犯罪嫌疑人、案件、线索，分门别类地建立档案，作为犯罪情报资料的重要组成部分。

（三）异地执行强制性措施

对于异地侦查机关提出协助执行强制性措施的请求，只要法律手续完备，协作地公安机关应当无条件地予以配合。

（四）异地控制、缴获赃款赃物

异地销赃、挥霍赃物赃款是跨地区犯罪的一大特征，在迅速控制赃款赃物外流的同时，应及时向有关地区的侦查机关通报赃款赃物的种类、数量、特征，实施侦查协作，以达到事半功倍的效果。

（五）协查刑事案件

协查刑事案件的工作内容广泛，涉及案件侦查的许多方面，如协查案件中的有关情况和线索，具体包括有组织犯罪中的成员、被盗抢的机动车辆、犯罪嫌疑人的落脚点、无名尸体以及追赃和解救被拐卖的妇女和儿童等。

（六）开展并案侦查

并案侦查是协作打击流窜犯罪、跨区域连续犯罪的重要措施，能取得破一案带破多案的成效。

（七）会诊疑难案件，进行技术支援

组织协作单位对疑难案件进行“会诊”，是集思广益、取长补短、发挥协作优势、侦破疑难案件的有效方法，是对办案单位的技术支援。而技术支援包括刑事技术支援和侦查措施及手段上的相互支援两方面。

（八）组织区域性联合行动

组织区域性联合行动是侦查协作打击区域内某些突发犯罪活动的重要措施，各地区可以根据某一时期某类犯罪活动的特点，组织进行区域性的联合打击行动。

（九）组织联合办案

联合办案是指各地公安机关侦查部门之间、刑侦与其他警种之间的联合作战，它既是在新形势下侦破本地有重大影响的恶性案件、带黑社会性质的有组织犯罪、重大贩毒集团和流窜犯罪案件的重要形式，又是侦查协作的重要内容。

四、侦查协作机制

侦查协作机制是按照上级规定、通过共同协商制定的协作制度进行自我约束，保证协作任务完成的机制，其建设的内容服务于、服从于侦查协作的内容。侦查协作机制主要有：

（一）联系会晤制度

联系会晤制度是加强合作部门或地区联系、增进相互间了解、集中交流情况和经验的制度，联系会晤制度应坚持定期会晤与经常联系相结合。

（二）情报交流制度

情报交流制度是迅速传递情报的重要保证，应坚持定期交流与随时交流相结合的原则。

（三）协查协办制度

协查协办制度是协查刑事案件工作正常运转的重要保证，制度中应对协查协办的登记、汇报、工作部署、监督检查、回复等环节作出具体规定，制度中对复查的时间也应作出明确的规定。

（四）奖惩制度

做好侦查协作工作要引入激励机制，把协作任务纳入日常的目标管理，与其他任务一样进行检查、考核，直接与评奖、表彰挂钩。

五、侦查协作的形式

侦查协作的形式主要有：

（一）联防协作区

联防协作区又称“省际协作区”，是指数个省、直辖市、自治区侦查机关之间的协作，是由各省公安厅组织，当地公安机关和铁路、航运等部门参加的协作组织。

（二）联防协作片

联防协作片又称“市县协作片”，是指以大中城市侦查机关为中心，联合周边县市或结合部地区侦查机关所进行的协作，适用于省与省、市与市、地区与地区、县与县结合部以及城乡结合部的协作。

（三）专项联防协作

专项联防协作又称“双向对口协作”，是指为打击、控制某类刑事犯罪活动，有关地区侦查机关之间或侦查机关与其他部门之间的协作，如为打击流窜犯罪、车匪路霸，地方公安机关与铁路、航运等部门协同配合；为打击经济犯罪活动，侦查部门与工商、税务、金融等部门的联系等。

（四）全国犯罪信息核查系统

全国犯罪信息核查系统是以各省、自治区、直辖市犯罪信息中心为基础，由公安部刑侦局组织协调，对重大犯罪信息如指纹、枪弹痕迹等进行全国范围内的核实查证，以发现、查缉犯罪嫌疑人的工作系统，是新形势下打击犯罪的重要协作形式。

六、国际侦查协作

目前，国际社会对涉及两个以上国家的刑事犯罪侦查协作主要有两种形式，一是根据双边或多边协议，请求有关国家的司法当局予以协助，即通过国际刑事司法协助的途径解决跨国犯罪的侦查事宜；二是依靠国际刑警组织及其成员国之间的有效协作。

（一）国际刑事司法协助

此内容参见《刑事诉讼法》的相关内容进行学习。

（二）与国际刑警组织的合作

国际刑警组织是非政治性政府间国际行政组织以协调打击国际刑事犯罪活动为目的，在各国现行法律的限度内，保证和促进各国刑事侦查当局之间最广泛的相互支持和合作。我国于1984年9月被国际刑警组织接纳为正式成员，同年11月，国际刑警组织中国中心局成立，同国际刑警组织和有关国家开展广泛的合作。该组织下设大会、执行委员会、秘书长及顾问，各成员国在自己的首都警察当局内设国家中心局。

通过国际刑警组织的途径进行侦查协作的程序和步骤，可从请求协作方和被请求协作方两个方面来把握。

从请求协作方来说，提出的程序和步骤是：①本国侦查机关向国际刑警组织在本国的国家中心局提出具体协作要求；②本国国家中心局研究后认为有必要向秘书处或有关国家请求协作时，按照国际刑警组织规定的行文格式起草协作文本，明确协作要求，并由负责人签字；③本国国家中心局将该协作文书通过国际刑警组织的通信系统送达秘书处及有关国家。

从被请求协作方来说，其提出的程序和步骤是：①由国家中心局将请求协作文件转往本国国内的侦查机关，要求各有关机构部门予以查证落实；②本国国内的侦查部门查证落实后，将查证结果报告国家中心局，以便国家中心局答复时参考；③国家中心局通过国际刑警组织的通信系统将协查结果告知请求协查国的国家中心局或秘书处。

项目五　技能训练

一、实训内容

实训内容为并案侦查措施的实施。

二、实训课时

教师应选足够数量的典型案例对学生进行训练，案例训练的时间不得少于 3 课时。

三、实训目的

通过案例讨论训练，掌握并案侦查措施的研判和组织实施，并形成侦查能力。

四、实训方式

运用典型案例材料或训练课件，教师指导学生分组或集中讨论。

单元九

刑事科学技术在侦查中的运用

【学习目标】

知识目标：通过本单元的学习，了解刑事科学技术的一些基本知识，理解刑事科学技术在侦查破案中的运用和重要作用。

能力目标：培养在侦查实践中具体采用刑事科学技术辅助侦查破案的运用能力。

【学习提示】

本单元教学以课堂讲授为主，辅以案例演示与部分实训项目相结合，做好理论与实践的联系，巩固所学知识并培养实践动手能力。

【内容结构图】

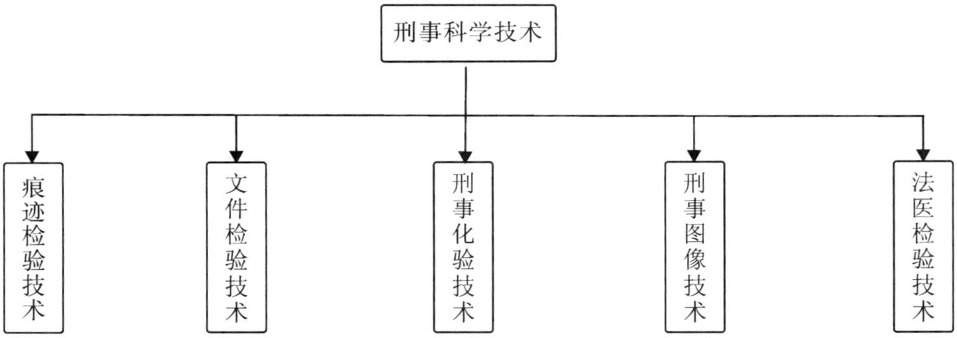

项目一　痕迹检验技术在侦查中的运用

【案例导入】

【引例 9－1】某年 5 月 30 日凌晨，某市某区石景山路 23 号大院 2 号楼一单元二层 3 号发生一起特大凶杀案，住在此处的福建某工艺品首饰公司来京工作的八名女青年被残忍杀害，其中一人被杀死在楼下，其余七人被杀死在室内。这是新中国成立以来发生在该市的死者人数最多的一起特大凶杀案件。

经现场勘查，在北卧室床上、南卧室、东南卧室的东南床上铺和下铺、南卧室地面及西南床下铺共发现七具女尸，楼前停着的一辆“面的”车头前也发现一具女尸。屋内门窗完好，翻动不大，死者书包里报纸包的两万余元钱以及包内的手机等贵重物品没被拿走，地面有两种足迹，一是血袜印，一是血拖鞋印。技术人员在房间、楼道共提取了80多处血迹。

技术人员对现场提取的血迹进行DNA检验，确定每一处血迹与受害人的关系。对现场留有的血袜印、血拖鞋印进行足迹检验确定案件是否为同一人所为。检验中发现了几条重要线索：现场的两种血足迹即袜子和拖鞋的足迹为同一案犯所留；在现场发现有一处死者血迹的方向与死者被害前的活动方向不吻合，据此可以判断作案人身上可能沾有死者的血迹；同时在楼道发现被害人的血迹，其中一处血迹与其他血迹方向相反，可以证明作案人有来回走动的现象；现场发现了除八名受害者以外第九个人的血迹。

根据检验结果，技术人员对犯罪现场进行了重现：作案人先穿着袜子作案，其穿着袜子进屋，杀人时脚上沾满了血迹，由于沾血太多袜子湿滑，其穿上了死者的拖鞋在现场和楼道来回走动，因此鞋上才沾上了6种血迹，楼道里的血迹方向才会不一致。

犯罪现场重建对侦查方向的确定起了重要作用。经过摸底排查、调查走访，犯罪嫌疑人赵连荣（男，37岁，就住本楼二层的4号，是被害女子的邻居）落网。专案组选取了赵某的足迹样本，经检验，他的足迹与案发现场、楼梯处以及室外滞留的血足迹吻合。经过DNA比对，发现赵某正是出现在现场留有血迹的第九个人，这为破案认定其犯罪事实提供了可靠的证据。

在生物物证和足迹的强力支持下，这起在全国产生重大影响的恶性案件在短短七天内一举告破。破案后证实，专案组的现场重建以及作出的一人作案等结论都是准确无误的。随后，在赵连荣家的厕所、下水道，专案组又收集到被剪碎的手套残片，杀人后丢弃的作案折刀，作案时穿的T恤衫、牛仔短裤等证据。

至此，轰动某城的“5·30”八女被杀案顺利告破，该案是国内第一起利用现场血迹进行现场重现的成功案例。

【工作导向】

一、案例导读

这是一起通过对现场血迹的分析及DNA检测和现场足迹的鉴定而成功破获的案例。

二、问题思考

结合案例和实践，谈谈现场痕迹的分析和鉴定对侦查破案的作用和意义。

【学习领域】

一、痕迹检验与形象痕迹的分类

（一）痕迹与痕迹检验的含义

侦查学中的痕迹通常分为广义痕迹和狭义痕迹。广义痕迹是指由于犯罪行为或与犯罪有关的活动所引起客观物质环境的一切变化。狭义痕迹是指由于犯罪行为使造痕体与承痕体产生接触或分离作用，在作用部位上出现的形象反映。这里的形象反映是指承痕体上变化的形态与特征，是受造痕体制约的，能反映出造痕体接触部位的外部结构、形态等特点，称之为形象痕迹。痕迹检验中研究的主要是狭义痕迹。

痕迹检验是指运用痕迹检验学的理论和方法，依法对案件中的痕迹进行检验，以确定痕迹与案件事实之间关系的一种专门性技术手段和司法鉴定工作，是刑事科学技术的重要组成部分。

（二）形象痕迹的分类

1. 根据造痕体的类型分类

（1）人体痕迹。主要包括手印、足迹、指甲痕迹、牙齿痕迹以及唇纹、鼻纹、耳纹、肘纹等以人体为造痕体的痕迹。

（2）器械、物件痕迹。包括工具痕迹、枪弹痕迹、车轮痕迹、纺织品痕迹等以器械、物件等为造痕体的痕迹。

（3）动物痕迹。指各种动物留下的蹄印、爪印、齿印等。

2. 根据承痕客体保留的痕迹状态分类

（1）立体痕迹，痕迹呈三维方向，有立体感。

（2）平面痕迹，痕迹呈二维方向，无立体感。根据介质的增减情况分为加层平面痕迹和减层平面痕迹。根据色泽不同又可分为有色平面痕迹和无色平面痕迹。

（3）分离痕迹，是指外力作用引起客体的分离，把一体分成若干部分所形成的痕迹。

3. 根据造痕体与承痕体的接触状态分类

（1）线条状痕迹，是指造痕体与承痕体二者接触点线面连续地发生改变而产生的线条状痕迹，如弹头上的小线纹痕迹。

（2）凹陷状痕迹，是指造痕体与承痕体二者接触点线面不发生改变而产生的凹陷状痕迹，如工具痕迹中的打击痕迹。

二、痕迹检验技术在侦查中的作用

痕迹检验技术在刑事侦查工作中的运用十分广泛，其作用可概括如下：

1. 为分析案情提供可靠的材料

通过分析研究犯罪现场中各种痕迹出现的位置、形态、分布和色泽，以及痕迹形成的时间、过程及与周围环境的关系，可以确定案件的真伪，准确分析判断案情。

2. 能有效缩小侦查范围

通过观察和检验痕迹的种类、数量、大小、位置和形态结构，以及痕迹中反映出来的步法特征、手法特征和习惯特征等人身特点，可以判断作案人数、作案人的生理特征、职业、动作习惯以及所用的器械的种类，为侦查破案提供方向和线索。

3. 为查缉犯罪嫌疑人提供有效手段

通过查对各种痕迹档案，及时并案，查获或查缉犯罪嫌疑人。

4. 为发现、提取、固定痕迹提供可靠的技术保障

利用痕迹检验的各种技术方法和手段，有效地发现、提取和固定犯罪现场中的各种犯罪痕迹，以便于分析、检验并长期保存。

5. 为侦查、起诉、审判提供重要证据

通过对痕迹的检验鉴定，以出具鉴定书的形式为案件的侦查、起诉、审判提供重要证据。

三、常见痕迹的寻找、发现和提取

（一）手印

手印是指人手在力的作用下接触客体时所形成的印痕，包括手指头、手指节和手掌的印痕。

1. 现场手印的寻找和发现

在现场勘查中，应重点在现场进出口及其周围的物体、作案人活动的中心、作案工具和现场遗留物、作案人可能接触过的物品等寻找和发现手印。

因手印存留的形式、承载客体的差异、现场环境等因素影响，可使用肉眼观察法、透光观察法、反光法、显现法、仪器法等不同方法寻找和发现手印。

2. 潜手印显现的基本方法

潜手印主要包括汗液手印和油质手印等，其显现的方法很多，在实际工作中较常用的方法有粉末显现法、硝酸银显现法、茚三酮显现法、“502”显现法。

3. 手印的提取方法

（1）照相法。这是提取手印的首选方法，在其他方法使用前，要先行拍照提取。

（2）实物法。实物法即提取留有手印的较小客体或部分截取（或拆取）大客体留有手印的部位或部件。提取时，应征得有关方面的同意并办理相关的手续才能提取实物。

（3）指纹胶带粘取法。指纹胶带粘取法主要针对经粉末显现后的手印提取，提取时将胶带粘贴在手印上，让胶带和客体充分接触后撕下胶带，再粘贴在专用的指纹衬底上。

（4）制模法。此法主要适用于立体手印的提取，制模时应先行拍照，后用石膏、硅橡胶等材料制作模型，必要时可以先用灰尘痕迹固定剂固定后再制模。

（二）足迹

足迹是人在站立和行走过程中遗留的鞋印、袜印和赤足印的统称。

1. 现场足迹的寻找和发现

寻找和发现现场足迹的部位，包括现场进出口、来去路线和守候藏身伺机作案处，作案人活动的中心区域，掩埋尸体和隐藏赃物处，作案人可能踩踏攀登过的物体等。

寻找发现足迹的方法。寻找现场足迹主要利用自然光或人造光源进行观察；如果粉尘足迹遗留在浅色客体上，利用光线观察效果不佳时，可静电复印后再利用光线进行观察；此外，对于赤足印，可按照寻找和发现手印的方法进行。

2. 足迹的提取方法

（1）照相法。在现场勘查时，任何足迹在采用其他方法提取前都应先行照相提取。

（2）静电复印法。对于遗留在水泥地面、木地板、地砖等相对光洁的客体表面的粉尘足迹，可采用静电复印法提取。

（3）制模法。对于遗留在泥地、沙地、雪地等上的立体足迹，可用石膏等材料制作成模型提取。

（4）原物提取法。当足迹遗留在较小客体上，如纸张、纺织品上时，可将足迹连同客体一并提取带回。

（5）黏附提取法。对于较清晰的粉尘足迹和经粉末显现的赤足印，可用复写纸或透明胶带黏附提取。

（三）工具痕迹

工具痕迹是指使用工具作用于承受客体，使承受客体的接触部位发生变形而形成的印痕。根据使用工具和破坏方法的差异，工具痕迹通常表现为撬压、打击、擦划、嵌剪、刺切和割削等六种状态。

1. 工具痕迹的寻找和发现

在现场勘查时，应重点在受到破坏的客体上去寻找和发现工具痕迹，如现场进出口处的障碍物、作案人侵害的目的物和防护物以及现场遗留的工具碎片、残渣等。

工具痕迹多属于立体痕迹，且稳定性强，在现场勘查中只要认真仔细，较容易发现。

2. 工具痕迹的提取

（1）照相法。在现场勘查时，对需要提取的痕迹先行照相固定和提取，这是痕迹勘验的基本步骤，使用工具痕迹的提取液时也不例外。

（2）提取原物法。提取原物是提取工具痕迹的最佳方法，只有原物才能确保工具痕迹的原始状态和细微特征不受破坏。

（3）制模法。当承载工具痕迹的客体不便或无法提取其原物时，可用硅橡胶、醋酸纤维素薄膜、硬塑料、软塑料或橡皮泥等制作成模型提取。

（四）枪弹痕迹

枪弹痕迹是指在枪支射击过程中，遗留在弹头、弹壳和弹着物上的痕迹的总称。

1. 寻找枪弹痕迹的重点部位

（1）弹头。寻找现场弹头应以弹着点为依据，以射击目标上的弹孔或跳弹痕迹为中心，结合痕迹形态及周围环境等情况进行寻找，必要时可以借助金属探测器找寻。

（2）弹壳。寻找现场弹壳时，应以射击位置为基点，可在 5～10 米的半径范围内寻找。如果无法确定射击位置的，应分片、分段仔细寻找，也可以借助金属探测器寻找。如果现场未发现弹壳，应考虑是否被作案人捡走或还遗留在枪支内。

（3）枪支。如果是自杀、伪装自杀、自伤或走火误伤的情况下，现场一般会留有枪支。在凶杀现场一般不会留有枪支，但在现场勘查时，也应注意现场周围的河道、水沟、水塘、水井、厕所、垃圾桶等可能隐藏枪支的地方，必要时可借助金属探测器寻找。

2. 枪弹痕迹的提取

（1）弹头、弹壳的提取。在现场勘查中发现弹头、弹壳，应先拍照，后用物证袋独立、分别包装。提取时，要用非金属镊子夹取。

（2）枪支的提取。现场发现枪支后，先拍照固定，具体提取时，要戴好手套，先检查枪支的保险和装弹情况，然后用脱脂棉蘸甘油堵塞枪口，放入物证袋，如果枪支过大无法放入物证袋的，可用清洁软性物质包裹后放入有软物衬垫的箱、盒内。

（3）射击残留物的提取。射击残留物通常留在弹着痕迹周围以及射击者的手上，有时枪管内壁也可沉积射击残渣。其提取的方法有复印法、粘取法、溶解法、石蜡膜法等。

（五）车辆痕迹

车辆痕迹是指车辆在停放或行驶过程中留下的轮胎和其他部件的痕迹。

勘查过程中应重点在现场外围、作案人来去现场的路线上以及车辆碾压过的物体发生碰撞处寻找车辆痕迹。

车辆痕迹多为立体痕迹和粉尘痕迹，故发现和提取的方法与足迹相同。对于车辆的脱落物和附着物，经拍照后提取原物即可。

四、痕迹的检验

痕迹的检验主要运用分别检验和比对检验两种方法。

分别检验是对现场提取的痕迹与其样本痕迹分别进行观察，并分析痕迹形成的条件，寻找两者的特征，确定重点检验的痕迹及部位。

比对检验则是对现场痕迹和样本痕迹进行全面的对照与一一对应的观察分析。

比对检验是同一认定的中心，是分别检验的延续，它是将分别检验中从现场痕迹和样本痕迹上寻找的特征联系起来加以比较，从而进一步弄清两者的特征关系。通过比对，发现两者特征的异同，并加以综合评断，进行同一认定。

项目二　文件检验技术在侦查中的运用

【案例导入】

【引例9－2】某年10月17日中午，吉林省敦化市3305工厂子弟小学学生张博雨（女，11岁），与另一同学放学回家，行至厂宾馆时，从东墙边过来一人（男，30岁左右，身高170cm左右）招呼张，交谈几句后，张被该人领走。张的父母在家久等孩子未归，遂到学校寻找，方知孩子已被人领走，于是到派出所报案。

在调查中，一位出租车司机反映，案发时间曾有一男子领一女孩乘坐其车去江东，下车后朝南走了。根据司机提供该男子的体貌特征，女孩的父亲张德秋怀疑此人是市防疫站医师李桂明。经司机秘密辨认，说有些像但不能确定。传讯李时，他虽然精神很紧张，但对绑架矢口否认，因无证据，此案只得暂时作罢。

案发后一年4月19日，距案发时间6个月后，张德秋在单位突然收到一封信，信中说让他拿3.5万元换人，并约定了交钱的时间和地点。之后，又多次接到匿名电话，谈及交钱的时间和地点。虽然受害人家属按照约定办了，公安机关也作了相应部署，但均因阴差阳错，未能在现场抓获犯罪嫌疑人。经过对敲诈信和在现场发现的4张字条用纸的调查，公安机关获悉案发前一年市防疫站进过一批同类纸，其中大部分被李桂明领用，说明李的作案嫌疑仍不能排除。于是，敦化市公安局将有关材料送鉴定机构进行笔迹鉴定。

经检验，送检的敲诈信和4张字条中，除信封和一张字条的字迹外，其余笔迹均出现运笔抖动、弯曲、笔画间缺乏正常的照应关系，书写缓慢、不协调，收笔处存在拖带痕迹，个别字还出现反向运笔。这说明信文和3张字条虽无字行向右下倾斜，字迹无明显左高右低现象，明显是左手伪装书写而成的，另一张字条虽非左手书写，但运笔缓慢、笔画僵直，说明也不是正常书写。笔迹上的伪装说明作案人害怕暴露自己，反映了作案人系受害人熟人。而这一点，与李桂明的情况是吻合的。

经过与李桂明近几年书写的大量笔迹样本进行比较，它们不仅与敲诈信和字条的书写水平一致，而且在写法、笔顺、搭配比例和运笔，以及阿拉伯数字和标点符号等特征上均存在多数量、高质量的符合，反映了同一人的书写习惯。据此，委托鉴定机构作出了敲诈信和4张字条均是李桂明所写的鉴定结论，为侦破此案提供了强有力的证据。

【工作导向】

一、案例导读

这是一起通过文件检验最终破案的案例。案中通过对所用纸张及笔迹的鉴定，从而确定案件的犯罪嫌疑人为李桂明，该鉴定对侦破本案提供了有力的证据。

二、问题思考

通过对文件检验的对象、程序和方法的学习，试谈谈文件检验技术在侦查破案中的运用和意义。

【学习领域】

一、文件与文件检验

文件是指人们在工作、学习、生活等社会活动交往中形成和使用的各种书面材料。包括公务文件、私人文件、货币票证、书报期刊、网络文件以及有文字、图形和言语信息的其他物品等。

文件检验（以下简称“文检”）是指运用文件检验学的理论、技术和方法，研究各类犯罪案件中的文件物证，确定文件与案件事实、当事人或嫌疑人的关系的一种技术侦查与司法鉴定手段。

二、文件检验的类型

当前，文检技术已经形成一门独立体系的课程，根据文检所解决的问题差异，文检技术主要包括以下几部分内容：

（1）笔迹检验技术。

（2）印章印文检验技术。

（3）电子打印、静电复印文件检验技术。
（4）污损变造、伪造文件检验技术。
（5）言语识别与声纹鉴定技术。
（6）人相照片鉴定技术。
（7）文件物质材料检验技术。
（8）文件制成时间检验技术。

三、文件检验技术在侦查中的作用

案件中的文件与犯罪分子的违法犯罪活动有着密切的联系，犯罪分子利用文件作为其实施犯罪的基本手段，或者文件成为违法犯罪分子的直接作案目标，或者文件表现为案件中的遗留物等。因此，和其他各类刑事技术一样，文检技术是侦查工作中的一种技术手段，是为侦查工作服务的，在案件的侦查工作中，文检技术具有以下作用：

（一）发现、提取和收集各种文件材料

在现场勘查、搜查和例行检查中，能发现与案件有关的书写文件和印刷文件，各种伪造货币票证，涂改、销毁的账簿、票据、招标等，为侦破案件提供线索和证据。

（二）确定侦查方向和范围

通过对文件的内容、制作手段、语言风格和表现形式进行分析，可以分析作案人的年龄、文化程度、职业身份、籍贯、性别、种族、精神状态和思想特征等，为案件的侦查确定方向和范围。

（三）对重点对象筛选与鉴别

在案件的侦查中，可以根据有无作案动机、思想基础、作案时间、接触条件等进行全面的摸底排队，同时，也可以借助文检手段，进一步缩小范围，突出重点，把重大嫌疑分子筛选出来。如通过证实作案印刷品的具体出处，证实文件物证的来源，利用录音缩小范围，利用笔迹筛选重点嫌疑人等。

（四）确定作案人或排除嫌疑人

对于通过侦查而确定的重点嫌疑人，根据物证材料和样本材料的比较鉴别，认定犯罪嫌疑人，为定案工作提供证据；或排除嫌疑人，重新进行侦查。

四、案件侦查中文件物证的提取与保存

对于与案件有关或一时难以判明是否与案件有关的文件，侦查人员均应依法提取与保存。在侦查工作中，不同的文件物证有不同的提取与保存的方法。

（一）案件文件提取的程序

提取和扣押案件文件应遵循合法有效、保持原貌、安全保存的原则，其一般程序为：

（1）观察文件的形式与内容，判明其用途，发现其可疑迹象。
（2）分析研究文件与案件的联系。
（3）制作案件文件勘验记录。

（二）几类常见文件的提取与保存

1. 完好的文件

对信件类、票据证件类、视听资料类等完好的文件，应提取原件。对原件要尽可能保持原貌，固定保存。实际工作中一般用透明塑料袋装好后送检，以免损毁。如果因某些原因不能提取原件的可采取拍照或复印的方法提取后送检。

2. 直接书写、刻写在非纸张载体上的文件

对直接书写、刻写在非纸张载体上的文件，一般采用比例拍照提取，在较平滑物体表面用白灰、木炭、粉笔、泥块等物质书写的文件，可在拍照后用透明胶纸或复写纸粘取。对刻画在瓜果等物上的文件，在拍照后能提取原物的应提取原物。应当注意，在提取文件的同时，还要提取制作文件的物质材料。

3. 张贴、悬挂的文件及工具

张贴、悬挂的文件一般是事先制作好，然后再张贴或悬挂在现场。此类文件提取前，应先进行比例拍照，以固定文件原貌，然后根据承受客体表面的光滑程度、粘贴状况等情况，采用小刀剥离或加湿软化后剥离。对作案时使用的工具（如图钉、铁丝等）、被作案人遗弃的剩余粘贴物及其容器，也要注意提取。对作案人作案时可能触摸文件的部位或留有附着物的部位，切勿触摸，以便提取指纹或其他痕迹。

4. 烧毁、浸湿、破碎、污染的文件

烧毁的文件。对于灰化的文件，由于不能提取原物，只能现场辨认及拍照。对于炭化的文件，先要仔细辨读上面的内容，待拍照后，用塑料板或硬纸板从下方托起，小心地放置在铺有沉淀物的盒内，交由专业人员处理。

浸湿的文件。浸湿的文件因浸水而易破碎，若文件展开、漂浮在水面，可用塑料板插入下方，然后倾斜着从水中抽出。对于浸湿的纸团，可置于清水中浸透后再剥离、展开，然后自然阴干后保存。

破碎的文件。对于破碎、撕毁的文件物证，应将碎片全部收集起来，以便在实验室拼复认读。

污染的文件。被污染的文件物证应用洁净的器皿提取，以备实验室检验。

5. 案件现场的口语、电话等声像文件

收集此类文件，应根据不同案件的特点与需要，分别采取电话录音和直接密录的方法录取，如对绑架勒索、敲诈、骚扰等案件中犯罪分子主动打来电话的录音，在侦查对象的场所安装窃听装置等。在检材上注明录制的时间、地点、案由、侦听人员姓名及送检单位等事项。

6. 各类非正常书写物质制作的文书与材料

对于直接书写在建筑设施上的文件，常采用拍照的方法进行提取，对书写物质或张贴文件的黏合剂等，也要提取，注明提取检材的名称部位、时间、地点，同时为了比对检验的需要，还需要在未留检材的空白承受客体表面刮取表层物质，作为进行物证分析的空白对照物。

7. 涉案的其他物证中出现的各类文件

对涉案的其他物证中出现的文件，如物证上有直接书写或印刷的文件，能提取原物的，尽可能提取原物；不能提取原物的，应及时用拍照的手段将文件提取下来。对各种通信工具中出现的电话号码、图片、短信息等文件，不能及时提取或保全的，应

立即用文字记录的方式进行详细记录。对计算机中存储与案件有关的文件，不能提取硬盘的，可用外接移动硬盘进行完整复制，或通过网络传输到别的电脑中。最后，在勘验记录中注明提取文件的时间、地点、文件的名称、数量以及提取人姓名等。

五、文件检验的程序

（一）受理检验

在文检部门受理检验时，应办理法定的手续：

（1）查验委托手续。

（2）了解案情，明确检验要求。

（3）审查、验收文件物证材料和样本材料。

（4）填写委托检验和鉴定登记表。

（二）制订检验方案

在开始检验之前，根据送检材料和送检要求，思考检验的途径和方法，制订检验方案。

（三）检验的实施

（1）认真分析文件物证。

（2）认真审核样本材料。

（3）选择检验方法。

（4）综合评断与反复论证。

（5）检验报告和鉴定结论。

（四）复核与再鉴定

为保证鉴定质量，经一名鉴定人检验之后，应由另一名或多名鉴定人进行复核检验，取得一致意见后，方可共同署名出具鉴定书，如委托单位或当事人对鉴定结论提出疑义，可由委托单位提出对原鉴定结论进行复查或重新鉴定，包括会检鉴定。

六、文件物证的实验室检验

（一）笔迹检验

笔迹检验的基本方法是同一认定。通过对检材和样本的比较，确定二者的书写习惯是否同一，从而作出认定或否定的结论。

（二）印章印文检验

对案件中的印章印文检验，一般是通过可疑印章印文与真印章印文样本的比较检验，确定二者是否为同一印章的印文，或通过对多份可疑文件上的印章印文的比较检验，确定它们是否为同一枚印章盖印。印章印文检验科采取测量比较法、拼接比较法、画线比较法、重合比较法和细节特征对照法等，结合相关因素综合评断。印章印文检验的主要任务是判断伪造印章印文的方法，为确定印章乃至文件的真伪提供依据。

（三）电子打印、静电复印文件检验

电子打印、静电复印文件的检验是通过对电子打印、静电复印文件物证的分析与研究，比较打印、复印文件所反映的痕迹特征和变化规律，鉴别检材物证使用打印机、复印机的种类、型号，或通过物证打印、复印文件与可疑打印机、复印机的打印、复印样本的比较，对电子打印机、静电复印机进行同一认定，为侦查破案和诉讼提供线

索和证据。

（四）污损变造、伪造文件检验

污损变造文件是指人为地利用各种手段改变原文件的内容及原貌，或受自然条件的影响而被污染、损坏或发生其他变化的文件。污损变造文件检验包括：变造文件、不易看清文字的文件和损坏文件的检验。变造文件主要指消退字迹、添加字迹、擦刮字迹、拼补字迹等情形；不易看清文字的文件主要指掩盖字迹、涂抹字迹、压痕字迹、冲刻字迹、浅淡字迹等情形；损坏文件主要指烧毁、断离、浸泡粘连等情形。污损变造文件检验是运用物理学、化学及其他学科的原理和方法，对各种被污染、损坏和变造的文件进行整复，查明文件记载，以揭露、显示伪造、变造、篡改事实的专门技术手段。

伪造文件是指作案人为达到其犯罪目的，利用各种技术手段伪造的货币、票据、证件等文件。对伪造文件的检验方法有一般检验、仪器检验和化学检验三种。一般检验是靠人的眼观、耳听、手摸来感觉文件的材质、印刷、水印、颜色等显性防伪特征；仪器检验是利用显微镜、紫外线鉴定仪、红外线鉴定仪、磁性检测仪等仪器来检测文件的荧光、反射磁性等特殊标记；化学检验则是对文件的纸张、油墨成分作定性、定量分析，通常使用气相色谱仪进行检验。

（五）言语识别与声纹鉴定

言语识别是运用语言学、文字学及有关科学技术的知识、原理和方法，对言语材料进行仔细推敲、系统分析，研究言语人的言语特点和规律，并以各类文件物证的言语特征为基础，判断言语人的地域属性或社会属性、个体特征的专门技术手段。言语识别的对象是各类案件中直接和间接同案件事实相联系的言语材料，这些言语材料中包含了言语人的地域特征、时代特征、职业特征等重要信息。

声纹是对语音纹理的描录，是指通过声谱仪显示的、携带言语信息的语音声波图谱的统称，是用仪器描录的因人而异的声波纹，是各种声学特征图谱的集合。简单地说，声纹是将一个人的声音输入语音分析仪，并画出在不同频率范围内声音强度的分布曲线，据此可以看到这个人的声纹，这也被形象地称为看得见的声音。声纹鉴定就是利用声谱仪对罪犯与被检测人的语音进行分析和鉴定，从而认定是否为同一人的声纹的一种技术手段。

（六）人相照片鉴定

人相照片鉴定首先应选择与制备供检验的照片，然后运用同一认定的原理和方法进行比较检验，最后据此作出论断的一种技术手段。

（七）文件物质材料检验

文件物质材料是指制作文件的各种物质材料，包括黏合剂、纸张、色料等。

文件物质材料检验是运用各种理化手段，通过对文件物质材料的理化特征、结构形态的定性与定量分析，鉴别其种类、成分，确定与已知样本是否同一的一种技术手段。检验方法常用的有显微分析法、化学分析法、纸色谱法、薄层色谱法和仪器分析法等。

（八）文件制成时间检验

文件制成时间的检验包括字迹书写时间的鉴别和字迹、印文交叠时序的鉴别。如通过对墨水画中硫酸盐的扩散程度、墨水的氧化程度和墨水与纸张的固着程度的鉴别可以对字迹书写时间进行鉴别；通过对笔尖擦压现象、色料覆盖现象、色料的洇散与排斥和色料分布层次的检验可以对印文、字迹交叠时序进行鉴别等。

项目三　刑事化验技术在侦查中的运用

【案例导入】

【引例9－3】2002年12月5日，镇江市丹阳皇塘镇发生了一起特大投毒案件，作案人利用“毒鼠强”在吴塘初级中学食堂厨房内投毒，导致100余名学生中毒。

刑事技术人员对现场进行了认真细致的勘验，不仅提取了学生的呕吐物，还多部位、多点处提取了剩余的早点、贮蓄室里加工食品用的食油、食盐、面粉、大米等检材26件。5日下午6:30左右，经省厅刑事技术部门检验，在呕吐物、剩余的稀饭、灶台提取物里检出“毒鼠强”的成分。

指挥部召开了案件分析会，对事件的性质、作案的动机、作案的时间、侦查范围进行了分析研究，决定在皇塘镇以及金坛、武进等邻近乡镇全面开展“毒鼠强”的排查工作。

12月6日，查证组在对毒源深入排查过程中，了解到樊洪坤（男，47岁，金坛河头镇人）、苏贺标（男，36岁，安徽阜阳人，暂住武进市卜弋镇）两人以前曾在皇塘集市摆摊卖过“毒鼠强”，立即分赴金坛及武进开展工作。经当地公安机关配合，迅速找到樊洪坤、苏贺标两人。经调查，其中樊洪坤反映，案发前，皇塘曾有人找他买过药。指挥部立即将先期排摸出的一批人员照片提供给查证组，经樊辨认，确认半个月前向他买过药的人即是该校的门卫杨洪水。指挥部经交叉综合分析，确定杨洪水有重大作案嫌疑。当即组织精干力量，组成强有力的审讯班子对杨洪水进行突审。经审讯，杨洪水交代了投毒的犯罪事实。

案发前半个月，杨洪水在皇塘集贸市场樊洪坤摊位处事先买好两瓶鼠药，12月2日下午拿到门卫室伺机作案。4日下午6:30杨洪水接班后，把鼠药放在门卫室旁的配电房附近的地面上。5日凌晨1:30左右，杨洪水起床携带鼠药和手电筒，从校食堂后窗翻窗入室，将鼠药投入准备用来煮稀饭的剩饭中。

【工作导向】

一、案例导读

（1）本案中，侦查人员首先确定了这是一起投毒性质的案件，据此，刑事技术人员在现场勘查时注意对相关检材（呕吐物、剩余的稀饭、食油、食盐、面粉、大米等）的提取和保存，并及时送检。

（2）经省厅刑事技术部门检验，在呕吐物、剩余的稀饭、灶台提取物里检出“毒鼠强”的成分。

（3）开展“毒鼠强”的排查工作，并以此为突破口查获了犯罪嫌疑人杨洪水。

二、问题思考

刑事化验的对象是什么？在侦查实践中如何采取和保存化验用的检材？

【学习领域】

一、刑事化验的概念

刑事化验是以分析化学的原理为基础理论，运用各种物理和化学检验手段，对刑事案件中的有关物证进行定性、定量分析和比对检验的一项专门技术。按其检验的对象和方法的差异，通常分为毒物分析和微量物证分析两大类。

二、毒物分析

刑事毒物分析是运用分析化学的原理和方法对涉毒案件中的毒品及中毒案件中的毒物与其代谢物进行定性和定量分析的一种科学方法。

（一）毒物与中毒

毒物是指某种物质小剂量进入生物机体后，通过化学和物理学作用，破坏机体的正常生理功能，引起生物机体功能性或器质性损害的化学物质。毒物的概念是相对的，对于很多药物而言，若用量恰当可以治病，但因误用或超剂量服用而扰乱了机体功能就成了毒物。

中毒是指毒物作用于生物体而引起功能性或器质性变化的疾病状态。中毒量是毒物能使机体中毒的最小剂量。致死量是指毒物能使机体中毒死亡的最小剂量。根据毒物对人体的致死量，可将毒物分为剧毒、高毒、中等毒、低毒和微毒。

（二）毒物分析的任务及作用

1. *毒物分析的任务*

毒物分析的检材成分比较复杂，毒物含量低且毒物品种多，多为未知物分析，毒物分析的任务主要是：

（1）确定中毒死亡者血、尿等液体或肝、肾、肺、胃等脏器组织检材中含有何种毒物以及毒物的含量。

（2）中毒者血、尿、呕吐物等检材中含有何种毒物以及毒物的含量。

（3）现场收集的可疑物中含有何种毒物以及与中毒者体内检材中的毒物是否一致。

（4）可疑毒品的成分及组成。

2. *毒物分析的作用*

（1）有助于确定侦查方向，提供破案线索及缩小侦查范围。

（2）澄清案件性质，为侦查、审判和证实犯罪提供科学的证据。

（3）为中毒案件临床抢救提供依据。

（三）常见毒物及其分类

毒物的种类很多，按理化性质、分离方法及用途将毒物分为以下几类：

（1）挥发性毒物。此类毒物一般分子量较小，结构简单，具有较大的挥发性。常见的有氰化物、甲醇、乙醇、苯酚、硝基苯、苯胺等。

（2）气体毒物。此类毒物在常温、常压下为气体。常见的有一氧化碳、液化石油气、天然气、硫化氢等。

（3）水溶性毒物。此类毒物主要包括一些易溶于水的物质。常见的有强酸、强碱、亚硝酸盐等。

（4）金属毒物。此类毒物包括一些金属和类金属化合物。常见的有砷、汞、钡、铅、硒、镉、铬等化合物。

（5）不挥发性有机毒物。常见的有催眠安定药，如巴比妥类、吩噻嗪类等；毒品，如苯丙胺类、大麻、鸦片、海洛因、可卡因等；生物碱，如士的宁、马钱子、乌头等。

（6）农药。农药的种类很多，其中大部分为有机农药。常见的有杀虫剂，如有机磷类、氨基甲酸酯类、拟除虫菊酯类等；除草剂，如五氯酚钠、百草枯等；杀鼠剂，如氟乙酰胺、毒鼠强及慢性杀鼠剂羟基香豆素类和茚满二酮类等。

（四）中毒检材的采取与保存

1. 检材的采取

（1）对一般口服中毒者，可采取全部呕吐物、24 小时内的全部尿液及第一次的洗胃液，并采取血液。

（2）对口服中毒死亡者，应采取全部胃及胃内容，以及肝、肾、肺、血、尿等检材。

（3）对注射中毒者，除采取上述检材外，还应采取注射部位肌肉及相应空白部位肌肉。

（4）对开棺检验的腐败检材，一般采取胃及肝区腐败残渣与腐土和相应的空白土壤。

（5）对怀疑氰化物、一氧化碳、亚硝酸盐中毒者，主要采取心血。

（6）对中毒者或中毒死亡者吃剩的食物、药片、药渣及现场提取的可疑注射器、纸片、小瓶等必须采取。

2. 检材的保存

（1）检材一般用无毒广口塑料瓶盛装，也可用玻璃瓶、食用塑料袋、纸袋盛放，但必须十分洁净。

（2）所有检材不能加入任何防腐剂。

（3）检材装好后，贴上标签，注明死者或中毒者姓名，检材名称及数量、采取日期。送检时每个容器都要封口并加盖印章。

（4）置 -20℃ ~ -10℃冷冻保存。

（五）毒物分析检验方法

进行毒物分析，首先要将毒物从检材中进行分离并且净化。毒物的分离是指将检材中的毒物与杂质分离的过程或共存毒物之间、毒物与代谢物之间分离的过程。净化是指在分离的基础上进一步除去杂质的过程。

将毒物从检材中分离、净化完成后，再进行初步检验、定性分析和定量分析。初步检验是进行对颜色、形态、气味、酸碱性的检验，以及灼烧试验和简易化学试验；定性分析主要包括显色反应、显微结晶试验、气相色谱法、薄层色谱法、高效液相色谱法、紫外吸收光谱法、荧光分析、免疫分析和动物实验；定量分析包括比色法和可见分光光度法、紫外分光光度法和荧光分光光度法、原子吸收分光光度法、气相色谱和高效液相色谱法、薄层色谱法以及离子选择电极法。

三、微量物证分析

（一）物证与微量物证

物证是以其自身属性、外部特征或存在状况证明案件真实情况的物质和痕迹。

微量物证是指能够证明案件真实情况的量小体微的物质。所谓量小体微，除了有质量少、体积小的含义外，有时还有待检成分含量低的含义。如在爆炸现场提取的泥土量是较大的，但其中残留的炸药量极少，此时的炸药就属于微量物证。

（二）微量物证分析的任务及作用

微量物证分析主要包括物证现场勘查和物证检验两项任务。通过现场勘查获取有关物证，通过检验认定物证检材的种类，比对物证检材与嫌疑样本是否“相同”或“同一”。

微量物证分析可以判断案件的原始现场，推断犯罪人的职业或生活环境，推测作案工具等，从而为案件的侦破提供线索，缩小侦查范围；通过微量物证分析，还可以提供犯罪人作案的证据，为法庭审判提供科学的依据。

（三）微量物证的种类及其分类

微量物证的种类繁多，凡人们日常生活中接触、使用的各种物质、物品都可能成为微量物证。

微量物证的分类方法很多，常见的是按其来源分类：

（1）高聚物类。如橡胶、塑料、纤维、涂料等。

（2）文书材料类。如纸张、黏合剂、墨水、油墨等。

（3）炸药及其残留物、射击残留物等。

（4）油类。如矿物油、动植物油、香精油等。

（5）金属、泥土及硅酸盐制品类。如金属、泥土、玻璃、陶瓷、水泥、石灰等。

（四）微量物证的收集和保存

对于微量物证，可根据其具体情况采取适当的方法予以收集和保存。

（1）拍照法。现场发现的任何微量物证都应当用拍照的方法把它们的原始位置和状态记录下来。

（2）用工具直接采取法。对于附着在载体表面的微量物证，颗粒较大的可以用镊子夹取，颗粒细小的可以用刷子刷取。

（3）挑、拨、刮取法。当微量物证镶嵌在载体上不能直接采取时，可用针、刀片等工具挑、拨或刮取。

（4）粘取法。当微量物证相当细微并附着在一定载体上时，可以用透明胶纸或醋酸纤维素膜粘取或用棉球擦取，有磁性的可以用磁铁隔纸吸取。

（5）连同载体采取法。当微量物证牢固结合在载体上时，应同载体一同采取。

（6）吸取法。对气体微量物证可采取活性炭等多孔物质将其吸收的方法采取。

（7）在采取微量物证的同时还要采取比对样品和空白样品。

（8）采取的各种微量物证必须分别包装并用标签注明，所用工具和器皿必须洁净。

（五）微量物证检验方法

微量物证的检验采用初检、提取和净化、显微法、微量化学法和仪器分析法等检验方法。初检借助感官或放大镜、实体显微镜、度数显微镜、厚度计、比重计、天平、硬度计及双波长紫外灯等对物证检材进行检验；提取和净化常用柱层析、薄层层析等方法，其中溶剂的选择是至关重要的；显微法是利用放大镜、生物显微镜、偏光显微镜、金相显微镜和电子显微镜等所进行的检验，主要用于观察微量物证的外部形貌及其内部结构特征；仪器分析法具有选择性强、快速、精度高等特点，是微量物证检验的重要手段，主要包括色谱分析法、原子光谱法、分子光谱法、电化学分析法、质谱法、X 射线荧光光谱法、中子活化分析法和热分析法等仪器分析技术。

项目四　刑事图像技术在侦查中的运用

【问题思考】

（1）什么是刑事图像技术？它在侦查中起到什么样的作用？
（2）刑事图像技术的类型主要有哪些？
（3）如何理解和体现刑事图像技术在侦查工作中的运用？

【学习领域】

一、刑事图像技术概述

刑事图像技术是运用摄影、录像和图像处理的专门方法及手段，获取、检验与侦查破案工作有关的图像信息的一项专门的科学技术。刑事图像技术是刑事科学技术的一个重要组成部分。

图像技术具有直观生动性、客观性和便利高效性等特点。图像物证可以直接地展示与案件有关客体的形象特征，可以生动地再现与案件有关的事件或活动的过程，使人们能够比较全面地认识有关案件事实的情况和有关客体特征的情况；图像物证具有体积小、储存信息量大、便于保存、便于使用等特点，同其他证据相比，它具有明显的便利性和高效性；刑事图像技术记录的对象是司法工作中具体的客观实体，通过照相机或摄像机观察和记录的内容也是客观真实的。

二、刑事图像技术在侦查中的作用

刑事图像技术在刑事侦查工作中的作用主要体现在以下几个方面：

（一）记录（固定）与犯罪有关的事物的真实情况

可以用摄影或录像的方法固定犯罪现场状态，记录勘验、检查、搜查等侦查活动过程，完整、客观、形象、真实地反映犯罪现场情景和具体事物的状态，发现、固定、提取和保存物证，为判断案件性质、分析犯罪情况、确定侦查方向提供直接的图像资料。

（二）显示（显现）痕迹物证

对某些难以提取、肉眼难以看见或分辨不清的潜在的犯罪痕迹，如手印、足迹、字迹、印痕、票证暗记等与犯罪有关的各种痕迹物证，运用特殊摄影方法，可以不受任何损坏地显示和提取，拍摄成为可见的影像，必要时进行图像处理，以提供技术检验鉴定、侦查线索和诉讼证据。

（三）进行检验鉴定

可以利用图像技术记录检验结果，复制物证鉴定资料，为技术鉴定提供条件及直观的辨认、比对依据。可以运用物证检验摄影的方法对物证进行无损检验，显示其客体特征，恢复和显现与犯罪有关的事实，提示并突出痕迹物证的某些细节和有关部位，以探明疑点，从而揭露和证实犯罪。

（四）收集和贮存犯罪资料

采用图像技术手段迅速收集和贮存犯罪资料，用以辨认罪犯，查对赃物罪证，为侦查破案和预防犯罪提供可靠的资料来源。

三、刑事图像技术的类型及其在侦查工作中的运用

（一）刑事摄影技术的运用

刑事摄影技术主要由现场摄影、辨认摄影和物证检验摄影技术组成。

1. 现场摄影技术

现场摄影是刑事摄影的重要组成部分，它可以完整、准确、形象、客观、清晰地反映犯罪现场情景和具体事物形态，为判断案件性质、案犯特征、作案手段、作案过程和犯罪活动范围等提供重要根据，并可以为侦查实验、现场重建提供依据。

2. 辨认摄影技术

辨认摄影是个体识别的重要手段。辨认摄影可以提供犯罪嫌疑人或失踪人的照片。其中颅骨相貌重合辨认照相技术，是将失踪人的照片与所发现无名尸体的颅骨照片进行重合对比，从而确定失踪者身份的一项技术。辨认摄影还可以用来对痕迹、物品进行辨认，达到查对赃物、收集证据的目的。

3. 物证检验摄影技术

物证检验摄影是刑事摄影技术中内容最丰富的部分。它的主要技术内容为近距离摄影、直接扩大照相、翻拍与脱影、加强反差摄影、偏振光摄影、直接红外（紫外）摄影、显微摄影、分色摄影、红外（紫外）线发光摄影、低温摄影、激光物证检验摄影及 X 光摄影等等。它的作用是记录犯罪现场痕迹、物证的形态，显现肉眼看不见或看不清的细节物证，揭露伪造。通常在物证检验摄影中往往要同时使用几种摄影技术才能达到物证检验的目的。

（二）现场录像技术的运用

录像磁带可以用来记录犯罪现场和保存证据。没有到过现场的人可以通过观看录像了解现场情况，录像是现场情况直观生动的记录。录像提供的是立体的场景，可以弥补现场绘图、现场照相的不足；录像可以将现场勘查笔录描述不清的情况清楚地表现出来；录像提供的是活动的、连续的、有声的图像，这是现场照片所不能及的。现场录像对于研究分析犯罪现场、分析现场中物体的原始位置及其相互关系，以及犯罪现场的重建有着重要的作用。

（三）图像处理技术的运用

图像处理技术的运用是指通过计算机对图像进行去除噪音、增强、复原、分割、提取特征等处理的方法和技术。从实际运用来看，图像处理技术的主要应用包括以下几方面：对模糊视频资料的检测及数字化处理，帧场分离和多路分解，去模糊和去噪

音技术，视频稳定技术，将视频转变为高分辨率单幅图像，消除透镜变形技术，对监控录像带、mini DV 带及手机 3GP 文件的检验技术等。

随着计算机和数码图像处理软件的广泛应用，人们可以借助各种图像处理技术方便、有效地处理各种文字、图像和声音等信息。既提高了工作效率，也使信息加工更加方便快捷。在侦查破案实践中，运用图像处理技术的作用主要体现如下：

（1）提供证据。通过图像处理技术的运用可以较大地提高现场勘查中物证的提取率和显现成功率，过去用常规技术对有些物证的提取和显现是十分困难的，而图像处理设备可以使这些困难迎刃而解，利用数码摄像设备对犯罪现场的痕迹、物证进行拍照、提取，通过计算机进行图像处理，消除背景干扰，从而获得清晰的痕迹或物证图像。

（2）为侦查破案提供线索、方向和缩小侦查范围。对那些因果关系不明显的案件以及"两抢案件"尤为重要。通过图像处理技术处理的机动车辆牌号、银行、电梯监控录像以及其他场所的视频、音频资料等，可以为侦查提供犯罪嫌疑人的作案时间、作案人数、作案人的人身和言语特征以及所使用的作案工具、交通工具等，并结合收集通信等资讯手段，为侦查破案起到导向的作用，提高刑事技术的水平。

（3）图像处理技术还可应用于建立专门的犯罪嫌疑人图像库进行检索串并，进行现场模拟和现场重建工作还原作案过程，并与模拟画像、人像组合以及唇语解读等相结合，为侦查破案提供线索。

总之，图像处理技术在我国刑事技术领域的不断开发和广泛运用，将有力地推动我国刑事技术的现代化、科技化、智能化和专业化建设的进程，在为刑事侦查提供线索和方向、缩小侦查范围、串并案件、提供和固定证据、辅助讯问等方面发挥积极作用的同时，也开辟了侦查破案的新途径，提高了侦查破案精确指导打击犯罪的能力。

（四）计算机辅助侦查技术

计算机辅助侦查技术是利用计算机、网络及相关软件辅助侦查人员解决侦查中遇到的各种问题，提高了侦查效率。计算机辅助侦查技术主要有：

1. 数字化测量技术

这一技术目前主要用于现场勘查，即在对现场实地勘查时，利用数字化测量仪器和技术对侦查客体的数量特征进行测量，将连续变化的被测模拟量转换成离散的数字量，再经过数据采集、计数、编码、数据传输与存储，最后完成数据处理、图像处理、显示及打印工作。

2. 3D 复原技术

3D 是 three - dimensional 的缩写，就是三维图形，3D 技术简单地说就是虚拟三维技术，是利用计算机的运算使视觉、听觉等产生立体效果的一种技术。从图像学的角度来看，三维不再是平面而是立体，3D 技术的应用范围很广泛，在刑事侦查工作中，3D 技术主要用于犯罪现场重现，即通过数据采集、现场描述等，利用 3D 复原技术重现犯罪现场。

3. 计算机模拟画像技术

计算机模拟画像技术是一种根据目击者的表述，侦查人员利用模拟画像系统绘出犯罪嫌疑人形象的技术，数字化模拟画像比手工模拟画像更便捷、高效，完整的模拟画像系统应包括人像组合、人像识别、动态图像处理等子系统，而其中最主要的是建立完善的数据库。

4. 计算机网络信息处理技术

计算机网络信息处理技术是指依靠计算机网络处理信息并开展网上侦查的技术。这一技术所包含的技术项目相当广泛，目前在侦查实践中主要运用的有：计算机网络信息研判技术、信息传递技术、信息核查技术、监控与辨认技术、定位技术、追逃技术以及解密技术等，通过这些技术来促进信息快速传递、资源共享，加强信息对侦查的引导，提高侦查工作效率。

5. 电子证据收集技术

电子证据是信息数字化过程中形成的以数字形式读写的能够证明案件事实情况的文字、数据、图像等资料。按照特定规则，采用专用工具对电子证据进行收集的技术，称之为电子证据收集技术。

计算机犯罪作为高智能犯罪，发生的时间短暂，且具有很强的隐蔽性、破坏性。在一些刑事案件中，精通计算机技术的犯罪嫌疑人常常利用计算机实施犯罪，他们编写程序破译计算机系统的口令，非法侵入计算机系统，窃取军事秘密、商业秘密、政府机要、系统口令等数据信息，或者删除、破坏系统记录数据，或者破坏系统运用程序和系统硬件设备，以达到各种目的。我国自 1986 年发现首例计算机犯罪起，计算机犯罪数量逐年上升，对我国市场经济、社会管理秩序，乃至国家安全造成重大影响。“电子证据”作为一种新的法庭证据应运而生。

电子证据收集的核心任务是运用专用工具获取数据。实践中，收集电子证据的工作主要有：手持式硬盘取证设备；取证勘查箱；其他取证器材，如移动式刻录机、普通的移动硬盘、扫描仪、笔记本电脑等。

电子证据具有高技术性、脆弱性、隐蔽性、多媒体性等特征，这要求对电子证据的收集应及时、全面、合法，由专业人士利用专门技术和工具取证。由于电子证据可能会被不留痕迹地修改或破坏，故应用适当的储存介质进行原始的镜像备份，以免证据文件破坏或丢失。

电子证据将对今后的刑事诉讼起着越来越重要的作用。同时，电子证据的有效收集和使用也必将给刑事侦查工作注入新的活力。

项目五　法医检验技术在侦查中的运用

【案例导入】

参考【引例 9－1】

【学习领域】

一、法医学概述

（一）法医学概念

法医学是应用医学、生物学、化学和其他自然科学的理论与技术，研究并解决司法实践中有关人身死亡、病理、生理状态等有关医学问题的一门科学。简言之，法医学就是为法律服务的医学。

法医学在司法鉴定中占有重要的地位，随着法学和医学的发展及司法实践的需要，法医学也不断在广度和深度上完善自身的体系，并朝着更加科学化的方向发展，现已形成了比较成熟的法医病理学、临床法医学、法医物证学、法医毒理学、法医齿科学、法医人类学、法医精神病学等分支学科。

（二）法医学的任务

法医学的任务主要是通过各种检验鉴定，为侦查提供线索，为法庭审判提供科学证据。具体体现为：为揭露犯罪事实真相提供侦查线索，为司法诉讼、审判提供科学证据，为正确处理民事纠纷提供科学依据，为卫生行政机关处理医疗纠纷提供科学依据，为有关部门处理重大中毒事件、伤亡事故、传染病提供科学依据。

（三）法医学在刑事侦查中的地位

（1）法医学是刑事科学技术的重要组成部分，与刑事科学技术的其他学科相辅相成，是勘验各类命案现场必不可少的技术手段。

（2）在人身伤亡案件的侦破或鉴定工作中首先要解决的是死亡原因、案件性质、作案动机、作案时间、致伤凶器、杀人手段等法医学问题，法医技术人员可直接参与分析命案现场、案情等刑事侦查工作。

（3）法医学是刑事侦查人员在工作中需要掌握的业务基础知识，刑事侦查人员了解和掌握法医学知识，在人身伤亡案件现场能快速地对一些法医学问题作出初步判断，能提高综合分析问题、解决问题的能力。

二、死亡与尸体现象

（一）死亡

死亡是新陈代谢的停止，是生命活动的终止。人的个体死亡的传统概念是指呼吸和心跳的停止，并按呼吸和心跳停止的先后分为呼吸死亡与心脏死亡。随着医学科学的发展，医学界又提出了脑死亡的概念。

法医学上按死亡原因和死亡性质的不同，将死亡分为暴力死亡和非暴力死亡。暴力死亡即非自然死亡，是身体受到外来物理的、化学的或其他因素的作用而形成的死亡，按死亡情节和方式的不同又分为：自杀死、他杀死、意外死、安乐死等。非暴力死亡即自然死亡，是人体内的自然变化或疾病而引起的死亡，又分为生理性死亡（衰老死）和病理性死亡（疾病死）。

（二）尸体现象

人死后，各器官组织和细胞的机能活动逐步停止，尸体在内外因素（物理、化学、生物学等）的作用下，会出现一系列具有相对规律性的变化，尸体的这些变化所呈现出来的征象称之为尸体现象。

尸体现象分为早期和晚期。早期尸体现象是指死后 24 小时内，尸体尚未出现腐败之前所呈现的现象，包括超生反应、肌肉松弛、角膜混浊、皮革样变、尸冷、尸斑、尸僵、尸体痉挛、自溶等。晚期尸体现象是指死后 24 小时后尸体发生腐败所呈现的现象，包括尸体腐败（外观征象有尸绿、腐败静脉网、尸臭、腐败水汽泡等）、白骨化、木乃伊、霉尸、尸蜡、泥炭鞣尸等。

尸体现象具有重要的法医学意义，表现为：确定死亡，推测死亡时间，推断死亡原因，推断死亡时尸体的位置、姿势等。

三、有关刑事案件的死因检验

（一）机械性窒息

人体受到机械性外力作用而引起的呼吸功能障碍，称为机械性窒息。由此而引起的死亡称为机械性窒息死亡。

1. 机械性窒息死亡的种类

（1）缢死。俗称上吊死，它是靠自身重量压迫颈部引起的窒息死亡。

（2）勒死。又称绞死，是指利用肢体力量或借助于其他外力的作用，使环绕颈部的绳索收紧而压迫颈部器官所造成的窒息死亡。

（3）扼死。又称掐死或卡死，是指用手压迫颈部器官所造成的窒息死亡。

（4）溺死。俗称淹死，是指水或其他液体进入并堵塞呼吸道，造成呼吸障碍而引起的窒息死亡。

（5）其他机械性窒息死亡。包括闷死、堵死、压迫胸部所致的窒息死、周围环境缺氧引起的窒息死等。

2. 机械性窒息死亡的尸体征象

一般把机械性窒息死亡的尸体征象分为外表和内部两部分。

（1）尸体外表征象：颜面青紫肿胀，颈静脉怒张；尸斑呈暗紫红色；面部皮肤及眼结膜下有点状出血；有时可见血、精液溢出，大小便失禁等。

（2）尸体内部征象：血液呈暗紫红色，流动状；内脏淤血；脏器的浆膜及黏膜下有点状出血（Tardien 氏斑）；肺气肿或肺水肿等。

（二）机械性损伤

致伤物或致伤因素作用于机体引起组织结构破坏和（或）功能障碍称为损伤。机械性损伤是指机械性暴力（物体运动时的力）作用于机体所引起的损伤。

1. 机械性损伤的类型

机械性损伤的形成主要取决于外力、致伤物及受力组织三个基本因素，由于外力作用的形式、大小、致伤物的性状及受力组织结构的不同，对人体造成不同形态的组织结构破坏或不同程度的功能障碍，情况十分复杂。根据致伤物的不同，机械性损伤一般分为锐器伤、钝器伤和火器伤三种。

（1）锐器伤。这是指利用利刃器械所造成的损伤。锐器是具有刃和（或）尖的器械，分为砍器、切器、刺器和剪刀。通常锐器造成的损伤皮肤都会破裂，故称锐器创。锐器创的特点：形态较规则；创口呈裂隙状；创缘整齐，无表皮剥脱；创角锐利，无撕裂现象；创壁平滑；创腔内无组织间桥（创壁间未断的血管、结缔组织）；创底多止于骨组织或与体腔相通。

（2）钝器伤。这是指用钝器打击人体组织所形成的损伤。钝器是没有尖和刃的钝性物体，种类繁多。钝器创特点：形态不规则；创缘不整齐，常呈细微齿状，伴有擦伤或挫伤；创角圆钝或有撕裂现象；创壁凹凸不平，两侧壁之间常有组织间桥；创腔内有时有泥沙或砖屑等；创底不平整。

（3）火器伤。这是指因各种枪弹和爆炸物作用于人体所引起的损伤。枪弹伤具有射入口、射创管、射出口等损伤特征，爆炸伤可见爆炸气浪或冲击波在体表造成的广泛性皮下出血、挫裂伤及不同程度的烧伤等。

2. 机械性损伤的基本形态

机械性损伤的基本形态主要表现为：皮下出血、擦伤（表皮剥脱）、挫伤、创伤、骨折、内部器官破裂、体腔内出血、肢体断离和脑震荡等。

3. 机械性损伤的法医学鉴定

（1）确定损伤的类型及损伤机理。

（2）判断损伤的程度、致命伤与非致命伤，确定死亡原因。

（3）推断或认定致伤物。

（4）判断损伤是生前伤还是死后伤。

（5）推断致伤方式或致死方式。

（6）判断致命伤后的行为能力。

（三）猝死

猝死俗称急死，是指过程较短的死亡。分为外因性急死和内因性急死。前者往往因严重损伤、中毒、窒息等引起，已在有关章节叙述。通常所说的急死是指后者，即内因性急死，是指平时似乎健康的人由于体内潜在性疾病或机能障碍而发生突然的意外死亡。

1. 猝死的原因

猝死的发生有内因及诱因。

（1）内因是指人体内潜在性疾病或机能障碍。引起猝死的疾病在成年人中以心血管系统疾病为主，神经系统、呼吸系统疾病次之。儿童以呼吸系统疾病引起的猝死为主。

（2）诱因。引起猝死的诱因主要表现有精神因素、体力活动、外伤和感染、其他（如暴饮暴食、过冷过热、性兴奋、醉酒等）。

2. 猝死检验的法医学意义

（1）澄清案件性质。猝死案件的发生要注意伪装猝死的问题。因某些疾病能导致猝死，犯罪嫌疑人可能趁被害人患病服药期间投毒于药内；或趁被害人无力反抗用暴力致人死亡，伪装猝死。通过对尸体的检验，可以查清死因，揭露犯罪行为，澄清案件性质。

（2）研究和预防猝死。引起猝死的病因多种多样，其死亡机理也十分复杂，通过猝死的法医学鉴定，可研究猝死的病因及死亡机理，从而达到预防猝死发生的目的。

（四）其他物理性损伤

1. 烧死

法医学上的烧死是指由火烧造成的死亡。

（1）烧死者的尸体特征。主要表现为：尸表有红斑或水泡，呼吸道及肺内有烟灰炭末，心脏及大血管内的血液中含有 Hb - CO，胃及十二指肠内有烟灰炭末，呼吸道内有热烧伤等。

（2）烧死者的尸体的法医学检验。一是确定死因。有的犯罪分子杀人后焚尸灭迹以逃避罪责，因此法医对烧死者的尸体检验后首先要确定死因。二是判断案件性质，烧死案件大部分为意外灾害，自杀、他杀较少见。

2. 冻死

冻死是指人体受较长时间的低温作用，导致机体热量散失引发体温下降，影响机体代谢及生理功能紊乱而致的死亡。常发生在气温寒冷季节或低温环境中，婴儿、老人、疾病者、饥饿者、疲劳者、醉酒者都易冻死。

（1）冻死的尸体征象。主要表现为：全身皮肤苍白或粉红，外露机体可见立毛肌收缩呈鸡皮样；有紫红色或紫蓝色的冻伤斑块，有的形成水泡；尸斑呈鲜红色，尸僵发生迟消失慢；胃黏膜下有弥漫性斑点状出血，沿血管排列，颜色暗红或深褐；骼腰肌内可能有小血管充血，有漏出性出血，血管中层细胞呈水泡变性等。

（2）冻死者的尸体的法医学检验。通过全面尸检，的确发现有上述冻伤的尸体征象后，还要结合现场温度、湿度等气象资料，方能作出冻死的结论。冻死大多为意外灾害事故，但也有虐待手段。在对低温环境中的尸体进行检验鉴定时，要注意排除或识别其他暴力手段杀人后移尸野外伪装冻死的情况。

3. 电击死

电击死是指电流通过人体而造成的死亡。电流通过人体能否造成死亡，除电流性质外，还有电压和电阻的大小、电流作用的时间、电流通过人体的途径、电流接触人体的情况、人体的状态等因素。

（1）电击死的尸体征象。电击死的尸体征象一般与窒息死者相似，如尸斑呈暗红色、尸僵出现早、眼结膜充血、水肿或点状出血、心内血液呈暗红色且不凝固等，除此之外，还常见有电流斑、皮肤金属化（电镀现象）、电流烧伤等。

（2）电击死者的法医学检验。一是了解电源性质，详细地进行现场勘查；二是确定死因是否为电击死，有没有伪装电击死嫌疑；三是确定死亡性质，是他杀、自杀还是意外；四是对可疑导体与皮肤金属成分进行理化分析及仪器分析对比等。

4. 雷击死

雷击死是指由自然电流（雷电）造成的死亡。由于强大的电流通过心脏或脑干，导致生命中枢麻痹而死亡，也可因电休克、严重烧伤或冲击波所致内脏器官损伤而死亡。

雷击死的尸体出现的损伤差异很大，可能有明显的损伤，也可能没有明显的损伤，多数有电流斑、烧伤，甚至炭化，内部征象与一般窒息相似，其主要特征有雷击花纹、衣着及所带金属物品损坏、损伤严重等。

雷击死亡纯属自然灾害，确定雷击死并不困难，但偶有采用其他手段杀人后，伪装雷击死，如发现尸体上的损伤与雷击伤和雷击现场不符合的，需要仔细研究。

四、法医学检验的内容

（一）尸体检验

尸体检验是法医学鉴定中最主要的内容，其目的是查明死亡原因、死亡性质、死亡时间；如果是无名尸体或碎尸，要作个人识别；如尸体上有损伤，要判明是生前伤或死后伤，是何种致伤物所形成等。

（二）活体检查

活体检查的内容包括：损伤检查、劳动能力鉴定、疾病的检查、性行为与性机能的检查、精神状态的鉴定、诈病诈伤的鉴定和造作病及造作伤的判断、个人识别等。

（三）物证检验

法医学物证检验主要对与案件有关的人体组织和动物组织、体液斑迹及排泄物进行检验。常检验的法医学物证有血痕、精斑、毛发、唾液斑、牙齿、骨骼、凶器及DNA分析鉴定等。法医学物证常由侦查人员提取、包装送交法医物证检验室进行检验。

（四）文证审查

法医文证审查常带有复核鉴定的性质，如对原鉴定书或检验报告产生怀疑，要求上级法医鉴定部门审查是否正确等。进行文证审查的文字资料常包括与案件有关的鉴定书、尸体或活体检验记录、调查报告、证明书、病历以及各种检验报告等。

项目六　技能训练

技能训练一　手印捺印

一、实验目的

（1）了解捺印手印样本的种类。

（2）掌握捺印的程序与操作方法。

二、实验内容

（1）三面捺印。三面捺印是指第一指节的正面和两侧面，即手指第一屈肌褶纹至指尖、两侧至指甲边缘的捺印。

（2）手印捺印。手印捺印是对手指的正面进行捺印，包括手指和手掌的平面捺印，其目的是核对三面捺印的手指次序与位置是否正确。

三、实验要求

（1）油墨均匀、适度。

（2）指纹纹线要清晰、完整、不变形。

（3）用力均匀、稳放稳起、一次完成，不要停顿、挪动、重复。

（4）两人一组，互为捺印人和被捺印人，互相捺取对方的手印样本。

四、实验器材

捺印盒、捺印卡（包括十指指纹卡、掌纹捺印卡、单指指纹卡或实验专用的捺印卡）、肥皂、洗涤灵、毛巾等。

五、实验步骤

（一）三面捺印

1. 使用捺印盒

2. 蘸取油墨

（1）按照先右手后左手，均按拇指、食指、中指、无名指、小指的顺序依次进行。避免颠倒换位。

（2）用滚动的方式，从一侧向另一侧将调墨板上的油墨蘸取到手指的三个面上。

（3）滚动的方向按照从扭曲紧张的姿势转动到自然松弛的姿势，即拇指以靠近食指的侧接触油墨面开始，滚动 180 度；其余四指以靠近拇指侧接触油墨面开始，滚动 180 度。

3. 捺印

（1）捺印纸卡与桌边对齐。

（2）捺印顺序和滚动要领与蘸取油墨相同，重复蘸取油墨时的动作，将手印捺印至十指指纹登记卡片上。

（二）平面捺印

1. 手指平面捺印

（1）使用捺印盒。

（2）蘸取油墨。食指、中指、无名指、小指并拢伸平，以小指第二褶纹下方为水平基准线接触调墨板或捺印盒，四指同时蘸取油墨；拇指伸直从指根处接触调墨板或捺印盒，蘸取油墨。

（3）捺印。将捺印纸卡与桌边对齐，四指并拢伸直，由指根到指尖，一次性捺印在十指指纹卡平面捺印的指定位置上；再重复蘸取油墨的动作，在拇指对应的位置上，捺印出拇指。

2. 手掌平面捺印

（1）使用捺印盒。

（2）蘸取油墨。手自然伸开，从手腕处屈肌褶纹开始接触调墨板或捺印盒，向前滚动至指尖，蘸取油墨。掌心处因掌弓高，需用另一只手掌在其手背上，适当用力向下压。

（3）捺印掌纹。重复蘸取油墨时的动作。

六、捺印后的处理

（1）在捺印好的指纹卡上，填写上姓名、性别、年龄、身高等项目。

（2）逐个检查捺印样本是否齐全和是否达到了捺印要求。

（3）有缺指、多指、残指等情况时，应加以注明。

七、实验注意事项

（1）蘸取油墨时，要用力适中，不要用力太大，否则油墨易灌入小犁沟，捺印出的纹线不清晰。

（2）一次蘸取，不要多次滚取或补取油墨，以免指面上的油墨不均匀，影响捺印效果。

（3）被捺印人的手粗糙、有污垢时，必须用水洗净，擦干后再捺印。

（4）平面捺印要求反映出手指的高低关系，不要一个一个分开捺印，更不要错位捺印。

技能训练二　立体足迹提取

一、实训目的

掌握石膏提取立体足迹的过程及操作方法。

二、实训内容

用石膏粉提取一枚完整足迹。

三、实训器材及所需物品

石膏粉、脸盆、骨架、标签、镊子、清水、相机。

四、实训步骤与方法

（一）分组分工

分小组（3 人一组）进行实训，并进行分工。

（二）制模前的准备工作

（1）做围墙。

（2）清理足迹内的杂物。

（3）备全所需物品。

（三）调灌石膏液

（1）调石膏液。

（2）灌石膏液。

（四）模型的处理

（1）取模。

（2）冲洗。

（3）晾干包装。

五、实训作业

交一份记录石膏提取立体足迹过程的课件。

单元十

几类常见刑事案件的侦查

【学习目标】

知识目标：通过本单元的学习，了解几类常见案件的侦查方法，掌握几类典型刑事案件的特点和侦破方法，培养逻辑思维能力，养成侦查破案的思维。

能力目标：通过学习训练，掌握几类常见刑事案件的特点和侦查方法，形成一定的侦查能力。

【学习提示】

本单元教学将采用课堂讲授、案例演示与讨论相结合的教学方法，结合学习过的其他课程知识，特别是“刑事诉讼法”、“刑法”等课程，做好学科间知识的融会贯通。

【内容结构图】

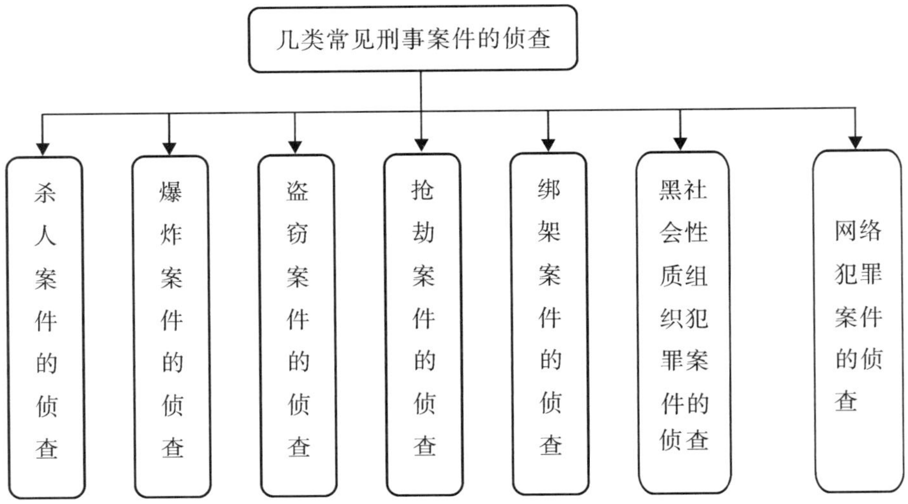

项目一　杀人案件的侦查

【案例导入】

【引例10－1】某年2月10日下午4:00，深圳南山区蛇口派出所接到群众报案，称在蛇口渔政大厦三楼卫生间发现一具尸体。接报后，分局刑警队和派出所有关人员立即赶到现场。

现场位于渔政大厦（渔政大厦前面不足五米就是大海）三楼楼梯口左侧的卫生间内，这是一间约为七八平方米的小屋，里面有两个厕所，每个厕所都用高1.5米左右的木板围起来，木板上开有进出的门。其中一个厕所已经废弃多时未用，木板门被钉子钉死。尸体就位于这个废弃的厕所里面。

死者是一个约为五六岁的小女孩，尸体赤裸，腹部被剖开，肠子流了出来，后脑部的头发被烧焦。尸体已经开始腐烂，散发出一股恶臭。现场遗留有一个蓝色的塑料脸盆、一个塑料玩具、一个铅笔盒，技术员在墙上提取了一枚残缺的血脚印，系足底前掌部位所留。

死者的身份很快被查清，系住在渔政大厦二楼的张贵顺、秦兴琼之女张秀华（五岁半）。该女孩于2月2日下午6:00左右失踪，其父母遍寻不着，曾到派出所报过警。

法医及技术员对尸体和现场进行了仔细的勘验，在案情分析会上，给侦查员提供了如下意见：

（1）死者系窒息死亡，腹部的切口为死后形成；从现场没有太多的血迹来推断，这是杀人后抛尸的第二现场。

（2）死者腹部的切口纵横有数十条，深浅不一。从切口的手法上来分析，案犯手段凶残，作案手法不老练，作案经验不丰富。

经调查得知，张秀华一家人刚搬来渔政大厦才一个多月，没有和谁结过仇，张秀华父母靠卖水果、捡破烂谋生。

在访问过程中，405房的保姆反映，2月2日上午9:00多钟，张秀华和住在四楼的一个男孩曾一起到405房来玩过，10:00钟左右他俩一起离开。侦查员随即找到这个住在401房的男孩邓振广（13岁，蛇口某小学六年级学生），邓振广也说2月2日上午他同张秀华一起在405房玩耍，玩耍一阵后就一起出来，他回到自己房间，张秀华则下了楼，之后就没有再见到过她。访问整个大楼的其他人，都说从这以后没有再见到过张秀华。

随着侦查工作的进一步展开，一个个嫌疑人被纳入了侦查范围，但都因脚印、时间、地点等不符而被一一排除。

一连三天，案情没有取得突破性进展。12日上午，侦查员再次访问三楼的一个群众，据她回忆，二月初的一天晚上（具体时间记不起来），她在现场卫生间的对面水房接水时，发现一个男孩从尸体所在的那个厕所的木板墙上跳了下来，由于当时天黑，她又忙于接水，所以没有注意到那个男孩究竟是谁。

这条线索给了侦查员很大的启发，前几天，大家一直没想到从小孩身上去寻找突破口，从现场尸体处理的手法简单，案犯作案经验不丰富等情况上来看，不排除小孩作案的可能。又由于死者失踪前最后一个接触的人刚好是小男孩邓振广，于是，侦查员开始把目光投向邓振广，围绕他展开了进一步调查。技术员立即提取了邓振广的脚印样本，与现场上提取的血脚印进行比对，却发现二者特征不太相符。技术员结合现场的情况，让邓振广踮起脚尖模拟爬墙动作，再次提取其脚印，终于认定了现场血脚印是邓振广右脚掌所留。

经过耐心细致的教育，邓振广终于交代了他的犯罪经过。原来邓的母亲在张秀华母亲处买水果时，发现老是短斤缺两，于是邓振广便对张秀华一家人怀恨在心，想要教训报复他们。2 月 2 日上午 10：00 左右，他俩一块从 405 房出来后，邓将张秀华骗到自己房内，假装做游戏，趁机将张的手脚捆绑，然后采用绳子勒颈、被子捂嘴的方法将张杀死。之后才将尸体转移至三楼已坏的厕所内。为了看一下死者的心肠是不是黑的，以及人体内部构造与外星人的是否相同（不久前，邓曾看过一本关于外星人内部构造的图书，感到很好奇），又曾先后四次在深夜潜入抛尸现场，用蜡烛烧了死者的头发，用裁纸刀片剖开死者腹部。移尸时，他用剪刀撬开厕所木板门上的钉子，出来时又把它钉上，以后每次进出现场时，都是翻越木板墙，所以尸体很久没有被人发现。

【工作导向】

一、案例导读

以上案例从现场勘查、案情分析、调查取证、确定犯罪嫌疑人、破案等方面呈现了一起杀人案的侦查过程。该案的侦破给我们这样一些启示：一是案情把握与分析不够透彻，特别是对现场提取的血脚印没有分析透彻；二是侦查思维受定式影响，认为这样一起杀人犯罪行为应是成年人所为；三是调查工作不够全面、深入、仔细，特别是对 405 房保姆和 401 房邓振广提供的情况重视不够，致使案件侦查走了不少弯路。

二、问题思考

（1）什么是杀人案件？杀人案件的特点有哪些？

（2）如何对杀人案件进行案情分析？

（3）杀人案件的侦查方法有哪些？

【学习领域】

一、杀人案件的定义

刑事侦查中的杀人案件主要是指故意非法剥夺他人生命的犯罪案件，具体而言即是指犯罪人具有非法剥夺他人生命的意图，并使用器械器物等暴力方法或其他方法，非法致人死亡、伤残的犯罪案件。杀人案件有两个重要特征：一是故意，即行为人主观上有剥夺他人生命的目的；二是非法，即剥夺他人生命的行为违反了有关的法律规定。

二、杀人案件的特点

杀人案件种类繁多，情况复杂多样，但总的来说杀人案件一般都具有下列特点：

1. 犯罪人在实施杀人行为前多有预谋准备过程

杀人是侵犯人身权利最为严重的犯罪行为，我国《刑法》对其明确规定了严厉的刑罚，除了少部分的犯罪人是基于激情犯罪以外，为了能顺利实施违法犯罪行为，在实现犯罪目的的同时又能逃避法律的严惩，绝大多数人在实施犯罪行为前都具有周密的预谋准备过程，一般杀人案件的预谋过程主要表现为：选择犯罪时机，选择接近被害人的方式，策划杀人的手段、方法，准备杀人工具，确定作案行为以后的逃跑路线和凶器、血衣、尸体的处理办法。

犯罪人的杀人预谋活动必然会与有关的人、事、物发生联系，给人留下一定的印象或某些物品明显地反映出其有过预谋活动的特征，这些都可以为分析案情和采取侦查行动提供依据，为查找犯罪嫌疑人提供线索。犯罪人在预谋过程中的各种表现，一方面可能增加破案的难度，另一方面却更容易暴露自己。

2. 有尸体存在

在杀人案件中，一般都会存在被害人的尸体且尸体上会留下伤痕。在侦查的实践中，无论犯罪人采取何种方式对尸体进行毁损，都很难将被害人的尸体完全处理掉。而杀人现场大多数是在发现被害人尸体或伤残者之后才被发现的。被害人的尸体是确认犯罪事实存在的重要依据，在侦查的最初阶段一般都有尸体可供检验。

3. 现场上遗留的痕迹物证较多

犯罪人在预谋杀人、实施杀人和处理尸体的过程中，可能会涉及多个地点，在现场接触到多种物品，所以现场遗留的痕迹和其他物证较多，比如血迹、毛发、人体组织、衣物碎片、随身物品、杀人工具、搏斗痕迹、手印、脚印、车辆印痕等，这些都可以为案件的侦破提供重要的线索。

4. 犯罪人与被害人之间一般有关系可循

多数杀人案件犯罪人与被害人之间事前就存在某种利害关系或矛盾冲突，犯罪分子明知杀人犯罪会被处以重刑，还以身试法实施杀人，大多是出于维护自身利益需要的结果。这种关系反映到杀人动机上表现为：报复杀人、图财害命杀人、杀人灭口、婚姻家庭纠纷杀人等。通过对这些杀人原因的分析，由此可以确定侦查线索、侦查途径、侦查突破口等。

因此，对于杀人案件而言，我们也就可以通过它的这些特点来展开案件的侦查。

三、杀人案件的分类

杀人案件其犯罪构成因素因案而异，因此杀人案件种类繁多，情况也比较复杂。

（1）依据杀人动机不同，可分为仇杀案件、财杀案件、情杀案件、家庭纠纷杀人案件、强奸杀人案件等。

（2）依据杀人方法及所用凶器不同，可分为持枪杀人案件、爆炸杀人案件、纵火杀人案件、投毒杀人案件、驾车杀人案件、毒气煤气杀人案件、刀斧棍棒绳索杀人案件等。

（3）依据死者身源状况和尸体状态，可以分为知名尸体案件和不知名尸体案件。

四、杀人案件的侦查方法

大多数杀人案件的侦查都是从现场勘查开始，通过现场勘查全面了解案情，并通过进一步地分析案情，解析案情重点，来选择合适的侦查途径，最终使该案水落石出。

（一）杀人案件的现场勘查

杀人案件的现场勘查主要是从检验尸体、血迹、痕迹、物证等方面入手，从而为进一步侦查打下基础。

1. 对尸体进行外表检查，初步判断死因

首先静观尸体的状况及其与周围环境的关系。其次对尸体外表进行检验。尸表检验采取由外及里、从上而下的顺序进行。观察尸体的外表形态，即尸体的姿势如仰卧、俯卧、侧卧等，据此判断死亡时间、死亡原因等，还需判断尸体的身高、性别、年龄、发型，有无特定的特征等；观察死者的伤口的形态、数量、位置、深度、大小、种类，及伤口与伤口之间的相互关系；观察死者的外部衣着，如衣服的数量、质量、颜色、式样、新旧、产地、有无撕裂损伤，衣服的损伤与尸体的损伤是否一致，衣服的大小是否合适，衣服上的附着物，随身物品等。还要注意检验尸体现象，包括尸温、尸斑、尸僵、腐败程度、角膜混浊程度等；检验尸体各部的特殊标志，尤其注意对尸体头发、鼻孔、耳道、口腔以及指甲内的检查，女尸还应检验有无被奸迹象。如经过尸体外表检验尚不能足以判明死因和死亡性质时，还应按照有关规定由法医进行尸体解剖检验。

2. 发现和分析现场血迹

大多数杀人案件的现场都会留有形态及数量不同的血迹，如滴落血迹、喷洒血迹、流经血迹、擦拭血迹、血泊等。现场血迹的查找，对于分析案情具有重要的意义。寻找室内血迹时，要注意查看墙壁、地板、被褥、凶器、盥洗用具等，在室外查找血迹则需要重点查看尸体附近的石头、花草、树叶等物的表面。分析现场血迹，要注意研究现场血迹的分布状况、血痕类型、血流量、血痕颜色等特点，对于血量较少或者腐败变色严重，肉眼观察不能辨别的情形，侦查人员可以借助不同角度、不同波段的光照或用紫外线、显微镜观察发现。

3. 勘查检验遗留在现场的痕迹、物品

案件现场往往遗留有大量的痕迹物品，这些痕迹物品很可能成为日后破案的重要证据。对于杀人案件，凶器的寻找是非常关键的，如垃圾桶、水井、水道、厕所、河沟、草丛等地方一定要重点搜查。从尸体附近的处所发现致伤工具，对工具上黏附的毛发、血迹、人体组织等物要妥善提取保存和仔细研究。对于现场所遗留的衣帽、鞋袜、手帕、手套、烟头、包装物、捆绑物等要认真审查其与案件的关系。要从犯罪人作案过程中可能接触过的客体和到过的场所发现并提取手印、足迹、枪弹痕迹、交通运输工具等痕迹，发现痕迹中暗藏的犯罪信息。

4. 发现与研究现场中的反常现象

一般情况下，犯罪人在杀人过后为了掩人耳目，隐藏犯罪事实，会伪装杀人现场，并将尸体移到其他地方，为此侦查人员在侦破杀人案件的过程中就必须分析判断，发现尸体的地点是否为杀人现场，该现场是否有伪装的痕迹。如果是第一现场，则要研究尸体的位置和姿势与现场周围的物品、痕迹环境有何关系，进而推断死者是怎样被害的。如果发现尸体的地方不是第一现场，侦查人员就应该在勘验尸体地点时，根据现场留下的痕迹以及尸体上的附着物质来判断犯罪人的作案方法、作案工具、移尸的途径，以便查找杀人的第一现场。对于那些杀人后制造假象，将现场伪装成自杀、不幸遇难、猝死或者杀人后分尸、焚尸的案件，侦查人员一定要特别重视对现场的勘查。

（二）杀人案件的案情分析

杀人案件的案情分析必须以现场勘查、尸体检验的材料为依据，只有正确分析判断案情，才能确定最佳的侦查途径并及时破案。

1. 对杀人案件中被害人死亡原因及性质的分析

查明死者死亡原因是正确判定案件性质的前提。死亡原因的确定主要根据尸体外表检验和尸体解剖检验所获得的资料，同时结合现场特点和死者个人情况进行分析判断。而死亡原因的查明有助于进一步判定死亡的性质。死亡的性质一般有四种，即：病死、意外事故、自杀死亡和他杀死亡，其中他杀死亡又分为暴力性死亡与非暴力性死亡两类。只有他杀死亡才需立案侦查。在判断死亡性质的过程中，应主要研究犯罪人的杀人动机，杀人动机不同，杀人案件的性质也就不同，以杀人案件的性质作为主要依据的侦查途径的选择也会有所不同。在侦查实践中，常常会遇到非常狡猾的作案人，他们行凶过后善于伪装命案现场，所以，侦查人员在现场勘查后，必须从错综复杂的现场情况中排除假象，认清事实，准确判定事件性质。

2. 对实施杀人情况的分析判断

主要从杀人时间、杀人地点、杀人的手段和方法以及杀人的过程等方面进行分析判断。

杀人时间是指犯罪人从开始实施杀人犯罪到杀人犯罪行为结束所持续的这段时间，它不等同于被害人死亡时间。在侦查实践中，可以通过被害人死亡时间推断杀人时间，也可以根据现场能表明时间的痕迹、物品推断杀人时间，还可以根据被害人家属和群众提供的情况推断杀人时间以及根据现场所处环境、现场附近群众的活动规律推断杀人时间。

杀人地点是指犯罪人实施杀人的场所。分析杀人地点主要是判断发现尸体的地点是否为杀人现场。具体而言，杀人地点可以通过尸体检验情况进行分析，或根据尸体上的附着物、尸体附近的异常物质进行分析，也可以根据现场遗留的痕迹物品进行分析。

杀人的手段方法是指犯罪人实施杀人所使用的工具、凶器、药物、计谋和杀人具体行为方式的总称。杀人手段方法的分析主要依据现场尸体检验和现场勘验的情况，通过研究遗留在现场的可疑器械物品和其他物证来确定。如果现场留有可疑器械物品，要先查明是否为案犯所留，再根据尸体伤痕特点，分析是否是该物所形成从而确定其是否为凶器。如果现场留有被害人的食物、呕吐物或者排泄物，侦查人员则可以通过对这些物品的化验进而推断杀人手段和方法。另外，有的案件必须把死亡原因和现场所处的环境和条件结合起来进行分析，才能判明犯罪人的杀人手段和方法，如推人坠崖、推人入水等杀人案件。

杀人过程是指犯罪人实施杀人行为的过程，其内容包括实施杀人前的准备，进入现场的部位和方式，接近被害人的方式和在现场活动的先后顺序，处置尸体和逃离现场的手段、方法。主要可以根据现场情况判断犯罪人进入现场的部位和方法，根据现场犯罪对象所呈现的种种现象判断其实施犯罪的顺序，根据现场的遗留物品和其他迹象判断犯罪人实施杀人后的活动情况，根据现场外围的痕迹物品判断犯罪人逃离现场的方向和路线。

3. 对犯罪人的情况分析

杀人案件的犯罪人条件是指犯罪人实施杀人犯罪活动应当具备的一系列主、客观条件和人身特点。主要包括对犯罪人数的分析，对实施犯罪必须具备的主、客观条件的分析，对犯罪人人身形象的分析，对犯罪人其他个人特征的分析等。

（1）对犯罪人数的分析。根据被害人的多少，犯罪人在现场遗留的手印、足迹，损失财物的数量、重量和体积，移尸的方式、路程等，可以大概推断出罪犯的数量。

（2）对犯罪人实施犯罪应具备的主、客观条件的分析。其中包括犯罪人的思想基础、作风、行为能力，犯罪人应当具备的时空条件、特殊技能条件、进出现场和接近被害人的条件，犯罪人与被害人的关系，犯罪人移尸、碎尸应具备的条件。

（3）对犯罪人人身形象的分析。犯罪人的人身形象是指犯罪人的性别、面貌、身高、体态、文身、血型、口音、发型、衣着及生理残疾等综合而成的疑犯形象。可以根据现场犯罪人遗留的手印、足迹、步伐痕迹特征等判断犯罪人的身高、性别、腿脚有无残疾。根据现场不同于被害人血型的血迹和搏斗痕迹，可以判断犯罪人受伤的情况以及身上黏附的血迹、泥土等。

（4）对犯罪人其他个人特征的分析。犯罪人的其他个人特征是指从现场痕迹、物品所反映出来的有关犯罪人的社会职业、文化程度、语言习惯、爱好、生活嗜好、习惯性的犯罪手法等。犯罪人在实施犯罪的过程中会不经意地将一些个人特征暴露出来，侦查人员可以通过对这些个人特征的分析实现串并案件的侦破。

（三）杀人案件的侦查方法

侦查途径是指在案件侦查中发现嫌疑获取证据，揭露犯罪和揭发犯罪人的工作步骤，即开展侦查通向破案的路径。犯罪人在犯罪过程中所表现出来的任何一种形迹，都是侦查人员选择侦查途径的客观依据。侦查途径选择直接关系到破案的速度和质量。基于各类杀人案件的情况不同、作案人的情况不同，侦查途径的选择也有所不同。

1. 从因果关系入手开展侦查

就大多数杀人案件而言，犯罪人与被害人之间都存有一定的联系，在事前就存在着某种矛盾冲突，而矛盾的发展与演变容易被周围的群众了解。因此，当杀人案件发生后，侦查人员应及时向被害人家属、亲友、邻居、同事了解被害人生前的有关情况，从中发现因果关系，寻找线索，进而发现犯罪嫌疑人。但在对因果关系展开调查的过程中，一定要注意不能只注意明因而不注意暗因，不能只注意近因而忽视远因，必须深入细致地调查，重视各种可疑的线索。

2. 从杀人案件现场遗留的痕迹物证入手发现犯罪嫌疑人

现场遗留的痕迹物证较多是杀人案件的一个重要的特点。犯罪人在犯罪现场遗留下作案工具、痕迹等物证，这些痕迹物证与作案人有着密切的联系，应以此为依据展开侦查，发现犯罪嫌疑人。

3. 从调查犯罪嫌疑人逃离的踪迹入手，发现线索

有的犯罪嫌疑人杀人后在逃离现场的过程中因为形象比较特殊或者有可供辨识的标志，或者携带的赃物数量大，或者使用的交通工具特征明确等原因，行踪容易暴露，一旦查明了犯罪嫌疑人逃离的踪迹，侦查人员可立即采取紧急措施，沿着犯罪嫌疑人逃跑的方向和路线寻迹追捕，同时在犯罪嫌疑人可能逃经的交通要道，如车站、码头、机场等地设卡堵截，以备缉拿。

4. 从调查具有犯罪条件的人入手发现犯罪嫌疑人

犯罪嫌疑人实施犯罪应当具备犯罪的各项条件，如时间条件、空间条件、工具条件、技能条件等，在确定的侦查范围内开展摸底排查以发现重点犯罪嫌疑人，并进而对嫌疑人展开逐个审查，以确定犯罪嫌疑人。

5. 从调查被害人的行踪及同路人入手发现犯罪嫌疑人线索

对于那些因果联系不明显，可利用的痕迹物品少的杀人案件，侦查人员可以通过向有关地区的饭店、旅店、车站等服务行业调查被害人的行踪，也可以通过此法查找到与死者被害前夕同行、同宿及其交往密切的人员去发现犯罪人线索。

6. 从查明尸体上的附着物入手发现犯罪嫌疑人

尸体作为杀人案件的重要证据，其本身往往留有某些微量物质，如泥土、粉尘、金属碎屑等，通过对这些微量物质的定性、定量分析，可以查清其来源，进而以此为突破口开展调查，最终发现犯罪嫌疑人。

7. 从查疑人疑事入手发现犯罪嫌疑人

被害者生前与谁接触最为密切，和谁有过矛盾纠纷。案发后，谁在经济上、情绪上、行为上、语言上表现出异常这些都能成为破案的线索。对可疑迹象结合起来进行分析，就有可能从中发现犯罪嫌疑人。

项目二　爆炸案件的侦查

【案例导入】

【引例 10-2】某年9月26日7:00左右，天安门分局巡警三队队长乔军（男，36岁，负责9月26日2:00至8:00天安门辖区执勤巡逻带班）查岗至广场西口（正对大会堂）南侧50~60米处时，听到一声巨响，向北观察看见人民大会堂东门的9号灯杆北侧有一团白烟，发现灯杆北侧的花盆发生爆炸，未发现可疑人。遂于7:08通过电台布控并向天安门分局指挥中心报警，同时将当时在现场的3人（潘志明、王明香、张杰）带回分局进行询问。

一、现场勘查获得痕迹物证

（1）白色残缺塑料桶，直径约7.5cm。

（2）红色塑料瓶盖（规格上圆直径2.5cm，下圆直径2.8cm），并有双菱形图案，中间有一孔洞（孔洞直径0.5cm）。

（3）塑料残片纸张，有字迹，写着“用量为兑水量的0.2%~0.5%，有结晶析出，用前要充分摇动容器，并用清水配药，保证药效”等残缺文字。

（4）黄色胶带，单面胶，宽1.8cm，共有七段，分别长29cm、21cm、14cm、12.5cm、11cm、19cm、30cm，全长136.5cm。

（5）白色纸张，上面有“东省高州市高凉路”、“海兰”、“官”、“蓓”、“电”等残缺文字，背面有“实习器材”字样。

（6）红色包装纸张，上有烟花燃放图案，背面为空白。

（7）导火索全长19cm。

（8）双根爆竹捻3cm。

（9）碎玻璃块若干。

（10）现场花坛上显现出指纹痕迹两枚。

二、爆炸物检验

（1）对爆炸残留物进行化学检验，检出硫离子和氯离子，未检出硝酸根离子、铵离子和“TNT”成分。

（2）采用扫描电镜/能谱仪进行检验分析，在塑料瓶残片上检验出氯酸盐类炸药残余成分。

（3）对王明香、张杰和潘志明的指甲和手附着物进行检验，未检出火药成分。另外，三人的指纹样本与现场花坛上的指纹痕迹不同。

三、初步分析意见

（1）将数十克氯酸盐爆竹药紧密包装后，装入白色塑料瓶内，塑料瓶盖打孔，插入19cm长的导火索，用黄色胶带固定导火索。

（2）将爆炸装置放置于中心花坛东南角，点燃导火索引爆。

（3）现场发现的碎玻璃与爆炸装置的关系正在分析检验中。

（4）炸弹制造者的技术刻画分析：能接触和取得导火索；所用物品大部分为废弃物，易于获得；犯罪人文化层次较低，粗通爆炸知识；以制造影响为目的，主观上没有伤人意图。

四、采取侦查措施与手段

（1）复原爆炸装置，进行爆炸试验，对爆炸装置中的各种物证进行检验鉴定。

（2）对现场物证开展专项调查。

（3）结合嫌疑人体貌特征在现场及周边地区开展同期拦截访问，以发现线索、情况。

（4）对来京上访人员、本市各类重点人以及9月24日以来广东茂名地区在京登记住宿人员，特别是曾经在天安门地区上访、涉爆和扬言爆炸人员开展摸底、梳理、排查。

（5）部署全市铁路系统、旅店业系统、公交系统结合犯罪嫌疑人体貌特征查找犯罪嫌疑人。

（6）部署全市有关单位在打击现行、巡逻盘查、治安管理、人口管理等日常工作中注意发现符合特征的可疑人员，并广泛收集特情耳目掌握的情况线索。

五、案件侦破情况

在对天安门地区上访、涉爆和扬言爆炸人员开展摸底、梳理、排查过程中，9月29日，专案组逐一调取被处理人员卷宗进行查看，发现2005年4月12日，熊建妹因携带自制爆炸物准备在天安门地区实施爆炸，被天安门分局巡逻民警查获，后因该人患有精神病，被原籍公安机关接回。

该案中查获爆炸装置的炸药种类、制作原理、使用材料均与本案相近。据此，专案组与贵州省驻京办事处以及其原籍公安机关进行联系，得知熊目前在京，被崇文分局收容所劝返，因原籍未派人接，已于9月29日下午17:00将其释放。且熊曾分别于2005年9月24日下午和9月26日下午给原籍家中、本村干部和管片民警打电话，自称在京干了大事，准备死在北京，并要村干部注意收看新闻联播。综合上述情况，专案组认定熊建妹系本案重大犯罪嫌疑人。

9月29日20:00召开全局参战部门会议，部署抓捕犯罪嫌疑人工作，并向局属各单位发出紧急协查通报。21:30左右，刑侦总队大案支队和天安门分局民警在永定门地下通道进行盘查时发现熊建妹，并将其抓获。从其携带物品中提取了作案时所穿的灰色上衣，以及半卷黄色绝缘胶带等物品。

经讯问，熊建妹对在大会堂东便道实施爆炸的犯罪行为供认不讳。9月26日凌晨4:00左右，其携带爆炸装置步行至天安门广场，行至大会堂东便道时，见周围人员稀少，遂在一灯杆下的花坛内点燃导火索，引爆了爆炸装置，并进入广场查看情况。中午12:00多返回旅馆休息。其白天要饭，晚上在永定门车站外的铁道边休息，直至9月28日被车站派出所民警送至位于马家楼的信访办。9月29日被释放后，乘车来到永定门车站旁的地下通道睡觉，被民警抓获。

【工作导向】

一、案例导读

本例通过现场勘查、爆炸物检验、案情分析、侦查措施与手段、案件侦破等几个步骤详细叙述了发生于2005年9月26日人民大会堂东9号灯杆北侧摆设花坛爆炸案的侦破过程。

二、问题思考

（1）什么是爆炸案件？爆炸案件的特点有哪些？

（2）爆炸案件现场勘查该如何进行？

（3）爆炸案件的侦查方法有哪些？

【学习领域】

一、爆炸案件的定义

爆炸案件是指犯罪人以爆炸的方式故意炸死、炸伤他人，炸毁公私财物，危害公共安全的犯罪案件。爆炸案件按作案人实施爆炸的动机不同可以分为：危害国家安全爆炸、杀人爆炸、威胁恐吓爆炸、自杀破坏爆炸四类。

爆炸犯罪对社会的危害极大，爆炸一旦发生，就会给国家公共安全以及人民的人身财产造成无法挽回的损失。特别是发生在公共场所和国家重要设施的爆炸案更会带来极坏的社会影响和国际影响。对爆炸案件的侦查，适时地认真研究爆炸犯罪对策，遏制爆炸犯罪，历来是刑事侦查工作的重点。

二、爆炸案件的特点

（一）作案前有充分的预谋和准备过程

爆炸案件是一种暴露快、危害大的刑事案件，一旦发生，就会很快吸引周围群众的围观，在周围群众中产生无法掩盖的影响。犯罪人对于实施爆炸犯罪，其心理上应当有充分的准备，包括对犯罪方式、手段的反复权衡和考虑，对爆炸可能造成的伤亡和损失情况的估计和猜测，以及对案后可能遭受的处罚和打击的准备。这种心理准备必然会促使其行为具备相应的周密性。再者，由于爆炸是一种原理比较复杂的方式，犯罪人要达到预期的爆炸目的，就必须对爆炸物品、引爆物品、引爆装置等进行周全的准备，更有甚者为了使爆炸成功，还会在实施犯罪前进行爆炸试验。因此，犯罪人在实施爆炸犯罪前，一般都有预谋和准备过程。

（二）爆炸案件暴露比较明显，易被及时发现

爆炸犯罪是一种破坏性极大的案件，爆炸犯罪一旦发生，其后果就会立即直观地暴露出来，爆炸过程中所伴有的光亮、声响、浓雾、震动、气味等易被周围民众发现，爆炸发生的时间和地点明确。

（三）因果关系比较明显

爆炸案件由于其危害性极大，我国刑法对其规定了严厉的惩罚。犯罪人敢于冒着受严惩的危险而实施爆炸犯罪，必定是经过深思熟虑，欲达到预定目的的。爆炸犯罪的动机一般有两种情况，一是不满现实，报复国家和社会，爆炸的目标主要是公共场所、重要建筑物和公共设施等；二是报复个人，即用爆炸的方式报仇泄愤，主要目标是特定的人或财物。爆炸案件的因果联系主要是通过犯罪人选择的爆炸目标、爆炸时间以及群众提供的犯罪人的政治思想表现，有无对现实不满情绪、有无私仇矛盾，结合案件的其他有关情况进行分析认定的。这些因果联系在案发前后会通过某些现象或多或少地暴露出来，侦查人员可以由此确定案件性质，从而发现犯罪嫌疑人。

（四）爆炸案件的现场破坏严重，勘查难度大

爆炸案件是一种震动大、威力猛、破坏力极强的案件，具有放热性、快速性和生成气体三个特征。爆炸瞬间会产生巨大的力量，使周围物体受到冲击、挤压、破碎，对现场破坏严重，致使现场大多数痕迹物证较难发现。而且爆炸会伴有燃烧、浓雾等现象，在爆炸后要扑灭火灾，排除险情，抢救伤员，容易使现场遭到破坏，导致现场勘查难以开展。但同时，爆炸案件的真实性强，难伪装，爆炸现场一般都留有炸药残粒、燃烧过的导火线、雷管碎片等残余物质，对这些物质的提取是判断炸药种类、来源、性能、起爆装置的重要依据。另外，有的爆炸案件还可能在现场发现犯罪嫌疑人的指纹、脚印、随身物品等重要证据，因此，对于爆炸案件的现场要认真勘查，以发现犯罪痕迹和其他物证，为侦查破案提供重要的线索和依据。

（五）爆炸案件的犯罪人具有特殊的犯罪条件

爆炸行为由于其特殊的技术性要求以及国家对爆炸物品的严格监管，犯罪人在实施爆炸行为时必须具有特殊的条件，才能顺利实施其犯罪行为。一是必须要懂得有关爆炸的知识，掌握一定的爆炸技能，不具备相应的知识技能及其操作程序，就有可能达不到爆炸的目的，甚至危及自身的安全；二是必须要有获取爆炸物品的途径。爆炸物如雷管、炸药、导火索都属于危险物品，国家对其的生产、使用、销售、保管都严格监管，一般人不易获得。因此，掌握这两个特殊条件，在爆炸案件的侦查中有利于确定侦查方向和划定侦查范围。

三、爆炸案件的侦查方法

（一）爆炸案件的现场勘查

侦查爆炸案件的立足点就是爆炸现场，开展侦查工作所依赖的各种依据和线索大都存在于现场。因此，做好爆炸案件的现场勘查，对于迅速侦破爆炸案件非常关键。

1. 爆炸点的勘查

爆炸点是指爆炸物瞬间爆炸时所处的部位。对何处是爆炸中心点，主要依据爆炸遗留物和爆炸痕迹分布的方向、炸点的形态、爆炸产物作用的角度，结合现场环境、现场位置特点进行综合判断。一般来说，现场破坏最严重的地方，就是放置炸药的地方。通过对炸点大小的测量，可以弄清楚介质的性质，同时也可以推断炸药的性能、种类和使用的药量。

2. 爆炸残留物的勘验

爆炸残留物是指爆炸后的分解产物和未分解的炸药原形及微量物，以及炸药包壳残骸和引爆装置残骸。这些残留物是犯罪人留在爆炸现场最重要的证据，对于分析案情具有重要的作用。

3. 爆炸抛出物的勘验

爆炸抛出物是指爆炸时从原位置向四周抛撒在炸点周围的物质、物品微量物和人体组织，它是研究爆炸瞬间现场物品分布情况、人员位置情况及炸点位置的重要依据。

4. 尸体、伤残者的勘验

爆炸现场如有尸体，勘查人员应对尸体的方位、姿势、衣着、损伤主要部位及形状、伤口面黏附的爆炸残留物做好观察记录。爆炸现场如有人员伤亡，要判明爆炸伤的类型、伤势的程度、伤亡人员与爆炸时间内在的联系、可供识别炸碎尸块的身份和特征等，以便为查找犯罪人提供重要线索。

（二）爆炸案件的案情分析

1. 对爆炸案件的性质分析

根据犯罪人不同的犯罪动机，爆炸案件的性质分为两大类：一是危害公共安全爆炸案，二是私仇爆炸案。

危害公共安全的爆炸案件是由于犯罪人对现实不满，以爆炸的方式报复社会、破坏社会主义建设，以发泄自己的仇恨。犯罪人制造危害公共安全的爆炸案件主要是以造成重大的政治影响和经济损失为目的，选择的时间多数在节假日和重要的集会期间，作案的手段一般比较隐秘，爆炸物的破坏性强。

私仇爆炸案件的犯罪人由于与被害人矛盾激化，以爆炸的方式报复杀人。此类案件主要是在夜深人静或仇人不在时进行，爆炸目标主要是仇人的人身、住宅、办公场所和贵重物品，方式比较简单、规模较小。

2. 对爆炸品种类和数量的分析

确定爆炸品属何种类，主要是收取爆炸现场的爆炸残留物进行化学检验，以确定物质的成分和含量。判断犯罪人使用炸药的数量，主要应根据爆炸作用形成痕迹的范围。炸药量与爆炸痕迹的范围成正比。一定种类和数量的炸药，在一定条件下爆炸，形成一定范围的爆炸痕迹，炸药量越大，爆炸痕迹的范围越大。

3. 对实施爆炸犯罪方式的推断

实施爆炸犯罪的方式包括爆炸品的制作和包装方式、爆炸品的引爆方式、爆炸品的投掷方式。

爆炸装置类型的推断，应以现场爆炸遗留物和现场新增加的与爆炸品有关的物品碎屑为依据。同样，推断引爆方式应以爆炸遗留物为依据，爆炸的引爆方式包括机械引爆、电力引爆、导火索引爆、化学引爆等多种方式。推断爆炸品的投掷方法应根据爆炸现场的环境和爆炸现场的状态进行分析。通过对爆炸犯罪方式的判断，可以判断犯罪人对炸药的了解情况，对炸药技术的掌握程度，以及犯罪人与被害人关系的疏密程度，对安装爆炸装置的环境的熟悉程度。这对于查找犯罪人，侦破案件具有重要的作用。

4. 因果关系分析

因果关系明显是爆炸案件的一个重要的特点。明确爆炸案件的因果关系，有利于确定侦查方向。主要应从犯罪人选定的特定作案目标、被炸的场所、系列性爆炸结果、被炸物体的破坏程度等方面进行因果关系的分析。

（三）爆炸案件的侦查方法

爆炸犯罪案件发生以后，犯罪人或者逃离现场，或者被炸死在现场，或者隐藏在被抢救的受伤人员当中。由于犯罪人去向不同，部署侦查的侧重点也有区别。在立案侦查过程中，应当根据爆炸案件的性质和犯罪人的去向确定侦查的方向和范围选择侦查途径、发现嫌疑线索。一般可以从以下几个方面着手进行：

1. 访问爆炸现场周围的群众，发现犯罪嫌疑人

有的爆炸案，犯罪人在进行爆炸前，要准备爆炸所使用的物品，如炸药、雷管、导火索等，要熟悉爆炸目标周围的环境。在公共场所发生的爆炸案，即使犯罪人自爆身亡，甚至尸体也无法辨认，但爆炸场所周围的群众也能提供出犯罪嫌疑人的体貌特征。有的犯罪嫌疑人在引爆前可能会有异常的表现，通过对周围群众的调查走访，往往也能够发现重要的嫌疑线索。

2. 认真勘查现场，了解现场情况

在爆炸案件现场勘查中，应抓住爆炸中心点、爆炸所形成的各种痕迹以及爆炸现场的尸体和尸块几个重点。对现场遗留的残存炸药、包装物、捆绑物应进行认真的勘验，以此来发现线索。在勘查现场的同时，还应及时访问有关人员，特别是爆炸案件中的受伤人员、现场周围的群众及死者的亲属亲友等。

3. 调查死者身份，发现犯罪嫌疑人

在为了向社会泄愤，以制造社会影响为目的的爆炸案件中，犯罪人常常采用自身引爆的方式实施爆炸犯罪。如果通过案情分析表明犯罪人已被炸死或炸伤，则侦查工作应从被炸伤、炸死人员的身份入手去发现和确定犯罪嫌疑人。对于在爆炸案件现场所发现的无名尸体和尸块，侦查人员应做好个人识别工作，具体可以利用指纹、体貌特征来查证无名尸身源，判定其是否为引爆者。

4. 调查犯罪的因果关系，发现犯罪嫌疑人

爆炸案件的犯罪人基于某种动机而实施爆炸，其动机多在作案前会有所暴露。一般情况下，在发案后广泛发动群众，摸底排查就能发现重要线索。特别是由于矛盾激

化而采用爆炸的方法报复杀人的案件，案发后周围群众和受害者家属一般都能提出明显的嫌疑对象。据此就可以直接锁定嫌疑目标展开侦查。

5. 以犯罪条件为依据，开展调查，发现犯罪嫌疑人

爆炸案件中的犯罪人必须具备某些条件才能成功制造爆炸案件，如作案的时间条件、技能条件、获取爆炸物品的条件等。如果具备了这些条件，就要进一步分析犯罪人是否有作案的思想基础。经过调查分析，如果确定了犯罪嫌疑人就应对其采取必要的侦查措施，发现和收集犯罪证据，以证实其犯罪。

项目三　盗窃案件的侦查

【案例导入】

【引例 10－3】2001 年 12 月至 2002 年 6 月，在半年时间内，陕西省耀县 4 个乡的 11 台农用变压器被盗，导致乡村停电停水，严重影响了当地群众的正常生产、生活，直接经济损失 30 余万元。案件一直未能破获，耀县公安局刑警大队感觉压力很大。

变压器系列被盗案发生后，2002 年 4 月初，分局刑警队召集有关单位人员作了专题研究，得出以下结论：

（1）现场均位于交通沿线，且留有花纹一致的两轮摩托车轮胎印痕。

（2）被盗变压器的高压、低压连线均被钳子剪断，钳剪痕基本一致。

刑警大队主要从以下方面开展工作：

（1）以发案地集中的地区为中心对周围的村庄进行深入细致的调查摸底，特别注意从具备两轮摩托车的农民中发现嫌疑。

（2）案犯能连续作案，说明有销赃点，应对本县及邻近县的废品收购站点进行查找发现赃物——开展阵地控制。

（3）组织力量对易发案地及交通要道进行守候、巡逻，力争抓获现行。

（4）组建专案特情，获取线索。

（5）在侦查的基础上，加强人员防范、技术防范措施，防止再度发案。

在侦查过程中，分局刑警队先后 3 次召集有关人员会诊案情，及时调整工作部署，使侦查工作始终沿着正确的方向发展，在此案侦办的两个月内，虽未发一起案件，但已发案件也仍未侦破。

专案组经过分析，排查后认为：案犯很可能是耀县人或在耀县有落脚点的外地流窜人员。前段时间的侦查工作惊动了他们，短期内不敢在耀县露面，很可能流窜外地继续作案。

据此，专案组决定，侦查工作应在调查摸底的基础上，与外地公安机关取得联系，通报案情，拓宽线索来源。据此，刑警队派出外调人员 13 人，行程数千公里在耀县周围的县、市查证线索 40 余条，串案 30 余起，但案件在各县、市也未取得突破性进展。

根据以上工作，专案组更加确定了流窜作案的可能性，为此，在以下两方面加强工作：

（1）由技术科负责继续收集发案信息。

(2) 在销赃环节上布控，加强阵地控制。

在侦查工作进行近半年后，专案组接到邻县的案件信息，有3名案犯在邻县盗窃变压器后逃跑，由于加强了防范措施，案犯与当地群众有过接触，经调查认定：案犯系3人，共骑一辆两轮摩托车，摩托车型号为幸福250，而且其中一人说话口吃。

专案组经过分析，从系列盗窃变压器的第一案开始按发案时间、地点绘制了作案流程图，从中发现：最初6起案件均发生在耀县，有14起在邻县，最近，又有4起发生在耀县。

专案组分析后认为：系列盗窃变压器案属"内外勾结"作案，即耀县内至少有案犯当中的一人。为此，专案组在耀县围绕两种人开展重点侦查：一是家中有两轮摩托车，特别是幸福250为重点；二是在全县内查找有前科的人员，尤其注意有口吃的人员。同时物建专案特情开展工作。

经过广泛的线索查证及特情的信息反映，专案组首先从作案人可能口吃这一点打开缺口。经查，在耀县孙源乡居住的梁战奎说话口吃，该人曾骑过红色250幸福摩托车，车主系其表哥同乡的蔡建民、蔡增民。三人来往关系密切，而且蔡建民有盗窃前科，据此，三人嫌疑上升。

经查获审讯，三名嫌疑人交代了在半年之内，先后流窜陕西省的9个县盗窃、破坏变压器58台，造成直接经济损失40余万元的犯罪事实。

【工作导向】

一、案例导读

本案叙述了农用变压器系列盗窃案件的侦查过程。通过此案，从中可以获得如下破案经验总结：

(1) 正确的部署来源于正确的判断，正确的判断来源于对案件材料的全面占有和准确分析，刑事案件侦查方向的正确更是来自于对案情的缜密分析。本案中，耀县公安局刑警队于2002年4月初，对此系列案件召集有关单位人员作了专题研究，得出结论并依此开展了积极有效的侦查。

(2) 刑事案件侦查不仅要对某一具体的案件进行分析，还要分析现阶段在案发地区此类案件的发生规律，努力掌握案犯有可能再次作案的行踪。耀县公安局刑警队的侦查部署中明显体现了这一侦查思维。

(3) 犯罪行为是一个具体实施过程，也是一个心理支配过程，从预谋到实施，以至盗窃案中的销赃，都有一个特定的心理过程和习惯的犯罪行为。先期作案找熟悉的地方下手，在积累一定经验后，再向周围延伸，在自认为情况不熟、作案受阻后，又极易再选择先期熟悉的地方作案。本案中，犯罪嫌疑人的作案活动明显体现了这一规律。专案组经过分析，从系列盗窃变压器的第一案开始按发案时间、地点绘制了作案流程图，从中发现：最初案发6起均在耀县，有14起在邻县，随后，又有4起发生在耀县。

(4) 侦查中，只要嫌疑人能纳入侦查视线，侦查工作就是有了实质性进展，后续工作则是取证。本案中体现为：经审讯，三名嫌疑人交代了在半年之内，先后流窜陕西省的9个县盗窃、破坏变压器58台，造成直接经济损失40余万元的犯罪事实。

二、问题思考

（1）什么是盗窃案件？盗窃案件的特点有哪些？

（2）如何对盗窃案件开展侦查？

【学习领域】

一、盗窃案件的定义

盗窃案件是指犯罪人以非法占有为目的，秘密窃取公私财物数额较大或多次盗窃的案件。盗窃案件是一种多发性案件，对国家和公民财产的危害性极大，因此，盗窃案件的侦查历来也是公安机关侦查的重点。

二、盗窃案件的特点

（一）有赃物可查

有赃物可查是盗窃案件的一个重要特点，赃物既是侦查盗窃案件、发现犯罪嫌疑人的重要线索，也是认定犯罪事实的有力证据。盗窃案件中，赃物与犯罪人之间存在一定的联系，反映出犯罪人与赃物之间的关系。犯罪人在作案后必然会对其非法获取的财物、现金、有价证券等赃物进行处理。在处理赃物过程中犯罪人往往暴露出蛛丝马迹，而被群众所察觉。针对这一特点，侦查部门应根据赃物的特点，对可能的销赃渠道和场所进行控制，以发现和查获赃物，并进一步发现犯罪嫌疑人。

（二）现场多遗留有较明显的破坏痕迹

大多数的盗窃案件现场都有可供勘查的条件，特别是现场多遗留有较明显的破坏痕迹，通过对破坏工具痕迹的研究，有助于对案情的分析判断，确定正确的侦查方向和侦查范围，以犯罪工具为线索，开展调查摸底，发现犯罪线索。

（三）盗窃手法常带有习惯性

盗窃案件的犯罪成员中以惯犯居多。由于惯犯长期实施盗窃犯罪活动，在犯罪中会逐步形成一套比较固定的习惯性手法。在侦查中可以通过对犯罪人习惯性手法的认识，去发现和认定犯罪嫌疑人。

（四）犯罪人在实施犯罪前一般都有踩点、窥测等预谋活动

盗窃案件的犯罪人为了达到其顺利实施盗窃犯罪的目的，保证其盗窃活动的成功，一般都会在实施盗窃之前，对现场进行踩点、窥测等准备活动。特别是为了盗窃巨额财物、枪支弹药、贵重物品、珍贵文物等，犯罪人的预谋准备活动会更加充分。这种踩点和窥测活动也会在相应的现场、留下相应的痕迹和物品，侦查工作中应努力去发现它们。

三、盗窃案件的侦查方法

（一）认真勘查现场，收集犯罪资料

对盗窃案件的现场进行勘查是侦破盗窃案件的首要环节。犯罪人在实施盗窃犯罪

的过程中，常常会在现场留下与犯罪有关的痕迹物品，其人身形象也会在实施犯罪的各个环节中有所暴露。在实地勘验过程中，侦查人员应重点注意对犯罪人进出现场的进出口及犯罪的中心部位进行认真细致的勘验，发现、收集与案件有关的痕迹物品，必要时还应对现场的外围进行搜索，发现和收集更多的犯罪痕迹。在实地勘验的同时，侦查人员应及时对事主、财物保管人员以及现场周围的有关群众进行深入细致的调查访问，重点查清被盗财物的情况（如被盗财物的种类、数量、特征，财物被盗的经过情况等）、被盗现场的有关情况、事主和财物保管人员的活动规律以及案发前后出现的可疑迹象等。

（二）采取有效的侦查措施，发现犯罪线索

根据现场勘查获取的资料和对案件情况的分析判断，侦查人员应针对具体盗窃案件的情况采取有效的侦查措施和侦查手段，开展侦查工作。

1. 追缉堵截

盗窃案件发生后，如果案件发现及时，赃物特征显著，犯罪人逃离现场的时间不长，逃跑的路线、方向明确，侦查人员应及时采取追缉堵截的措施，缉获犯罪嫌疑人。

2. 控制赃物

有赃物可查是盗窃案件的一个重要特点。犯罪人一旦盗窃得逞后，一般都会采取不同的方式对赃物进行处理。因此，控制赃物是侦破盗窃案件的重要手段。对赃物的控制，应根据被盗物品的具体情况，分析犯罪人可能采取的销赃方式，有针对性地采取控制赃物的有效方法。

3. 开展调查，发现犯罪线索

根据刻画的犯罪人条件，在划定的侦查范围内，通过对犯罪动机、犯罪时间、犯罪手段、犯罪人数、知情条件、现场遗留物和犯罪工具以及反常情况的调查，发现犯罪线索。

4. 实施守候，抓获现行犯罪人

对连续发生的盗窃案件，侦查人员可根据犯罪人作案的规律特点，对犯罪人可能再次实施盗窃犯罪的场所进行守候和严密控制，趁犯罪嫌疑人再次实施犯罪时，将其缉获。

（三）查对犯罪情报资料，实施并案侦查

对犯罪人连续实施的盗窃案件，侦查人员可用犯罪人遗留在现场的痕迹物品或在案件中表现出来的习惯性手法，通过查对犯罪资料档案，发现犯罪线索，认定犯罪嫌疑人。

（四）侦查审讯，查破案件

盗窃案件中，团伙犯罪占有相当大的比例，对抓获的盗窃团伙成员，侦查人员应根据其在犯罪团伙中的具体情况，采取正确的讯问策略，寻找突破口，查破案件，扩大破案战果。

项目四　抢劫案件的侦查

【案例导入】

【引例 10－4】公安分局接到女事主黄某报案称：早晨 7：30，家里冲进来两个人，抢走了刚刚买了不久的金项链 1 条和刚取得的现金 3 000 元，并将黄某打伤后逃走。

【工作导向】

一、案例分析与侦查思路

（1）勘验现场后，根据黄某的陈述，专案组分析歹徒可能对黄某的情况比较熟悉，推测可能是熟人作案。

（2）因歹徒是蒙着脸，所以黄某并没有看清楚歹徒的样子，但结合现场勘查的结果，歹徒应系男性青壮年，手段老练。

（3）通过分析，将重点放在知晓黄某情况的人身上，经过排查最终查到和黄某一起去买金项链的李某刚刚在银行存了 3 000 元钱。经过调查李某就是要找的犯罪嫌疑人。

二、问题思考

（1）什么是抢劫案件？抢劫案件的特点有哪些？

（2）抢劫案件的侦查方法有哪些？

【学习领域】

一、抢劫案件的定义

抢劫案件是指犯罪嫌疑人以非法占有为目的，当场使用暴力、胁迫或其他方法，强行劫取公私财物的案件。抢劫案件是一种严重危害社会秩序，侵害国家、集体或公民个人财产的暴力型犯罪。

二、抢劫案件的特点

（一）犯罪人与被害人有过正面接触

抢劫案件中，犯罪人无论采取什么手段实施抢劫，都必然会与被害人有或长或短的正面接触。除因被害人遭遇突然袭击或因现场光线太暗，未能看清犯罪人的体貌特征外，大多数抢劫案件中的被害人都能比较准确地提供犯罪人的基本情况，如性别、年龄、身高、体貌、衣着、口音、犯罪人人数、犯罪人使用的工具等。

（二）犯罪人一般都有预谋过程

在抢劫案件中，犯罪人为了使犯罪行为成功，在作案之前都会对侵害的对象，实施抢劫的时间、地点，以及准备什么样的工具实施抢劫等问题进行精心的预谋策划，犯罪人的这些预谋活动都不可避免地留下迹象。一旦案件发生，有关群众就会向侦查机关反映情况，为发现犯罪线索提供依据。

（三）现场多有犯罪人作案时遗留的痕迹物品

抢劫案件的犯罪人在实施抢劫的过程中，常常会遭遇到被害人的反抗而与其搏斗，在犯罪的现场往往留下与犯罪有关的痕迹物品。如搏斗中被害人扯掉犯罪人的头发、衣服的纽扣、衣服的碎片或其他随身物品，犯罪人受伤留下的血迹，犯罪人逃离现场过程中遗留的工具、凶器、绳索、堵塞物，犯罪人在抢劫财物的过程中在现场留下的脚印等。

（四）有赃物可查

抢劫案件的犯罪人实施犯罪的目的在于非法占有公私财物，一旦其犯罪活动得逞，犯罪人就会拥有一定的赃物，无论犯罪人采取何种方式处理赃物，都可能会在其使用、销售或转移的过程中暴露。因此，针对赃物有目的地对有关场所及有关人员进行严密的监控，就可能发现赃物的线索。赃物一旦被发现，就成为揭露和证实犯罪的有力证据。

（五）犯罪成员以青年人居多，团伙作案突出

从抢劫案件犯罪人的情况分析，男性青年占的比例较大。由于在实施抢劫犯罪过程中，犯罪人常常会遭遇到被害人的反抗，尤其是在汽车站、火车站、轮船码头、公共场所、商店、饭店、银行、储蓄所等处的抢劫，单个人作案不易得逞，所以常常纠集同伙，实施共同犯罪。犯罪成员中各自的分工不同，行动迅速，抢劫成功的概率较高。但是，团伙抢劫比单个人作案容易暴露，被害人及现场周围的群众常常能从犯罪成员中发现为侦查破案提供重要线索的人员情况，并且在犯罪现场也会留有犯罪成员的痕迹物品，这都为侦破抢劫案件提供了有利的条件。

三、抢劫案件的侦查方法

（一）详细询问被害人，了解案件发生的过程和犯罪人的有关情况

根据抢劫案件犯罪人与被害人有过直接接触的特点，侦查中应重点询问被害人，了解案件发生的情况和犯罪人人身形象及其他有关情况。询问中应特别了解案件发生的具体时间和具体地点、犯罪人的体貌特征、犯罪人作案的手段方法、使用的凶器、被抢劫财物的种类和相关特征、犯罪人的来去路线和方向等。

（二）采取有效的紧急措施，查缉犯罪嫌疑人

抢劫案件一旦发生，被害人大多能及时报案。侦查人员在现场勘查，询问被害人和现场周围群众的过程中，一旦判断出犯罪人逃离现场不远，犯罪人逃跑的方向、路线清楚，被抢劫的财物特征明显，犯罪人还未将赃物脱手，则应当及时采取紧急措施沿着犯罪人逃跑的方向和路线进行寻迹追捕。同时在犯罪人可能逃往的车站、码头、机场和交通要道上设卡堵截，缉拿犯罪嫌疑人。

（三）开展摸底排查，发现犯罪嫌疑人

抢劫案件中，犯罪人的人身形象有较明显的暴露，这一点为我们刻画犯罪行为人，确定侦查范围，查找犯罪人提供了条件。侦查中应以刻画的犯罪人条件为依据，在确定的侦查范围内结合公布案情，发动群众，开展摸底排查，发现犯罪线索和犯罪嫌疑人。

（四）严密控制赃物，发现犯罪嫌疑人线索

控制赃物是侦查抢劫案件的重要措施。侦查机关应根据被害人提供的赃物的种类、数量、特征情况，分析犯罪人可能采取何种方式进行销赃和处理赃物，从而有针对性地控制销赃场所，并向犯罪人可能销赃的地区发出协查通报，请求协助查控赃物。

（五）及时组织辨认，确认犯罪嫌疑人

由于抢劫案件犯罪人与被害人有过一段时间的接触，犯罪人的人身形象往往暴露得比较充分。因此，在侦破抢劫案件的过程中，可以根据犯罪人活动的规律、特点，组织被害人在犯罪人可能活动的地区、场所或线路进行巡查辨认，以发现犯罪人的行踪。如果在侦查中发现了重点嫌疑人，也可采取辨认的方法，认定犯罪嫌疑人。

（六）实施并案侦查，提高办案效率

由于抢劫案件流窜犯、惯犯作案居多，犯罪人常常在同一地区或相邻的地区连续实施抢劫犯罪活动。因此，往往会在同一地区或相邻的地区连续发生若干起具有相同规律、特点的抢劫案件。如果在发生的若干起抢劫案件中，犯罪的时间与地点、作案的手段方法、侵害的目标、现场发现的痕迹物品具有相同或相似的特点，应判断为同一犯罪人或同一伙犯罪人所为。对于由同一犯罪人或同一伙犯罪人所实施的若干起抢劫案件，可实施并案侦查。

项目五　绑架案件的侦查

【案例导入】

【引例 10－5】某年 4 月 30 日上午，深圳市辖区螺岭小学学生刘伊（女，11 岁）在上学途中被绑匪绑架，歹徒勒索赎金 150 万元港币，并恐吓事主家属如果报警将杀死人质。

公安机关接警后成立了专案组，迅速对事主家属的电话进行监控，对事主家庭成员与周围的关系及被害人所在学校展开重点调查，排除了事主家属关系人的作案嫌疑及其他一批线索。同时，专案组利用技侦手段查明了疑犯本月 30 日晚 7: 50 曾在某公用电话亭用磁卡电话机与事主通话，进行勒索。

通过对大量的电话数据记录分析，专案组初步确定打出电话的磁卡编号及以往通话的记录，并从中筛选出与该磁卡持有人联系密切的可疑电话，并逐个监控。经侦查，专案组确定了与该磁卡联系密切的关系人殷齐浩等三人。

经进一步侦查，专案组掌握了磁卡电话持有人的落脚点位于福田区景田路的一个工棚内，并初步确认同案犯有三人，人质刘伊也在工棚内。

警方调集警力包围了该工棚，经过近 5 个小时的喊话、谈话和思想工作，犯罪嫌疑人殷齐浩等三人最终被说服，释放了人质刘伊并投案。案件得以告破。

【工作导向】

一、案例导读

本案叙述了一起绑架人质案件的侦查过程。案件侦查中，警方通过电话监控和对电话数据分析，确定了犯罪嫌疑人殷齐浩等三人，并以此为突破口，侦破了该案，解救了人质刘伊。

二、问题思考

（1）什么是绑架案件？绑架案件的特点有哪些？

（2）侦查实践中如何对绑架案件开展侦查？

【学习领域】

一、绑架案件的定义

绑架勒索案件俗称“绑票”案件，是指以勒索财物为目的，使用暴力、胁迫、麻醉或者其他方法绑架他人的刑事犯罪案件。该犯罪的基本行为模式是：犯罪分子使用暴力、胁迫或者麻醉方法，使被绑架人离开原来的生活场所或者将被绑架人控制在自己或者第三者的实力支配下，从而造成被绑架人的近亲属及其他有关人对被绑架者人身安全的忧虑，进而利用这种忧虑，迫使其交付财物。

二、绑架案件的特点

（一）侵害对象大多是富裕者

犯罪分子考虑到勒索财物的实际可能性，一般都物色家境富裕的人为侵害对象。

（二）犯罪分子对被害人情况熟悉

从我国近年来破获的这类案件来看，犯罪分子大多是本地人，其中相当一部分与人质及其亲属或是邻居，或是单位同事，或是同乡、同村人，有的还是亲友。他们在平时与人质或其亲属往往有直接或间接的交往，有的交往甚密，对人质及其家庭的经济状况较为了解。

（三）有较为周密的预谋准备

犯罪分子在绑架人质前一般都会经过较为周密的谋划和充分准备，诸如网罗同伙，物色作案对象，窥探其活动路线，准备实施绑架所需的犯罪工具和隐匿人质的处所，选择实施绑架的时间、地点和方法，谋划与人质亲属联系的方式，赎金数量，交款赎人的地点，交接方法等。有的犯罪分子在实施绑架前还使用汽车等交通工具跟踪拟绑架对象，掌握其活动规律，然后再实施绑架。

（四）犯罪活动涉及的地点多、空间跨度大、延续时间长

由于这类犯罪活动的复杂性，犯罪分子不可能在同一个地点完成全部犯罪行为并达到犯罪目的，而必然要涉及多处地点，诸如实施绑架的地点、打勒索电话或投寄、递放勒索信的地点、隐匿人质的地点、交款赎人的地点等。犯罪活动涉及的这些地点之间往往有相当的距离。因而这类犯罪活动空间跨度较大，且由于绑匪在绑架人质后隐匿人质，与人质亲属联络洽谈赎人条件，人质亲属筹款、送款等都需要一定的时间，所以这类犯罪活动与其他刑事案件相比，其延续的时间较长。

（五）多系结伙作案

这类犯罪活动过程较为复杂，犯罪环节多，既要制服人质并将其劫持到他处加以隐匿，又要加以看管、防止逃跑，还要与人质亲属联系并前往交款赎人处获取赎金，单枪匹马难以完成。因而这类犯罪多系结伙作案，这样可以分工配合，较易得逞。有些犯罪分子甚至发展成为黑社会性质的绑架犯罪团伙，多次进行此类犯罪活动。

（六）犯罪分子有随时杀害人质的思想基础和行为准备

犯罪分子将人质绑架后，人质的生命安危处于不确定状态。有的犯罪分子实施绑架后随即“撕票”，然后再勒索钱财。有的犯罪分子则视案情发展而决定是否杀害人质，他们一旦察觉人质亲属已经报案或未答应其赎人条件往往就会杀死人质，而如未发现此类情况，有的在达到或自认为达到犯罪目的后会放回人质，而有的仍会因与被害人是熟人等原因而将其杀害。在对此类案件侦查过程中，警方和人质亲属均不掌握隐匿人质的处所，因而人质是否活着对侦查人员和人质亲属而言往往是个谜。

（七）犯罪分子会与人质亲属联系

犯罪分子将人质绑架后为索取赎金必然会以一定方式向人质亲属传递勒索信息，一般以电话方式传递。而且，往往不止一次地与人质亲属联系，不少犯罪分子还模仿国外、境外黑社会组织的犯罪方式，在勒索信或电话中渲染恐怖色彩，以杀人质及其全家相威胁，令人质亲属不敢报案，对人质亲属实行精神近控制。

（八）犯罪分子会在交款赎人的地点露面

犯罪分子将人质绑架后，在自认为人质亲属不会报警而会按赎人条件行事的情况下，一般都会在交款赎人的地点露面以取得赎金。交款赎人的地点犯罪分子大多指定在来往人员较少的僻静地带，有些犯罪分子为防止落入警方圈套，往往多次变换原定的交款赎人地点并秘密窥视人质亲属是否在限定时间内将钱送至指定地点。

三、绑架案件的侦查途径

侦破绑架案件必须贯彻“人质安全第一，内紧外松、秘密实施侦查”的原则，具体讲，有以下基本的侦查途径：

（一）询问被绑架者亲属及其他知情人

此类案件一般是在被绑架者接到勒索信或电话后发现的。在获悉发案信息后，侦查人员首先应尽快向人质亲属询问，掌握基本的案情，人质亲属由于亲人被绑架，生死未卜，加之收到犯罪分子的威胁恫吓，顾念人质生命安全，因而心理压力极大，有的甚至不愿报告公安机关而意欲与绑匪“私了”，因此，询问前应当安定其情绪，使其积极协助公安机关破案，对人质亲属及其他知情人进行询问应着重了解以下情况：

（1）人质及其家庭情况，包括人质及其家庭成员的基本情况、经济情况、人质失踪或者遭绑架的时间、地点、过程等。

（2）绑匪与人质亲属联系的情况，包括联系的方式、时间、次数，绑匪提出的赎金数量、交款地点、时间。如果是通过电话联系的，启发人质亲属详尽地回忆整个通话过程和内容。

（3）绑匪的有关情况，包括绑匪的人数、体貌特征、绑架后的去向等。

（二）分析研究犯罪分子隐藏的范围及其个人特点

准确地分析判断绑匪隐藏的范围及其个人特点，对于确定侦查对策、发现绑匪线索有重要的意义。要根据询问被绑架者亲属和其他知情人所获得的情况以及对勒索信的投寄地点、日期等的调查、分析研究绑匪隐藏范围及其个人特点，绑匪在勒索信或电话中对人质亲属的称谓，对交款赎人的地点、环境的表述，绑匪的口音，在勒索信或电话中使用的方言、俚语。勒索信的文字布局、书写特征、语言特征、内容信息等可以反映出绑匪的年龄、文化程度、职业特点、对人质及其亲属的熟悉程度等个人信息。

（三）围绕人质关系及时开展调查、侦查

鉴于这类案件不少是平时与被害人有一定交往关系的人所为，有的甚至是被害人很熟悉的人甚至是其亲属，因此侦查之初应注重围绕被绑架对象及其家庭成员所接触的关系网进行调查，根据刻画的绑匪特征排查可疑对象。对发现的重点嫌疑对象，要及时采取相应的侦查措施。

（四）监控犯罪分子与人质亲属的联系渠道

不少绑匪在绑架人质后由于种种原因会不止一次地与人质亲属联系，因此侦破此类案件，在收到勒索信或电话后，考虑到绑匪可能再次与人质亲属联系的可能，应当对绑匪与人质亲属的联系渠道进行监控。在采用电讯监控措施时，应事先设计出一套人质亲属与绑匪联系时的用语，这样可拖延通话时间以测出犯罪分子的发话地点，为前往缉捕赢得时间并通过侦听获得更多的内容。

（五）在交款赎人地点设伏缉捕犯罪分子

在交款赎人地点设伏缉捕绑匪，必须根据已掌握的案件材料分析绑匪的经验、能力和个性特征，侦查人员可“设身处地”地考虑在同样的环境条件下，具备这种经验和能力的人会怎样行动，从而推测绑匪可能采取的逃避缉捕的措施。缉捕方案的内容应包括：缉捕的地点、时间、指挥员和指挥点的确定，缉捕力量的投放以及人员分工，缉捕过程的通信联络方式、个中行动暗号，发生意外情况的应急处理措施，如果是夜间设伏缉捕，还应当准备夜视仪等相应的器材设备。在实施方案的过程中，要合理地配置缉捕力量，这将直接影响到缉捕工作的效率。侦查指挥员一般可以对参加缉捕的人员作以下分工：①预伏守候组；②监控保护组；③机动组。

（六）使用秘密力量开展侦查

针对绑架勒索案件一般有较为周密的策划准备过程且多系结伙作案的特点，可利用秘密力量主动出击，掌握犯罪动向和线索，将其破获于预谋阶段，对已经实施绑架行为的案件，也可利用秘密力量发现犯罪对象、寻觅隐匿人质的场所。对绑架勒索的团伙犯罪案件，还可指挥秘密力量靠近、深入犯罪团伙内部开展侦查。

项目六　黑社会性质组织犯罪案件的侦查

【案例导入】

【引例10－6】2009年6月3日凌晨，重庆市渝中区居民李明航在江北区爱丁堡小区门口被一名陌生青年男子持手枪射击死亡。案件发生后，公安部高度重视，重庆市公安机关迅速立案侦查。案件侦破过程中，公安机关发现该案与黑恶势力有关，同时发现以陈明亮为首的犯罪组织在重庆市主城区恣意欺压群众，立即成立专案组开展侦查。

经查，2001年，陈明亮、马当在渝中区大世界酒店开办云梦阁俱乐部以来，通过参股分红、共同经营的方式，笼络、吸纳了一大批社会闲散人员，结成犯罪组织，进行组织、介绍、容留卖淫和他人吸毒等活动。为加强对组织成员的管理和控制，陈明亮规定组织成员必须听从安排、指挥、调度。为敛取钱财，该组织通过绑架、敲诈勒索、组织妇女卖淫等，非法获利上亿元。实力壮大后，该犯罪组织在重庆市主城区恣意欺压群众，先后进行故意杀人、故意伤害、敲诈勒索、绑架等违法犯罪活动，作案近百起，致3人死亡、2人重伤、1人轻伤，给群众造成了极大的心理恐惧，严重影响到社会治安稳定及经济秩序。

2009年6月以来，专案组在掌握确实证据的基础上，果断出击，一举抓获组织头目陈明亮以及骨干成员雷德明、周勇等47人，破获刑事案件24起，缴获枪支4支，扣押涉案资产8 000多万元，查获一些涉嫌充当该犯罪组织"保护伞"的国家工作人员。

【工作导向】

一、案例导读

这是一起以侦破陈明亮为首的黑社会性质组织犯罪的典型刑事案件。

二、问题思考

（1）什么是黑社会性质组织犯罪案件？黑社会性质组织犯罪的特点有哪些？
（2）黑社会性质组织犯罪案件侦查对策有哪些？

【学习领域】

一、黑社会性质组织的含义

近年来，随着我国社会转型的加速，各种社会矛盾不断涌现，犯罪率也急剧上升。与犯罪率急剧上升相对应，我国黑社会性质组织犯罪也日益猖獗并严重威胁到社会稳定。我国《刑法》第294条规定，"黑社会性质组织"是指以暴力、威胁或者其他手段有组织地进行违法犯罪活动，称霸一方，为非作恶，欺压、残害百姓，严重破坏社会经济、社会生活秩序的组织。

二、黑社会性质组织犯罪特点

九届全国人大常委会第二十七次会议4月28日通过了关于《刑法》第294条第1项的规定，对“黑社会性质的组织”的含义作出四个特征界定：①形成较稳定的犯罪组织，有明确的组织者、领导者，骨干成员基本固定，人数较多；②有组织地通过违法犯罪活动或者其他手段获取经济利益，具有一定的经济实力，用以支持该组织的活动；③以暴力、威胁或者其他手段有组织地多次进行违法犯罪活动，为非作歹，欺压、残害群众；④通过实施违法犯罪活动，或者利用国家工作人员的包庇或纵容，称霸一方，在一定区域或者行业内，形成非法控制或者重大影响，严重破坏经济、社会生活秩序。

据此规定，黑社会性质组织犯罪呈现以下特点：

（一）犯罪行为特征

暴力性、敛财性和腐蚀性是当前黑社会性质犯罪的三大行为特征，它们共同维系黑社会性质组织的生存。黑社会性质组织崇尚暴力，恃强凌弱，表现出浓重的血腥味；也正是凭借着暴力淫威，进而大肆从事敲诈勒索、欺行霸市、强拿硬要等系列侵财性不法活动；同时，亦在不断腐蚀政府官员、扩大影响、寻求“保护伞”。

（二）犯罪组织特征

黑社会性质组织作为有组织犯罪的一种形态，其成员具有众多性，内部组织结构具有严密性。

1. 成员众多性

最高人民法院《关于审理黑社会性质组织犯罪的案件具体应用法律若干问题的解释》的第1条第1项关于黑社会性质组织的特征规定：“组织结构比较紧密，人数较多，有比较明确的组织者、领导者，骨干成员基本固定，有较为严格的组织纪律。”大多黑社会性质组织的成员均为十几人、几十人，有的甚至百人以上。

2. 组织严密性

黑社会性质组织有明确的组织者、领导者，其基本骨干成员固定，又有较为严格的内部纪律约束。而且有些成员已呈犯罪职业化，即以黑社会性质组织犯罪为唯一职业和生存手段，该类成员具有很深的主观恶性和极大的人身危险性。

三、黑社会性质组织犯罪的成因

黑社会性质组织的不断扩张和发展不仅给社会治安和人民的生活秩序造成严重威胁，同时还会影响到政治的稳定或国家政权的巩固，是一种不可低估的社会黑恶势力。它的形成有着多方面的因素。

（一）经济成因

（1）失业人群为黑社会性质犯罪组织提供了人力资源基础。自20世纪90年代以来，我国进入了大规模产业结构调整期，与此伴生出高失业这一极难解决的现象。一方面我国的劳动力供给在增加，另一方面我国安排劳动力的能力在弱化。根据国务院新闻办公室2004年4月26日发布的《中国的就业状况和政策》白皮书表明，2004年我国城镇登记失业率为4.7%，城镇登记失业人数近千万人。但是考虑到农村剩余劳动力的转移，当前我国的失业人口为4 000万~5 000万人。在“十一五”期间，失业率有可能超过国际警戒线12%，接近于14%。失业人群主要由农村剩余劳动力、城市下岗工人、城市无业闲散人员以及“两劳”释放人员组成。特别是“两劳”释放人员在重返社会后，因无法就业、难以融入正常社会而重新犯罪率极高，往往成为黑社会性质组织的“中坚”力量。这几类人是目前我国黑社会性质犯罪组织的人力资源基础。

（2）对不良社会需求所带来的非法利润的追逐使黑社会性质犯罪的组织化程度加大，同时这种非法利润也为其积累了原始资本。随着社会的进步，人们的物质生活水平不断提高，非法社会需求也呈上升趋势。但是，由于社会伦理道德和法律法规对某些事物的明令禁止，产生了非法商品和非法服务需求的地下市场，而满足这些需求本身就意味着巨大的经济回报。因此，出现了“黄、赌、毒”等社会问题。遍布大街小巷的发廊、歌厅、茶馆、浴足、按摩等场所，有些就存在着“黄、赌、毒”等“地下黑色经济”。由于非法社会需求的存在，再加上法律制裁的严厉、市场竞争的残酷，以及追求高额利润的贪婪，个体犯罪的犯罪成本不断加大，从而促使犯罪向有组织化发展，最终产生了黑社会性质组织犯罪，形成了“黄、赌、毒”与黑社会性质组织犯罪互相依存、蔓延发展的态势。由此可见，非法社会需求形成的犯罪市场是产生黑社会性质组织犯罪的市场因素。

（二）政治成因

（1）政治上的腐败为黑社会性质犯罪提供了最好的掩护体。在我国，腐败现象是几千年来传统“官本位”思想的与生痼疾。特别是实行改革开放政策以后，腐败风气已经全面侵蚀到我国政治、经济生活中，成为社会普遍关注的焦点问题。无论产生这种腐败现象的原因为何，但有一点是可以肯定的，那就是各种各样的腐败都不同程度地与社会上的经济犯罪和刑事犯罪相牵连，腐败与经济利益和个人利益密不可分，没有利益的追求就没有腐败。中国内地的黑社会性质犯罪组织就是在这种背景和条件下孳生扩张起来的。从司法实践中可以看出，黑社会组织越猖獗的地方，腐败现象就越严重。这是因为，黑社会恶势力犯罪要巩固、要发展、要扩大自己的阵营，必须从政治上寻求靠山。于是，千方百计地向政治领域渗透，对政府官员进行贿赂、腐蚀，以权钱交易编造“关系网”，寻找“保护伞”。一些蜕化变质、腐败堕落的党政司法干部经不起金钱美色的诱惑，与社会黑恶群体相互勾结，沆瀣一气。其中最为突出的是公安司法部门一些腐败分子的包庇、纵容行为，主要表现为使犯罪分子逃避法律的打击制裁，为其通风报信，窝藏犯罪分子，隐匿、毁灭、伪造证据，阻止他人作证或者指使他人作伪证等。正是在这些握有国家缉拿罪犯权力的各种“关系网”和“保护伞”的推波助澜、助纣为虐的作用下，各种有组织犯罪活动肆无忌惮、为非作歹，不断升级，逐步发展成危害一方的带有黑社会性质或者恶势力的犯罪组织。可见，腐败是黑社会性质犯罪在中国内地得以生存和发展的最好“庇护神”；黑社会性质组织的发展又进一步促使了腐败现象的蔓延，两者相互影响，互相结为对抗法制社会的“好伙伴”。所以，要打黑除恶就必须要反腐倡廉，彻底清除政府部门中的蛀虫。

（2）政府社会控制力的弱化和非法控制力量的兴起是黑社会性质犯罪组织兴起的外部原因。改革开放带来了经济繁荣，个人空间和个人自由度也随之增大，国家和法律对个人行为与社团活动的控制和规范也呈弱化趋势。社会控制乏力在我国目前表现为基层政权软弱涣散，由此导致一些初级形态的、有组织的犯罪长年得不到有力的打击。原来的基层组织由于失去资源垄断及分配权，行政控制力削弱，促使个人通过基层组织或所在单位向社会负责的“个人—单位（基层组织）—社会”控制模式解体，非法利益团体按照自己的价值观念、道德标准和行为模式建立起一种新的亚社会结构，填补了基层组织的空缺，阻碍了个人向社会负责的进程，进而发展成为“个人—黑社会性质组织—社会”的控制模式。

（三）思想观念和文化成因

（1）心理成因是黑社会性质犯罪组织形成的动机因素。这种心理成因是指犯罪组织成员之间、成员与组织之间的意向、动机、目的相互影响而形成的适合于犯罪的价值、态度、行为方式的总和。其特点有：面临社会情境压力，追求犯罪行为结果的“相乘效应”是犯罪分子构建犯罪组织的动力，成员间个性差异的“互补效应”是有组织犯罪群体的凝合剂，成员间的空间接近和个人境遇的相似性是犯罪组织内部成员间的心理纽带，“罪责扩散感”和“法不责众”观念是有组织犯罪活动参加者的心理依托，对主流社会和个人处境的不满是有组织犯罪骨干成员的内在动力，对首领的崇拜或畏惧是维系犯罪组织的心理基础，愚昧、无知、盲从、讲亲情和义气是有组织犯罪不自觉参与者的心理特征。

（2）黑社会性质组织犯罪产生的文化成因。社会主义市场经济体制的确立促进了劳动生产率的提高，增强了国家的综合国力。同时，也部分冲毁了人们传统的道德堤坝，使一些人的思想意识、道德观念、价值取向发生了扭曲，拜金主义淡化了人际关系，激发了人们对物质利益的渴求。金钱万能、贪图享乐、损人利己等腐朽思想意识充斥着一些人的头脑。市场经济的物质利益属性也诱使一些人为了追求经济利益而不择手段，不计后果，以致践踏法律。以我国传统游民意识和暴力、色情为中心的黑色文化进一步腐蚀了人们的思想，教唆社会亚群体对抗主流社会的价值观念，并以其特有的方式诱发犯罪，维持犯罪组织的稳定。它的影响力既是隐蔽的，也是持久的，对犯罪群体具有强烈的凝聚力和感召力。

四、黑社会性质组织犯罪案件侦查对策

（一）组建专案队伍

黑社会性质组织犯罪具有很强的组织性、暴力性，为保证尽快查明其组织产生、发展、壮大的过程和内部组织结构，查清其全部犯罪事实，控制其关系网和“保护伞”，在侦查队伍的组织上要采用超常规的措施，由政治可靠、经验丰富，业务能力强的侦查员组成专案组，实施封闭式管理，接受教育、管理和培训。

1. 确立案件主办侦查单位，成立专案组

一般来讲，发生在地级市市区的黑社会性质组织犯罪由市公安机关组织侦破，分管刑侦局长为第一责任人，担任专案组组长，刑警支队为主办单位。发生在县辖区的黑社会性质组织犯罪，由县级公安机关负责组织侦破，县级公安机关是主办单位，其一把手是第一责任人，直接担任专案组组长。但对于部分涉案人员较多、性质恶劣、当地社会背景复杂、同级公安机关侦破有难度的案件，可以由上级公安机关直接组织侦破。侦破黑社会性质组织犯罪的专案组要有过硬的领导班子，专案组领导班子除组长外还应当包括刑侦、技侦、经侦、审计等部门的负责人。选调专案组侦查人员时要视情用警，必要时异地选调侦查员，以阻断黑社会性质组织向专案组的渗透。专案组成立后，要封闭管理，集中住宿，严格请假制度。

2. 教育、管理、培训专案队伍

黑社会性质组织信息渠道多，反应灵敏，侦查难度大，这就要求专案队伍必须是一支思想过硬、作风过硬的队伍。此外，侦查必须具备丰富的斗争经验和法律知识。因此，一定要把专案队伍的教育、管理、培训贯彻于整个案件侦破过程的始终。要定期强调纪律，进行保密教育，规范专案组侦查人员的行为。对专案组侦查人员要进行相关的业务培训，掌握黑社会性质组织常涉的案件罪名，深刻领会黑社会性质组织犯罪的特征，防止就案论案，孤立办案同时还要培训专案队伍勇于拼搏、无私奉献的精神，为案件的侦破提供强有力的队伍保障。

（二）扩大线索来源

要在广辟线索来源方面狠下功夫。不管是什么类型的犯罪，不管是走从案到人，还是走从人到案的侦查模式，发现案源线索均为侦查的起点。侦查黑社会性质组织犯罪也应从发现线索切入。由于黑社会性质组织的特殊性，这里所说的线索应是指广义的线索，即黑社会性质组织的线索和该组织所实施的违法犯罪行为线索。发现线索的路径大同小异，主要有：

（1）通过群众的检举、揭发和控告。在侦查时，应分别对待，想方设法通过群众获取线索。如设立举报信箱、举报电话；召开新闻通气会，与宣传部门联合召开新闻通气会，通过情况的沟通获取与黑社会性质组织有关的线索；利用媒体公布案情发动群众提供线索；召开娱乐场所、特种行业业主、企事业单位负责人、街道办事处工作人员、居民等座谈会，此类座谈会或相对秘密进行，或公开进行，视需要而定；走访、调查等。这些是获取线索的最基本方法。

（2）从对人的控制中发现。通过对治安危险分子、刑嫌分子以及其他违法人员，如劳改、劳教释放人员，两劳取保人员，违法帮教人员，城乡流动人员的控制发现线索。以上人员往往容易加入黑社会性质组织。

（3）从对相关案件的梳理中发现黑社会性质组织最常实施的违法犯罪行为有组织卖淫、聚众赌博、贩卖毒品、敲诈勒索等。因此对涉毒、涉赌、涉黄、涉枪等重点刑事案件以及打架斗殴等治安案件进行监控，对这些案件的相关情况进行梳理，有利于发现涉黑线索。

（4）从对重点场所、部门、行业、市场的严密控制中发现一些利润高，经营管理秩序较为混乱的场所、行业、部门往往是黑社会性质组织驻足的重点部位。它们为黑社会的滋生提供了土壤，当前，容易被黑社会性质组织“盯上”的行业有娱乐业、个体运输业、建筑业、餐饮业、煤矿业等。因此，各地公安机关对辖区内的上述行业、场所要做到底数清楚，控制严密。此外，民警还要接受识别黑社会性质组织的培训。在日常工作中，通过采用恰当的识别方法从纷繁复杂的现象中发现黑社会性质组织的蛛丝马迹。

（三）拟订侦查计划

黑社会性质组织犯罪初查阶段的主要任务是通过初查弄清是否确有犯罪事实存在和是否需要追究刑事责任，从而确定黑社会性质组织是否能够成立，同时通过初查及时获取犯罪证据为立案创造条件。为保证初查工作的顺利进行，就有必要拟订计划，围绕前述中心任务开展工作。

（四）选派精干侦查员实施卧底侦查

卧底侦查是侦破有组织犯罪案件的一种很有效的方法。因为卧底侦查员置身于犯罪组织内部，是最可靠的情报来源。在侦破有组织犯罪案件中，打进去的侦查人员一旦获得犯罪嫌疑人的信任，被视为“自己人”，就有可能从其内部获悉犯罪组织的各种非法活动。在侦查有组织犯罪案件时，积极而有效地使用卧底侦查这一特殊手段，将有助于提高侦查效率和办案水平，加快破案进程。

（五）加强反黑社会性质组织犯罪的合作

1. 加强公安机关内部的协作

由于黑社会性质组织犯罪大多数是连续作案和流窜作案，涉及的范围广、部门多，因此，必须坚持全国公安一盘棋的工作思想，不但要加强省际协作、国内大协作，还要加强与港、澳、台地区的合作，并且形成一定的机制，建立一定的专门协作的机构，加大反黑力度。

2. 加强与其他部门的合作

由于黑社会性质犯罪涉及的范围广，因此仅仅依靠公安机关的力量是远远不够的，还必须加强与检察院、法院、税务、工商、银行、海关等的合作，争取这些部门的支持和配合，形成打击黑社会的合力，以达到事半功倍的效果。

（六）积极争取党委、政府、上级公安机关的支持

侦破黑社会性质组织犯罪往往时间长，涉及面广，耗费大量的人力、物力、财力，需要协调方方面面的关系，会遇到各种可以预见和不可预见的困难。因此，要积极争取党委、政府和上级公安机关的支持，以顺利侦查案件。

项目七　网络犯罪案件的侦查

【案例导入】

【引例 10－7】丽水的女网民潜丽娜在淘宝网上盗窃文成县金某的游戏充值卡 11 万余元，贱卖后非法获利 6 万余元。这名自以为神不知鬼不觉的女黑客很快落入法网，被文成县人民法院一审判刑 10 年，并处罚金 2 万元。

2008 年 2 月 20 日晚 9 时许，潜丽娜在丽水市莲都区灯塔小区家中通过密码找回的功能，破解了金某在淘宝网上的用户名为“llm78”的密码，并修改了该用户的密码。次日凌晨，潜丽娜在丽水市阳光地带网吧及其家中用修改后的密码登录“llm78”的用户名，窃取了金某 1 457 张“征途”游戏充值卡和 70 张盛大游戏充值卡，并在网上以 5～6 折的价格出售，非法获利 6 万余元人民币。

第二天早上，金某发现自己的用户名“llm78”已不能登录，经与淘宝网的管理员联系后终于登录成功，但发现里面的游戏卡都已被使用。淘宝网管理员为他提供了一些账号登录的信息，金某随后到文成县公安局报案。网监大队的民警通过淘宝网交易的上网 IP 地址，发现交易在丽水进行，迅速锁定了这名女黑客，并前往丽水将潜抓捕归案。

经文成县涉案物品价格认证中心鉴定，金某被盗游戏充值卡的价值人民币 11.7 万元。案发后，潜某家属赔偿了经济损失计人民币 6 万元。

【工作导向】

一、案例导读

这是一起介绍利用网络盗窃游戏充值卡进行获利的犯罪案例及对其的侦查方法和过程。

二、问题思考

（1）什么是网络犯罪？网络犯罪的特点有哪些？

（2）网络犯罪案件的对策有哪些？

【学习领域】

一、网络犯罪的定义

网络犯罪是指行为人运用计算机技术，借助网络对其系统或信息进行攻击，破坏或利用网络进行其他犯罪的总称。它既包括行为人运用其编程、加密、解码技术或工具在网络上实施的犯罪，也包括行为人利用软件指令、网络系统或产品加密等技术及法律规定上的漏洞在网络内外交互实施的犯罪，还包括行为人借助其居于网络服务提供者特定地位或其他方法在网络系统中实施的犯罪。简言之，网络犯罪是针对和利用网络进行的犯罪，网络犯罪的本质特征是危害网络及其信息的安全与秩序。

二、网络犯罪的类型

（一）网络色情和性骚扰

目前，色情网站大部分在网页上提供各种色情信息，而建好的网页则通过向各种搜索引擎登记，或者在 BBS 和电子论坛 Forum 上做广告，以及通过向电子邮件用户群发邮件，来达到吸引用户访问网站、浏览网页，从而实现接受其所提供的服务目的。

（二）贩卖违禁物品、管制物品、人体器官

在网络上贩卖违禁物品、违禁药品、管制物品或者管制药品，比如枪支、毒品、春药等。

（三）销售赃物

在网络上以低价出售或者高价拍卖盗窃、诈骗、抢劫等犯罪得来的赃物。网络上充斥着各种待售的货物，尤其是二手货，其中有一些可能就是犯罪所得的赃物。

（四）诈欺

和传统犯罪一样，网络犯罪中，诈欺也是造成损失较多、表现形式最为丰富多彩的一种类型。

（五）妨害名誉

在网络上发表不实言论，辱骂他人等行为，侵犯他人权益，妨害他人名誉。

（六）侵入他人网站、主页、电子信箱

入侵他人网站后以指令、程序或者其他工具开启经过加密的档案，均可找到处罚依据。但是，入侵者在入侵他人网站后并未开启经过加密的档案，或者开启的档案并

未经过加密处理，对这种行为各国刑法规定较少。此类犯罪行为还包括入侵后窃取他人档案或者偷阅、删除电子邮件；将入侵获得的档案内容泄露给他人；入侵后将一些档案破坏，致使系统无法正常运行，甚至无法使用；盗用他人上网账号，未经他人同意而拨号上网，而上网所发生的费用则由被盗用者承担等等。

（七）制造、传播计算机病毒

在网络上散布计算机病毒，这种行为十分猖獗。有些病毒具有攻击性和破坏性，可能破坏他人的计算机设备、档案。据国际计算机安全协会公布的《2000 年病毒传播趋势报告》，电子邮件已经成为计算机病毒最主要的传播方式，感染率从 1999 年的 56% 上升到 2000 年的 87%，一举取代通过软盘存储和网络下载的病毒传播途径。

（八）网络赌博

很多国家允许赌博行为或者开设赌场，因此有人认为在赌博合法化的国家开设赌博网站，该国不禁止，就不犯有赌博罪。这种观念在设有赌博罪的国家普遍存在。其实，这种观念不一定正确。

台湾 35 岁的林姓男子，曾和妻子、女儿长期担任某基金会的义务工作人员，从 1998 年 7 月起，在自家开设“网页广告点石成金术网站”，并且提供赌博网站的超链接，诸如加拿大的“开运城”、“CASINO”等，让上网的人去赌博，而他则从中赚取 25% 的中介费，作为介绍赌博的佣金，至 1999 年 9 月 17 日止，共获利 2 700 美元。2000 年 6 月 30 日台湾高等法院判处其有期徒刑 7 个月。

（九）教唆、煽动各种犯罪，传授各种犯罪方法

除了教唆、引诱接触淫秽物品的网站外，还有形形色色的专业犯罪网站。有的本身就是犯罪组织所开设，比如各种邪教组织、暴力犯罪组织、恐怖主义组织等。普通人所开设的专业性的犯罪网站则更多。比如有一些专门的自杀网站，就曾引起网友相约自杀。

网络上进行煽动犯罪危害一国安全的情况也值得关注。比如，敌视中国国家、政府、人民的网站就为数不少。在日本，有一个网站公开宣扬“中国人就是犯罪人”，这和东京都警察部门在 2000 年向全社会发布的“看到有人像中国人，就报告警察”的宣传没有什么差别。德国新纳粹分子也在相关法律并不非常严格的邻国，甚至在更远的国家设立网站，通过网络散布种族主义，并组织行动。

三、网络犯罪的特点

同传统的犯罪相比，网络犯罪具有以下一些独特的特点：

1. 犯罪主体多元化、年轻化

随着计算机技术的发展和网络的普及，各种职业、年龄、身份的人都可能实施网络犯罪。在网络犯罪中，特别是黑客中，青少年的比例相当大。网络犯罪主体的年轻化与使用电子计算机者特别是上网者年轻人占较大的比例及年轻人对网络的情有独钟和特有的心态有很大的关系。据国内外的网络犯罪案件统计，当今网络犯罪年龄在 18 ~40 岁的占 80%，平均年龄只有 23 岁。

2. 犯罪方式智能化、专业化

网络犯罪是一种高技术的智能犯罪，犯罪分子主要是一些掌握计算机技术的专业研究人员或对计算机有特殊兴趣并掌握网络技术的人员，他们大多具有较高的智力水平，既熟悉计算机及网络的功能与特性，又洞悉计算机及网络的缺陷与漏洞。他们能够借助本身技术优势对系统网络发动攻击，对网络信息进行侵犯，并达到预期的目的。

3. 犯罪对象的广泛性

随着社会的网络化，网络犯罪的对象从个人隐私到国家安全，从信用卡密码到军事机密，无所不包。

4. 犯罪手段的多样化

信息网络的迅速发展、信息技术的普及与推广，为各种网络犯罪分子提供了多样化、高技术的作案手段，诸如窃取秘密、调拨资金、金融投机、剽窃软件、偷漏税款、发布虚假信息、入侵网络等网络犯罪活动层出不穷、花样繁多。

5. 犯罪的互动性、隐蔽性高

网络发展形成了一个虚拟的空间，既消除了国境线，也打破了社会和空间界限，使得双向性、多向性交流传播成为可能。由于网络具有开放性、不确定性、超越时空性等特点，使得网络犯罪具有极高的隐蔽性，增加了网络犯罪案件的侦破难度。

6. 犯罪成本低，作案工具简单

网络犯罪与传统犯罪相比所冒的风险小而获益大，其作案工具简单，只需一部终端机、上网卡和一部电话就可进行。作案者只要轻轻按几下键盘，就可以使被害对象遭受巨大损失。

7. 巨大的社会危害性

网络的普及程度越高，网络犯罪的危害也就越大，而且网络犯罪的危害性远非一般传统犯罪所能比拟，不仅会造成财产损失，而且可能危及公共安全和国家安全。随着计算机信息技术的不断发展，从国防、电力到银行和电话系统现在都是数字化、网络化，一旦这些部门遭到侵入和破坏，后果将不可设想。

四、网络犯罪的防控对策

要打击和防范网络违法犯罪活动，必须坚持“预防为主，打防结合”的方针，从管理、技术、法律、教育、处罚几方面着手：

（一）加强计算机网络的安全管理

一是内部管理，即信息系统建立者要采取措施，主动对违法违纪行为进行约束。二是外部管理，即计算机信息系统的建设和应用单位要借助外部力量来加强对本系统的安全管理。要建立社会防控网络，增强全体公民，尤其是计算机工作人员遵守法律法规的意识和抵制违法犯罪的能力。同时要强化公安计算机监察部门对计算机信息系统的安全检查、监察和处罚职能。

（二）加快发展网络安全技术，不断提高安全技术防范措施

计算机系统越安全可靠，违法犯罪的发案率就越低。通过提高安全技术防范措施可增强网络使用单位和个人防病毒侵袭、黑客攻击、自然灾害的能力。要加大对网络安全技术研究的资金投资力度，确立专门的机构对网络安全进行负责，研究开发网络证据收集技术，想方设法逐步掌握网络核心技术。针对网络犯罪建立专门的预防网络犯罪网络系统，要设立职能部门的预警网站和预防犯罪网站，建立群众性预防犯罪网站和网内外相结合的预防犯罪系统。同时要增强广大网民的自我保护意识，提高网上自我防范能力，做到保持清醒的头脑，不要轻信虚假信息，不要随意浏览、查看、下

载有害信息。个人密码常改常换，不要随意泄漏。机密信息不要轻易存入计算机，不要使用涉密计算机上网。

（三）加强法制教育、增强相关人员的法制观念

通过法律、法规的宣传和普及，可以让相关人员了解什么行为合法，什么行为不合法，从而清洁网上环境，规范网上行为。既要增强广大网民的法律意识，让他们自觉守法。为强化网上的法制教育，应充分利用因特网提供的技术和条件，有关部门可以设立网站，提供咨询服务，将最新案例公布在电子公告板上，并可以通过电子邮件等方式对某些人员及机构提供法制教育方面的服务。同时要发展良好的网络教育文化。尤其要加强对青少年的伦理道德教育，必须进行人格养成教育，使青少年自觉地遵守作为一个公民必须具备的道德准则。这就要求教育体制适应网络时代的需要，增加新的教学内容，树立与时代合拍的价值观和人生观。

（四）加强网络警察队伍的正规化、现代化建设，提高打击犯罪的能力

（1）尽快建立与完善公安系统的科技网络，建立起自己的反网络入侵的“网络侦探”。

（2）开发、配备高科技装备，如网络安全预警、网络安全检查、入侵检测、有害信息发现、病毒控制、安全专用产品检测、电子数据取证和鉴定等方面的装备。

（3）设立信息网络举报中心，负责对相关网站进行巡查，发动上网者举报“有害信息”和网上违法犯罪行为。

（4）大力培养反计算机犯罪人才，将反计算机犯罪人才充实到网络警察队伍中，减少案件查证的困难和保障反击计算机犯罪的及时性。

（5）加强国际的司法合作，建立全球“法网”以对付网络犯罪。网络犯罪不受地域限制，成为各国共同面临的问题，网络犯罪的跨国性要求各国立法注意与国际接轨和联合。加强国际的交流与合作，有利于增强对网络犯罪的控制。

（6）争取全社会的通力合作，尤其是电信部门与警方的积极配合。信息产业界的支持对于警方打击计算机网络犯罪极为重要，可以为警方提供和改善侦查手段和侦查技术，提高警方的安全技术防范措施。

（五）加强与完善计算机网络方面的立法

计算机信息系统的技术、管理必然有漏洞，所以还要进行法律控制。我国已出台的法律控制手段主要有刑法、行政法规、部门规章和地方法规。《刑法》也增加了非法侵入计算机信息系统罪、破坏计算机信息系统罪和利用计算机进行传统犯罪等内容。近年来，各级公安机关要依据新刑法中增设的打击计算机犯罪条款，对计算机网络犯罪案件及时侦破，及时打击，震慑犯罪分子，有效地遏止犯罪的发生。我国的网络社会发展很快，就网络立法方面我们要做的事还很多。我们的网络立法应当在立足现实的基础上具有前瞻性，而不能等到网络社会发达了才进行立法。在打击网络犯罪方面，我们应当依据网络社会的特征充分认识到网络犯罪的社会危害性，以超前的眼光进行网络犯罪立法。目前打击网络犯罪的行动在全球范围内已经展开，开放的、全球化的计算机网络犯罪的惩治也要求我们不断加强和完善网络方面的立法。

项目八　技能训练

一、实训项目

几类常见刑事案件的侦查。

（一）杀人案件的侦查

（二）盗窃案件的侦查

（三）抢劫案件的侦查

（四）绑架案件的侦查

二、实训内容

杀人、盗窃、抢劫、绑架案件的侦查方法。

三、实训课时

教师应选足够数量的典型案例对学生进行训练。杀人案件是重点，案例训练的时间不得少于4课时，具体由教师根据教学需要灵活安排。

四、实训目的

通过案例讨论训练，掌握杀人、盗窃、抢劫、绑架案件的特点和侦查方法，形成侦查能力。

五、实训方式

运用典型案例材料或训练课件，组织学生分组或集中讨论。

参考文献

1. 王国民，李双其．侦查学．北京：中国人民公安大学出版社，2007.

2. 高春兴，苑军辉，邹荣合．犯罪现场勘查．北京：中国人民公安大学出版社，2007.

3. 袁家盛．刑事侦查学．北京：中国政法大学出版社，2005.

4. 任惠华．刑事案件侦查．北京：法律出版社，2009.

5. 彭文．刑事侦查学教程．北京：中国人民公安大学出版社，2003.

6. 彭文．刑事案件侦查．北京：警官教育出版社，1999.

7. 许昆．侦审一体化刑事案件办案规范化指南．北京：中国人民公安大学出版社，2002.

8. 周水清．审讯策略与取证技巧．北京：中国人民公安大学出版社，1999.

9. 何家弘．司法鉴定导论．北京：法律出版社，2000.

10. 孙延庆．侦查措施与策略．北京：中国民主法制出版社，2007.

11. 赵永琛．刑事侦查学案例教程．北京：法律出版社，1996.

12. 马海舰．刑事侦查措施．北京：法律出版社，2006.

13. 何理．侦查措施教程．北京：警官教育出版社，1999.

14. 公安部政治部：刑事物证技术学．北京：警官教育出版社，1998.

15. 公安部教育局：刑事技术教程．北京：群众出版社，1998.

16. 张毅，李洪武，孔春晓．痕迹检验教程．北京：中国人民公安大学出版社，2009.

17. 宫毅，邓绍秋．文件检验教程．北京：中国人民公安大学出版社，2009.

18. 林一楠，秦特时．多警种协作，多战法运用，多信息支撑——哈尔滨市王丛力团伙系列盗窃汽车及车内物品集，《中国刑事警察》2011 年第 5 期．